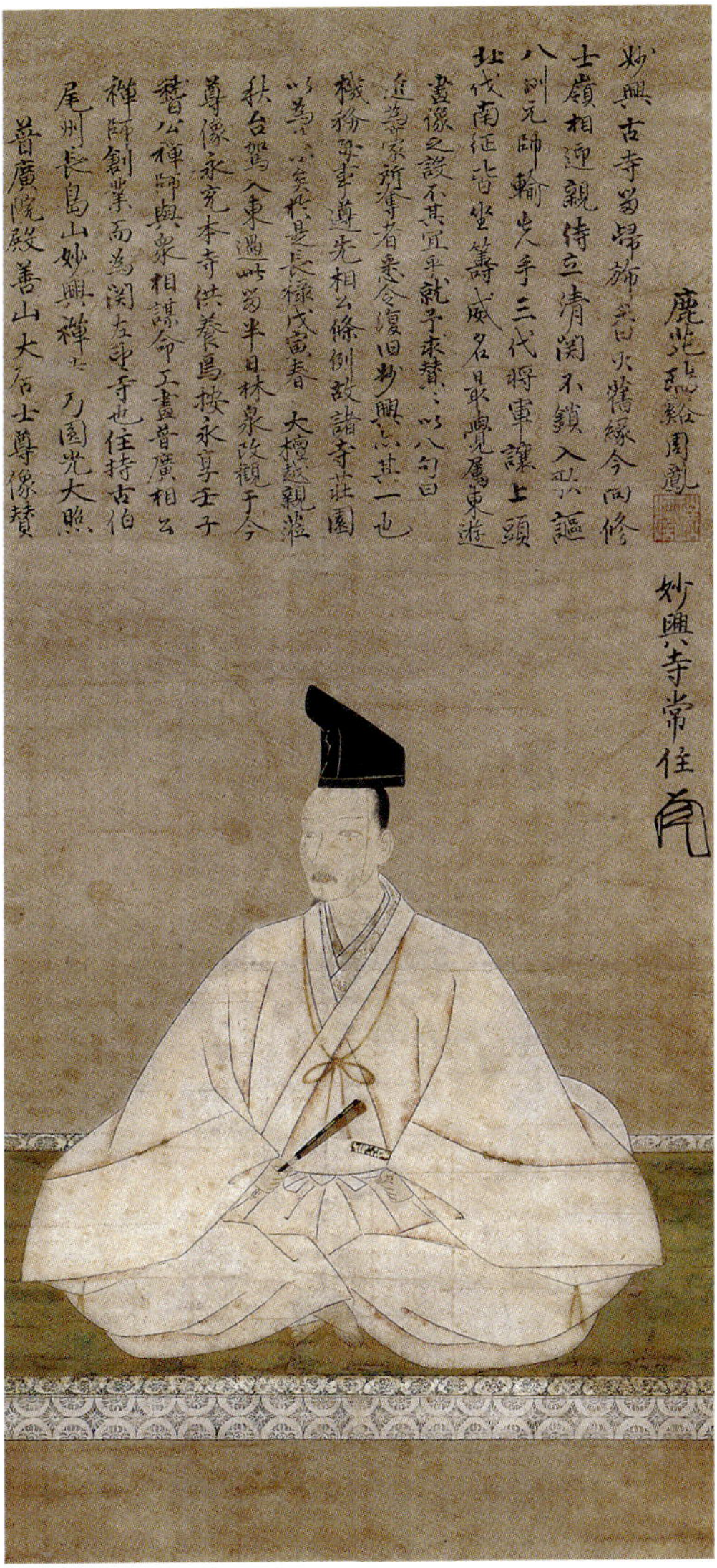

足利義教像（妙興寺所蔵，一宮市博物館提供）

6代将軍足利義教の肖像画として著名な作品である．風折烏帽子を被り，香色の直垂を着し，右手に扇を持つ．賛は瑞溪周鳳による．永享4年（1432）の富士山遊覧時，義教が半日滞在した機縁から妙興寺（愛知県一宮市）が作製した．

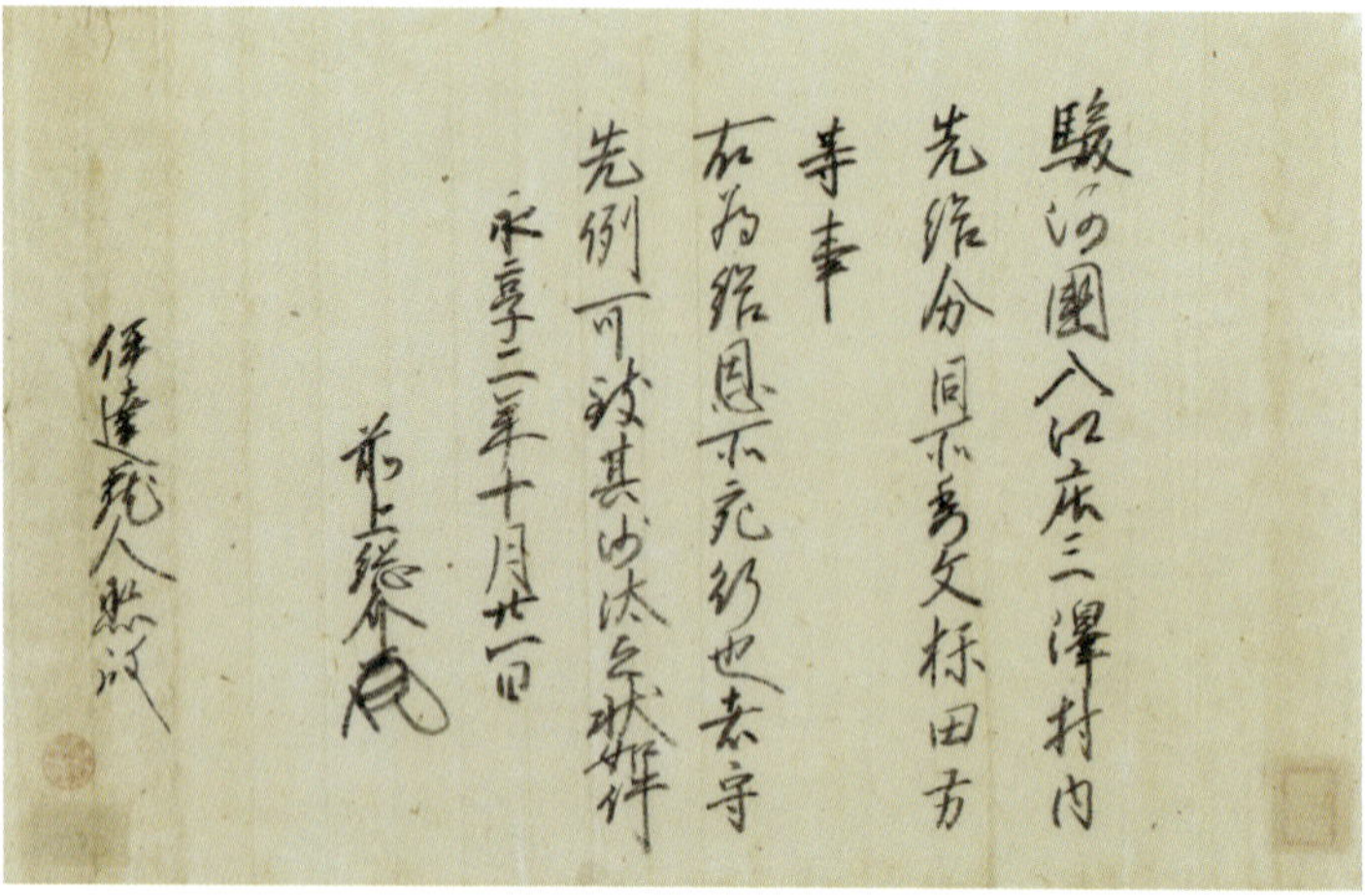

駿河国入江庄三澤村内
先給分 同[illegible]田方
等事
右為給恩所充行也者守
先例可被致其沙汰之状如件
永享二年十月廿一日
前上総介（花押）
伊達蔵人殿

今川範政書下（「駿河伊達文書」京都大学総合博物館所蔵）

駿河守護今川範政が，永享２年（1430）10月21日，駿河国人伊達政宗に対して入江荘（静岡市清水区）三澤村内先給分などを与えた文書である．今川範政は，同月９日にも伊達政宗に「蔵人丞」の官途状を与えている．

今川義忠木像（正林寺所蔵）

本像は，今川義忠像として正林寺（静岡県菊川市）に伝存する．正林寺は，今川義忠が遠江国人横地氏・勝間田氏との抗争中に落命した遠江国塩買坂に所在し，義忠の子息今川氏親が建立した昌桂寺をその前身とする．

永保寺庭園・観音堂

永保寺（岐阜県多治見市）は，室町文化を代表する臨済宗の寺院である．本殿の観音堂（国宝）は荘厳な禅宗様建築で，庭園（国指定名勝）は夢想疎石の作庭として知られる．境内には開山堂（国宝）も現存する．

浜名湖今切口（静岡県河川砂防局提供）

浜名湖は，明応７年（1498），大地震と大津波による地形変動によって「今切口」が形成され，太平洋と直結した．明応の大地震は，太平洋沿岸や伊勢湾の港湾都市に甚大な被害を与えたことが知られる．

北畠氏館出土水鳥形青磁香炉（北畠神社所蔵）

北畠氏館跡（三重県津市，現在の北畠神社）には東西約50 m の苑池が現存し，同館跡からは中国・龍泉窯産とみられる青磁が数多く出土している．この水鳥形の青磁香炉は，苑池の南側から出土した優品である．

16世紀の常滑焼甕・片口鉢（とこなめ陶の森資料館提供）

常滑焼は，非施釉の焼締陶器を基本とする．中世後期になると貯蔵容器の壺・甕，調理器具の片口鉢，供膳具の山茶碗に生産比重を傾斜させていった．流通圏はひろく，東海地方のほか東日本を中心に全国各地で出土する．

東海の
中世史
3

室町幕府と東海の守護

杉山一弥［編］

吉川弘文館

目　次

序　室町時代の東海をひも解く

杉山一弥

シリーズ「東海の中世史」（全五巻）の第三巻として刊行される本巻は、『室町幕府と東海の守護』と題し、十五世紀の東海、すなわち〝室町期の東海〟を主な対象とする。シリーズ全体を時代と分野で縦横につなぐ要の一冊である。

室町期の東海

十五世紀の東海には、日本史上の画期となった出来事は見当たらないと評されることがある。しかしそれは誤謬《ごびゅう》といわざるを得ない。明応七年（一四九八）、いわゆる明応の大地震が発生し、東海の太平洋沿岸は大津波に襲われた。この大津波によって浜名湖《はまな》は太平洋と直結し、淡水湖から汽水湖《きすい》へと変貌をとげる大規模な地形変動が生じた。いわば地球規模の出来事が起こったのである。明応の大地震が、東海の人々の生活や社会構造に多大な影響をおよぼしたことは想像に難くない。

また、〝室町の平和〟と形容される十五世紀日本の世相にあっても、当時の東海では所々方々で軋轢《あつれき》が生じていた。そもそも社会的矛盾のない世界など存在しないからである。本巻は、静的であると考えられてきた室町期の東海について、さまざまな視点・視角から著述した論考・コラムによって構成される。

現代の日本では、静岡県・愛知県・岐阜県・三重県をもって東海四県あるいは東海地方と呼びならわしている。しかしこれは、五畿七道《ごきしちどう》と呼ばれた前近代日本の行政区分とは整合しない。静岡県（伊豆・駿河・遠江）、愛知県（三河・尾張）、三重県（伊勢・志摩・伊賀）が東海道に区分されていたことに対して、岐阜県（美濃・飛驒）は東山道《とうさんどう》に組みこまれていたからである。地域区分論はそれ自体に重要な論点を含むが、本巻は「東海の中世史」（全五巻）の方針にしたがって岐阜県を含めて編むこととした。これは現代社会の地域区分が、室町期の東海を考える上でも有効だと考えたためである。例えば室町期の美濃と尾張・伊勢が、流通経済上、木曽《きそ》川・揖斐《いび》川などを通じて一体関係にあったことをあげるだけでも充分であろう。一方、本巻では、静岡県のうち伊豆、岐阜県のうち飛驒、三重県のうち伊賀の各国については間接的に触れるにとどまった。伊豆は中世的枠組みにおいては関東に区分される要素が多いこと、飛驒は史料的な制約が大きく詳細不明な点が多いこと、伊賀は経済・文化的にみて畿内との一体性が強いことが理由である。

室町期の東海は、二大政治都市である京都と鎌倉を陸路海路でむすぶ日本列島の動脈であった。そのことは、東海道の関所、太平洋の漂着船・破損船にまつわる各種の残存史料から明らかである。また、室町幕府は幕府の所在地を京都に定めたが、鎌倉にも足利基氏《あしかがもとうじ》（足利尊氏《たかうじ》の庶子《しょし》）とその子孫を置きつづけて拠点を維持し、鎌倉公方《かまくらくぼう》（関東足利氏）を中心とする鎌倉府に東国社会を統轄させた。これは、旧鎌倉幕府の所在地である鎌倉が、室町幕府にとっても重要な政治経済的意味を有しつづけていたことを明示している。畢竟《ひっきょう》、鎌倉幕府が構築した京都と鎌倉をつなぐ政治経済の仕組みは、室町期にも機能しつづけていたといえる。室町期の東海は、その骨格を形づくる地理的位置にあったといえよう。本巻があつかう室町期は、それら鎌倉期からの連続のなかで捉えるべき問題も多く含まれている。

室町幕府・足利将軍と東海

室町幕府の歴代将軍には、東海諸国とのつながりを重視する人物が多かった。政治的側面では、三代将軍義満《よしみつ》・六代将軍義教《よしのり》の二人が、富士山遊覧を目的としてみずから駿河へ下向《げこう》したことが特筆される。将軍自身の行動である以上、それが富士山遊覧を標榜《ひょうぼう》するとはいえ、ただの観光目的であるわけがない。鎌倉に拠点を置いて東国社会を統轄する鎌倉公方（関東足利氏）にたいする政治的威圧の意図を見出すべきであろう。さらに宗教的側面では、歴代将軍による伊勢神宮への参宮が注目される。三代将軍義満は一二回、四代将軍義持《よしもち》は一七回、六代将軍義教は六回、みずから伊勢神宮へ赴いている。いずれも足利将軍家の家長たる室町殿《むろまちどの》としての参宮であった。これは、武家政権を統べ、王権の一角をになう者としての自己顕示の行動とみることができよう。その他の関連事項として、応仁・文明の乱でいわゆる西幕府の将軍に擬された足利義視《よしみ》が、美濃守護土岐成頼《ときしげより》に奉じられて京都から美濃へ下向したことをもって、同乱の終結とみる見解があることも忘れてはならない。

室町幕府は、守護を通じて東海を統制していた。その東海守護に求められた独自の役割として、鎌倉公方（関東足利氏）への政治的・軍事的な対応があった。とくに今川《いまがわ》氏は、室町幕府が守護を京都に集住させて幕政に参加させる守護在京制をとるなか、六代将軍義教の頃から鎌倉府対策のため駿河在国を求められることが多くなった。それこそが、今川氏をいわゆる戦国大名のトップランナーとして飛躍させる淵源《えんげん》となってゆく。今川氏は、室町幕府の政治方針のもと、応仁・文明の乱以前から在国して在地社会との関係を深め、全国にさきがけて地域権力を形成する機会を早くから獲得していたのである。のちに海道一《かいどういち》の弓取《ゆみと》りと形容される今川氏の歴史は、室町期の東海、とりわけ駿河の地政学的位置をふまえずして語ることは許されない。おなじ東海の尾張守護でありながら在国の遅れた管《かん》領斯波《れいしば》氏が、いわゆる戦国大名への転換を果たせなかったことは、今川氏の飛躍をみるさいの比較対象として興味深い。

尾張や美濃では、駿河とは異なって守護代《しゅごだい》が地域統制をすすめていった。尾張守護代織田《おだ》氏、美濃守護代斎藤《さいとう》氏である。とくに斎藤氏は、美濃守護代を富島氏から奪取後、一族の斎藤妙椿《みょうちん》が美濃のみならず、周辺諸国にまで影響をおよぼす力を蓄えた。斎藤妙椿が、応仁・文明の乱において西幕府方を主導する人物の一人と認識されていたことは知られるところである。美濃は、駿河と同様、守護をつとめる家の交替はなかったが、守護ではなく守護代が地域権力として成長したのである。おなじ東海諸国でも守護・守護代の歴史的変遷に差異が生じた背景を追求するには、各国それぞれの個別事情を〝室町期の東海〟という視座から捉えなおすことが肝要といえよう。

室町期東海の制度的骨格をみる上で基本となる諸国守護の沿革を概観しておく。

室町期東海の守護・奉公衆

駿河守護は、建武五年（一三三八）、今川範国《のりくに》が守護となって以降、前述のごとく戦国期にいたるまで一貫して今川氏がつとめた。

遠江守護は、観応の擾乱における駿河国薩埵山《さったやま》合戦の恩賞として今川範氏《のりうじ》が遠江守護となって以降、いわゆる遠江今川氏がつとめた。ところが遠江今川氏は、今川了俊《りょうしゅん》が応永の乱に関与して守護を解任される。その後は、斯波氏が守護となり歴代家督が継承した。しかし戦国初期、今川氏親《うじちか》に遠江を奪取された。

三河守護は、南北朝期に一色範光《いっしきのりみつ》が守護となって以降、一色氏が継承した。室町幕府侍所々司《さむらいどころしょし》に就く身分格式を獲得した一色氏は、三河のほか若狭・丹後の守護も兼帯し、主要拠点は若狭や丹後に置いていた。しかし一色氏は、大和永享の乱を契機として守護を解任され、阿波細川《ほそかわ》氏へと交替した。ところが寛正年間（一四六〇～六五）、一時的に一色義直《よしなお》が守護へ復帰したため、直後の応仁・文明の乱では阿波細川成之《しげゆき》が東幕府方、一色義直が西幕府方に属して争い、三河国内は大混乱に陥った。

尾張守護は、観応の擾乱後しばらく土岐氏であったが、土岐康行《やすゆき》の乱後は一色氏、畠山《はたけやま》氏、今川氏など短期間での守護交替がつづいた。しかし応永七年（一四〇〇）、斯波義重《よししげ》が守護となって以降は斯波氏に継承された。なお、尾張は郡規模の大領主が複数存在したことが特徴としてあげられる。知多《ちた》郡には、一色氏・武田《たけだ》氏・伊勢氏などの所見がある。海東《かいとう》郡には、山名《やまな》某・結城《ゆうき》満藤《みつふじ》・一色詮範《あきのり》・中条満平《ちゅうじょうみつひら》などの所見が南北朝期を中心にみられる。

美濃守護は、土岐頼貞《よりさだ》が南北朝期に守護となって以降、一貫して土岐氏がつとめた。土岐氏は、南北朝期には室町幕府侍所々司に就く身分格式を得ていたが、室町後期になると守護代斎藤氏の存在感

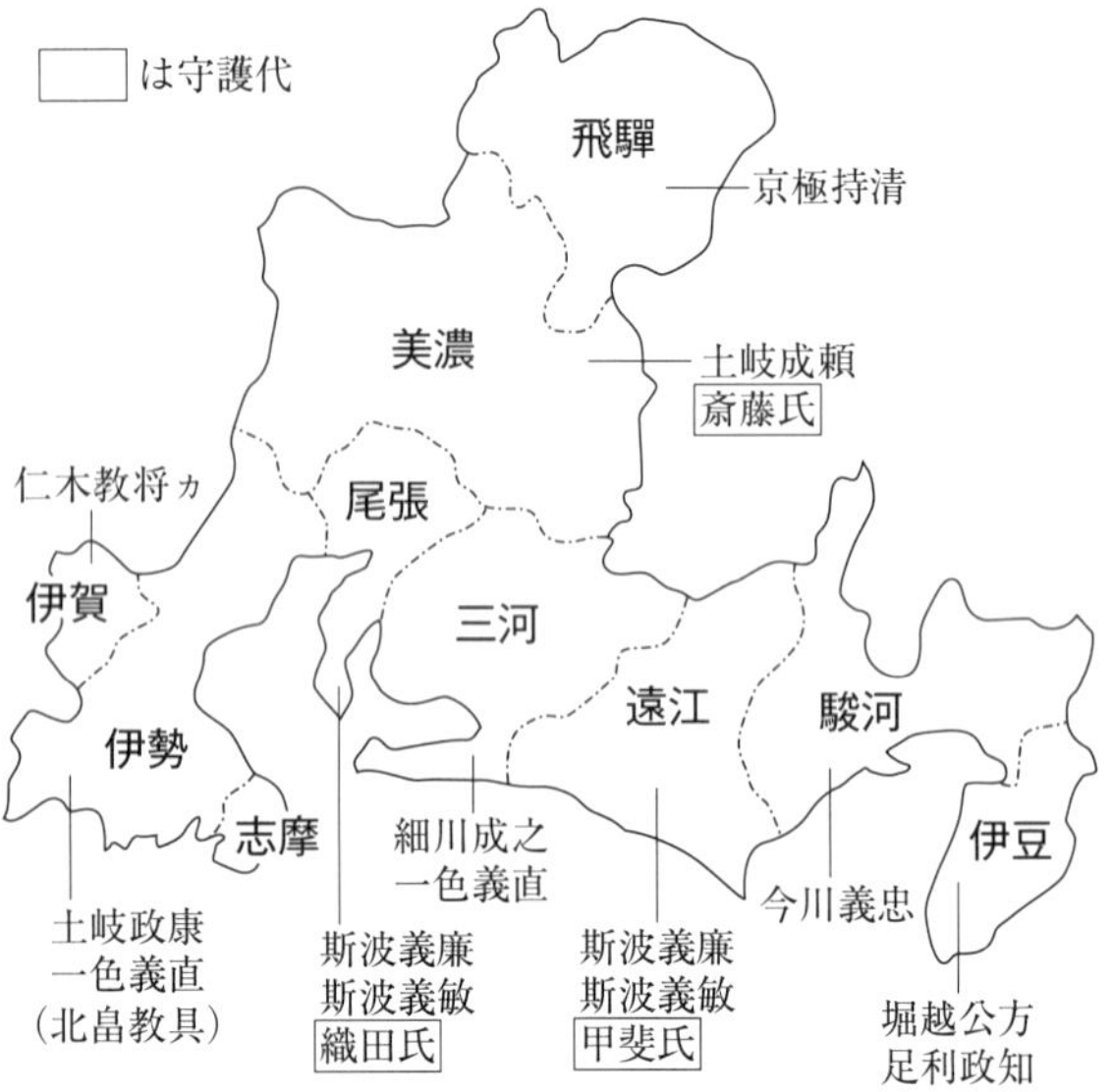

図　応仁の乱期の東海地域の守護

が増したことは前述のごとくである。

伊勢守護は、康暦の政変以降、基本的には世安《よやす》土岐氏がつとめた。ただし明徳年間に仁《にっ》木《き》氏、応永末年に畠山氏、永享～宝徳年間に一色氏に守護の所見がある。なお世安土岐氏の影響力がおよんだのは北伊勢のみであった。南伊勢は、いわゆる後南朝の影響力が残る地域で、公家の北畠氏が土着して伊勢国司《こくし》と称された。なお北畠氏は、応仁・文明の乱後、伊勢守護となっている。また南伊勢は、伊勢神宮が独自の勢力圏を築き、東海にまたがる経済圏を形成したことも特質としてあげられる。

参考ながら、伊豆・飛騨・伊賀の守護について簡単に触れておく。

伊豆守護は、山内《やまのうち》上杉氏の歴代当主（能憲《よしのり》・憲方《のりまさ》・憲定《のりさだ》・憲基《のりもと》・憲実《のりざね》・憲忠《のりただ》・房顕《ふさあき》）が継承した。山内上杉氏は、関東管領に就任できる身分格式をもち、鎌倉在住が基本であった。

飛驒守護は、京極氏《きょうごく》（高氏《たかうじ》・高秀《たかひで》・高詮《たかあきら》・高光《たかみつ》・吉童子丸・持光《もちみつ》・高数《たかかず》・持清《もちきよ》・孫童子丸・政経《まさつね》）が守護をつとめた。しかし史料残存量が乏しく詳細不明なことが多い。これは室町幕府侍所々司に就く身分格式をもつ京極氏が、飛驒のほか近江・出雲・隠岐の守護も兼帯し、主要拠点は近江北半に置いていたことも関係していよう。また飛驒の特徴として、公家の姉小路《あねこうじ》氏が飛驒国司を称して力をもちつづけたこともあげられる。

伊賀守護は、基本的には仁木氏が守護をつとめていた。ただし実名不詳の人物が多い。なお永享年間（一四二九〜四〇）には山名氏（時熙《ときひろ》・持豊《もちとよ》）に守護の所見がある。

室町幕府と東海の関係をみる上で守護とともに重要な存在が、室町幕府奉公衆《ほうこうしゅう》（足利将軍の直轄軍）である。室町期の東海は、室町幕府奉公衆の供給地であったことが明らかにされており、とりわけ三河・尾張・美濃三ヵ国はその分布密集度の高いことが知られる。東海諸国は、室町幕府における将軍権力の基盤としての地域性をもっていたのである。等閑視されがちであるが、室町幕府奉公衆という存在は、室町期の東海を考える上できわめて重要な因子なのである。

本巻の構成　第三巻は、室町期の東海という地域社会を解明するための論考として、地域史をあつかう政治史三編、経済史・宗教史・生業史・社会史をあつかう分野史四編、遺跡・景観・文化をあつかうコラム五編によって構成される。

政治史の三編は、①駿河と遠江、②三河と尾張、③美濃と伊勢を基軸とした三編からなる。この三編は、いずれも東海諸国に関する通史としての意味合いも込められている。さらに、東の駿河から起筆し、遠江・三河と西にむかって論じる本書の構成は、類書をみない斬新な試みである。

分野史の四編は、①伊勢神宮とその御厨《みくりや》という東海ならではの存在をふまえ、荘園と都市について論じた経済史、②神祇や山岳信仰という視角から東海の特質をえがき、伊勢・熱田《あつた》・白山《はくさん》・富士の具体像を示した宗教史、③常滑《とこなめ》焼・瀬戸《せと》焼など東海を象徴する陶器を中心に、窯《かま》や生産技術・流通まで目配りした生業史、④太平洋沿岸に甚大な災害を与えた明応の大地震をめぐって、東海の環境や交通の問題まで説きおよんだ社会史からなる。いずれも「東海の中世史」を掲げる本シリーズには欠かせない、時代横断的ともいえる重要な論題である。

コラムの五編は、①飛騨の江馬《えま》氏館、②伊勢の北畠《きたばたけ》氏館、③駿河の一宮富士《いちのみやふじ》浅間社《せんげんしゃ》、④美濃の美濃紙、⑤伊豆の三嶋暦《みしまごよみ》を主題としたものからなる。いずれも政治史・分野史では充分にあつかえなかった東海における重要な歴史的事項について立項したもので、考古学や資料学、景観論などにもとづく最新の解説である。

以上、『室町幕府と東海の守護』と題する本巻は、第一線で当該分野を牽引する研究者の論考・コラムによって構成される。読者の皆さまには、ご味読いただきたい。

さいごに、本巻が、東海は西日本的か東日本的かという旧来型枠組みの議論からの脱却を目指し、きわめて挑戦的・野心的な試みとして企画された「東海の中世史」シリーズの一冊として、豊かで柔軟な〝室町期の東海〟研究の礎となることを祈念する次第である。

一　駿河・遠江の守護・奉公衆・国人

杉山一弥

1　駿河守護今川氏の定着

泰範の時代

駿河国と今川氏の関係は、建武五年（一三三八）、今川範国が美濃国青野原《あおのがはら》合戦における恩賞として駿河守護と駿河国内所領を獲得したことに始まった（『難太平記《なんたいへいき》』）。駿河守護はその後、範国から子息範氏、孫氏家《うじいえ》と継承されたが、いずれも範国に先立って死去した。氏家は、死去のさい叔父今川了俊（もと貞世《さだよ》）の子息孫松丸（のち貞臣《さだおみ》）に駿河守護を譲る意志を示したという。しかし了俊は辞退し、鎌倉建長寺《けんちょうじ》の僧侶であった氏家の弟を還俗《げんぞく》させて今川泰範《やすのり》と名乗らせ、駿河守護と所領を相承させたとされる（『難太平記』）。

今川泰範は、応安五年（一三七二）五月までに家督相続し（「安房妙本寺《みょうほんじ》文書」）、室町幕府へ出仕して京都在住を基本とした。永和二年（一三七六）五月には将軍足利義満の若宮《わかみや》（佐女牛《さめがい》）八幡宮《はちまんぐう》参詣にて小侍所《こさむらいどころ》をつとめ、同四年三月からは室町幕府侍所頭人の要職を得ている（『花営三代記《かえいさんだいき》』）。足利

図1−1　今川氏系図

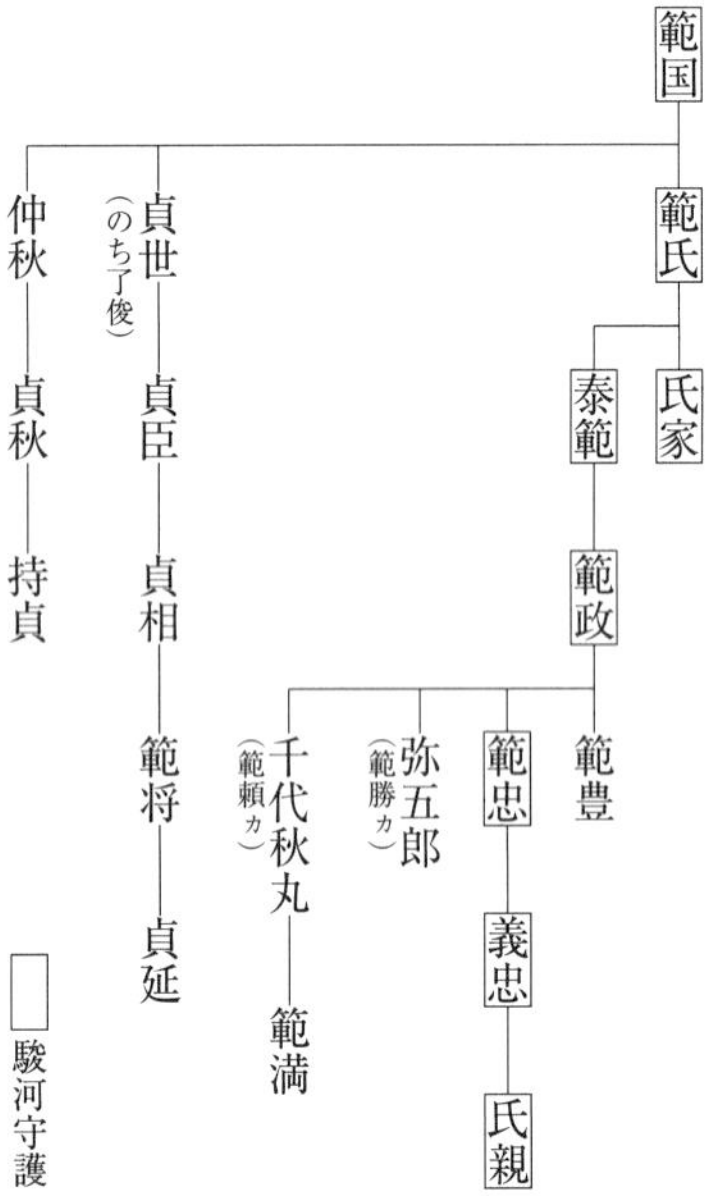

義満にちかい政治的立場をとった泰範は、嘉慶二年(一三八八)の義満の富士山遊覧では駿河国にて将軍一行を歓待し(『続史《ぞくし》愚抄《ぐしょう》』)、明徳二年(一三九一)の明徳の乱、および応永六年(一三九九)の応永の乱では、いずれも室町幕府勢の主力として出陣する様相が軍記物(文学作品)に描かれている(『明徳記』『応永記』)。そして応永の乱後、応永十二年ごろまでは遠江守護にも補任《ぶにん》され、一時は駿河・遠江両国の統轄を命じられた(『徴古雑抄《ちょうこざつしょう》』)。

遠江国は、観応三年(一三五二)以降、泰範の祖父今川範国、叔父了俊、叔父仲秋《なかあき》ら今川氏一族の者たちが守護職を相承・統轄していた。いわゆる遠江今川氏の系統である。南北朝期の遠江今川氏は、在京して室町幕府への出仕を基本とし、了俊に率いられて九州運営に加わる者も多かった。遠江今川氏の在国が進展したのは、了俊が九州探題を解任され、いわゆる遠江・駿河半国守護として下向以後のことである。遠江今川氏の系統は、堀越《ほりこし》郷(静岡県袋井市)ほか遠江各地に展開し、遠江守護が今川泰範をへて斯波氏に移っても独自の勢力を遠江国内で維持しつづけた。

駿河今川氏の歴代家督は、守護職とともに国務職を兼帯した（「今川記所収文書」「今川家古文章写」『徴古雑抄』）。駿河国では、国衙《こくが》機構がなおも機能していたためである。目代《もくだい》が遵行《じゅんぎょう》に携わる事例は、泰範の時代にも確認でき（「駿河伊達《だて》文書」「安房妙本寺文書」「円覚寺《えんがくじ》文書」）、今川氏奉行人連署奉書をうけて行動するのが常であった。その今川氏奉行人は、実名に〝泰〟や〝範〟をもつ者が多く、今川泰範による駿河守護機構の整序がうかがえる。そして目代には、今川氏被官となる者もいた（「駿河伊達文書」）。泰範の時代、駿河国では守護機構と国衙機構の連携・統合がすすみ、今川氏の駿河統轄は安定したのである。

範政の時代—駿河への下向

今川範政《のりまさ》は、応永十六年、父泰範の死去にともない駿河今川氏の家督を継いだ。ただし、史料上の駿河守護としての活動初見は応永二十年である（「東光寺《とうこうじ》文書」「駿河伊達文書」）。

応永二十三年十月、相模国鎌倉で上杉禅秀《うえすぎぜんしゅう》の乱が勃発した。今川範政は、この争乱において駿河守護として重要な役割をはたすこととなる。理由は、つぎの経緯による。前関東管領上杉禅秀の襲撃をうけ鎌倉を脱出した鎌倉公方足利持氏《もちうじ》は、西へむかって落ちのび箱根権現《はこねごんげん》にたどり着いた。箱根権現別当證実《べっとうしょうじつ》は、持氏を保護し、生家である駿河国人の大森《おおもり》氏館（静岡県裾野市）に案内したのち（『満済准后日記《まんさいじゅごうにっき》』『八幡宮愛染王法雑記《はちまんぐうあいぜんおうほうざつき》』）、駿河国府中（駿府）ちかくの瀬名《せな》（静岡市葵区）へ逃したという。この事態に室町幕府は、持氏援助を決定し、駿河守護今川範政を中心とした室町幕府勢の東国出兵を命じた（『看聞日記《かんもんにっき》』）。今川範政は、大森氏・葛山《かずらやま》氏ら駿河国人、今川氏一族などを率いて出兵し、翌応永二十四年正月には鎌倉を奪還したのであった。この過程において今川範政は、東国武家にたいして、上杉禅秀から離反して室町幕府勢のもとへ馳せ参じ、足利持氏に合力することを要請している（「結城《ゆうき》古文書写」）。そして同乱の終結後、今川範政は恩賞として富士下方《ふじしもかた》（静岡県富士市）を将軍足利義持から与えられたのである（「今川家古文章写」）。

今川範政は、父泰範と同様、守護在京制にもとづいて京都在住を基本としていた。しかし、六代将軍足利義教の登場によって政治環境は大きく変容した。新将軍義教は、籤《くじ》引きによる将軍就任への不満をあらわにした鎌倉公方足利持氏を牽制するため、正長元年（一四二八）、今川範政に駿河下国を命じたのである（『満済准后日記』）。そして永享四年（一四三二）九月、富士山遊覧を名目として将軍義教みずから駿河国へ下向したのであった。これが鎌倉公方足利持氏への示威行動であったことは明らかである。なお、この富士山遊覧には武家のほか公家衆・文化人も同道しており、飛鳥井雅世《あすかいまさよ》『富士紀行』、尭孝《ぎょうこう》『覧富士記』、宗長《そうちょう》『富士御覧日記』など、その旅程を題材とした文学作品も多く伝存する。今川範政は、足利義教を駿河国へ迎えるにあたって、三代将軍義満の富士山遊覧を先例とした宿所を用意した。広転寺（現在は廃寺）という仏殿・寮が備わった律宗《りつしゅう》寺院であった。足利義教は、九月十八日に駿府へ到着、二十日に清見寺《せいけんじ》（静岡市清水区）まで足を延ばし、二十一日には帰路についたのである。おりしも初冠雪が重なった三日間の滞在であった（『満済准后日記』）。

範政の時代――家督相続問題

今川範政は、将軍足利義教を駿河国に迎えた頃から、後継家督をめぐる問題を引き起こした。家督候補だった五郎（範豊）が早世したためとみられる。この混乱は、約二年間にわたって今川氏の一族・同被官《ひかん》・駿河国人・室町幕府中枢を巻き込む大きな政治問題となった。事の発端は、今川範政が末子千代秋丸（のち範頼か）を後継家督に望んだことにある。しかし千代秋丸の生母は、扇谷上杉氏定《おうぎがやつうえすぎうじさだ》の娘であった。鎌倉公方足利持氏との対立を深めていた足利義教は、千代秋丸が鎌倉有縁の人物であることを理由に家督相続を認めず、嫡子彦五郎（のち範忠《のりただ》）の家督継承にこだわったのである。

永享五年になると今川氏家督をめぐる問題は、今川範政の病臥、嫡子彦五郎の出家、などによって混迷の度を深めた。新たに次子弥五郎（のち範勝か）を支持する勢力が出現したのである。そして、室町幕府中枢もこれら子息三人のうち一体だれを家督候補に推すのかで割れたのであった。将軍足利義教は、一貫して嫡子彦五郎を支持した。一方、末子千代秋丸は、山名時熙を通じて室町幕府に家督相続を要請した。他方、次子弥五郎は、細川持之《もちゆき》を取次として室町幕府に家督継承を依頼した。しかし最終的には、永享五年四月、将軍義教の意向にそって嫡子彦五郎の家督相続が決定した。そして、それを今川氏一族の長老的存在であった今川貞秋《さだあき》（仲秋の子息）を通じて申し遣わしたのである。

ところがその頃、駿河国内は予期せぬ事態に陥っていた。原因は、家督相続に関する一通の室町幕府発給文書が、次子弥五郎の手に渡ってしまったことにある。その文書は、室町幕府が万一にそなえて駿河国へ派遣した使者に託した次子弥五郎を相続人とすることを認めた内容のものであった。結果、駿河国内は、次子弥五郎を推す今川氏被官（内者）の朝比奈《あさひな》氏・矢部《やべ》氏・岡部《おかべ》氏、末子千代秋丸を推す今川氏被官の三浦《みうら》氏・進藤《しんどう》氏という両勢力のあいだで内戦状態となったのである。

この今川範政の後継家督をめぐる内訌《ないこう》には、今川氏被官のみならず駿河国人の狩野《かの》氏・富士《ふじ》氏・興《おき》津《つ》氏も関与し、いずれも末子千代秋丸を推す立場をとった。駿府への滞在が増えた今川範政との関係が深まり、範政の意向にしたがう行動をとったのであろう。今川氏は、もともと駿河国との関係が皆無で、南北朝期に今川範国の時から勢力を扶植《ふしょく》し始めた。その上、主要な今川氏私領は、葉梨《はなし》荘（静岡県藤枝市）・大津《おおつ》荘（同島田市）・徳山《とくやま》郷（同本川根町）など駿河国西部に偏っていた（「今川家古文章写」）。この内訌において駿河国駿東《すんとう》郡の国人の関与がみえないのは、鎌倉府対策に専念していたことにくわえ、今川氏私領の分布のあり方もまた関係していたといえよう。しかし狩野氏・富士氏・興津氏は、将軍義教が嫡子彦五郎を後継家督に決定すると、その主張を翻《ひるがえ》して上意にしたがった。いち早く室町幕府に恭順の意を示したのは富士氏で、永享五年十二月には赦免された。また狩野氏・興津氏も翌六年十月には赦免への動きが本格化している。

範政の時代―今川氏の被官と一族

今川範政の後継家督をめぐる内訌を概観すると、室町期における今川氏被官や今川氏一族の構成・系列・実態が明らかとなる。

今川氏被官は、内訌のさい二系列に分裂した。まず今川範政の意向に沿う立場をとった被官が三浦氏・進藤氏である（『満済准后日記』）。三浦氏・進藤氏は、ともに守護今川範政のもとで駿河守護代かそれに準ずる役割をはたしていた（「駿河伊達文書」）。それゆえ範政が希望した末子千代秋丸の擁立に動いたのであろう。一方、これとは異なる立場をとった被官が朝比奈氏・矢部氏・岡部氏である。朝比奈氏・矢部氏・岡部氏は、はじめ次子弥五郎の擁立に動いていた。これは朝比奈氏・矢部氏・岡部氏が、末子千代秋丸の擁立を目指す三浦氏・進藤氏とは一線を画し、代替候補として次子弥五郎を支持することで結集したためであろう。それは朝比奈氏・矢部氏・岡部氏が、将軍義教によって後継家督が嫡子彦五郎（のち範忠）に決定されると、ただちに範忠支持へ方針転換していることからもわかる。とくに朝比奈氏・矢部氏は、のちの今川義忠《よしただ》（範忠の子息）敗死時、義忠とともに討死しており、今川範忠・義忠父子との緊密な関係があきらかになる（『勝山記《かつやまき》』）。また政治的立場は不明だが、駿河国から上洛する今川氏の使者として福島《くしま》氏の姿もみえる（『満済准后日記』）。これらの諸氏は、いずれも戦国期の今川氏被官上層部として知られる苗字である。それは、この頃までに今川氏被官の骨格が固まっていたことを示している。ただし今川氏被官層内の力関係は、家督代替わりのさいに変動がみられることは見逃せない。

この内訌では、今川氏一族もまた終息にむけて種々尽力した。まず今川貞秋（仲秋の子息）は、はじめ今川範忠の意向にそって嫡子彦五郎は不適任であると室町幕府に伝えていた。しかし、後継家督を嫡子彦五郎と決めた将軍足利義教は、それを今川貞秋を通じて駿河国に伝達させ、朝比奈氏・矢部氏ら今川氏被官層や狩野氏ら駿河国人層などから承認・支持の言質をとらせた。このとき今川貞秋の被官として寺島氏や中田氏がみえ、駿河今川氏とは異なる独自の被官群を組織化していたことがわかる。そのほか今川下野守（名児耶《なごや》氏）・今川播磨守（蒲原《かんばら》氏）・治部少輔入道《じぶのしょうにゅうどう》（堀越氏）・新野《にいの》氏ら今川氏一族も、事態の鎮静化に尽くした。ただし今川播磨守（蒲原氏）は、了俊系遠江今川氏の各和《かくわ》氏や尾崎《おざき》氏とともに旧権益の回復をはかる行動をとっており、混乱に乗じる今川氏一族がいたことも知られる。

2　駿河守護今川氏の展開

範忠の時代

今川範忠（もと彦五郎）は、永享五年（一四三三）六月、将軍足利義教の強い支持のもと駿河守護・今川氏惣領《そうりょう》を継承した（「今川家古文章写」『満済准后日記』）。上洛していた今川範忠は、同七月十一日、駿府へ到着した。しかし、千代秋丸の擁立に動いていた今川氏被官の三浦氏・進藤氏、駿河国人の狩野氏・富士氏・興津氏らは、しばらくのあいだ今川範忠にしたがわず武力抗争を繰りひろげた。駿河国は、狩野氏らが拠点とした湯島城《ゆしま》（静岡市葵区）の落城した九月三日以降に安定したとみられる。

今川範忠は、将軍義教と鎌倉公方足利持氏の関係が悪化するなか、駿河国への在国が多くなった。今川範忠に求められた役割は、東国情勢を室町幕府に報告することであった（『満済准后日記』）。そして永享十年、将軍義教が持氏征討を行なった永享の乱では、室町幕府勢として東国出兵した。いち早く箱根山麓を突破した今川範忠は、相模国関本《せきもと》（神奈川県南足柄市）に陣取ったという（『今川記』）。これは今川氏勢が、箱根山麓北側の足柄峠《あしがら》を押さえたこと示していよう。なお永享の乱時、今川氏一族のなかで具体的な活躍が確認できるのは今川中務大輔《なかつかさたいふ》（持貞か）のみである（「足利将軍御内書幷奉書留」）。範忠自身は、箱根山麓にて後方支援の役割を担ったのであろうか。

永享十二年、結城合戦が勃発した。永享の乱で敗死した足利持氏の子息足利安王丸・春王丸らが、北関東の旧持氏与党とともに蜂起したのである。しかし、今川範忠が下総国結城へ出兵したのか否かは不明である。そもそも争乱勃発時、今川範忠は上洛中で四月八日に離京したことが知られる（『東寺執行日記《とうじしぎょうにっき》』）。また今川氏勢は、下総国結城にむけて駿河国内を進軍していた三河守護代氏家《うじいえ》氏を、将軍義教の命によって討ち取っている（『師郷記《もろさとき》』）。あるいは今川範忠は、結城合戦でも最前線に出陣しなかったのであろうか。

享徳四年（一四五五）、享徳の乱が勃発した。鎌倉公方足利成氏《しげうじ》が関東管領山内上杉憲忠を殺害し、東国武家社会は足利成氏にくみするか否かで分裂・混乱がひろがった。室町幕府は、上杉氏勢を支援することとし、今川範忠にも東国出兵を命じた（『康富記《やすとみき》』『斎藤基恒日記《さいとうもとつねにっき》』）。今川氏勢は相模国鎌倉を占拠し、長禄四年（一四六〇）まで約五年間、都市鎌倉を統制下においたのである（「黄梅院文書《おうばいいん》」『香蔵院珍祐記録《こうぞういんちんゆう》』）。

義忠の時代

今川義忠は、寛正二年（一四六一）三月、父範忠の譲状にもとづき本領安堵が認められた。これは父範忠の死去直前のこととみられ、家督交替にともない内訌が再燃することを室町幕府・今川氏ともに回避する狙いがあったとみるむきもある。

室町幕府は、今川義忠にも東国出兵をもとめた。寛正二年十二月や同六年十二月には堀越公方《ほりごえくぼう》足利政知《まさとも》への加勢が要請されている。しかし、今川義忠に出兵した形跡はない。今川義忠の視線は、すでに遠江国へむいていたのである。

遠江国では、嘉吉元年（一四四一）ごろから、遠江今川氏と守護斯波氏の対立がくすぶっていた（『東寺執行日記』）。そして長禄三年（一四五九）、遠江国堀越郷（静岡県袋井市）に本拠をおく今川範将《のりまさ》と守護斯波氏が武力衝突したと京都に伝わっている（「南禅寺文書《なんぜんじ》」）。範将は、将軍足利義政《よしまさ》から今川義忠とは別けて堀越公方足利政知への加勢が求められるなど、駿河今川氏から独立した勢力であった（「御内書案」）。しかし寛正五年七月、室町幕府は範将の死去にともないその所領を没収して幕府御料所とした（『親元日記《ちかもとにっき》』）。今川義忠は、遠江国内の今川氏一族の権益確保に意識がむいていたのである。

今川義忠は、駿河国内の範将旧領をめぐり駿河国人狩野氏（狩野介）との問題を抱えていた（『親元日記』）。しかし義忠は、文明四年（一四七二）十二月、足利義政から狩野氏本拠の安倍山《あべ》（静岡市葵区）を安堵されるなど狩野氏を圧倒してゆく（「今川家古文章写」）。これは今川義忠が、応仁・文明の乱において東幕府に加勢したことと関連していよう。また同乱中、駿河国内では国人層による紛争が勃発していた（「伊東文書《いとう》」「駿河伊達文書」「御感状之写幷書翰」）。そこで今川義忠は、広義の狩野氏一族で遠江守護代をつとめる狩野宮内少輔《くないしょう》の加勢を得て、駿河狩野氏を討滅したのである（『宗長日記』）。これによって義忠は、安倍金山をおさえたとみられる。なお義忠は、応仁・文明の乱で上洛した時、伊勢《いせ》盛定《もりさだ》の娘を室（北川殿《きたがわどの》）とした。この婚姻によって今川義忠は、盛定の子息伊勢盛時《もりとき》（宗瑞《そうずい》、いわゆる北条早雲《ほうじょうそううん》）と義兄弟になったことも忘れてはならない。

今川義忠は、文明五年十一月、将軍足利義政から遠江国懸川荘《かけがわ》（静岡県掛川市）の代官職を預け置かれた（「今川家古文章写」）。あわせて同国河匂荘《かわわ》（静岡県浜松市南区）も与えられたという（『宗長日記』）。そして文明六年、一時は連携していた遠江守護代狩野宮内少輔を遠江国府中（静岡県磐田市）に攻め滅ぼした（『宗長日記』）。しかし遠江国人の横地《よこち》氏・勝田《かつまた》（勝間田）氏は、これに反発して今川義忠と対立する。義忠は、見附《みつけ》城（磐田市）に立て籠った横地氏・勝田氏を退けたのち横地氏の本拠に攻め込んだが、近隣の塩買坂《しおかいざか》（静岡県菊川市）にて横地氏あるいは勝田氏に襲われて文明八年に敗死した（『勝山記』）。

文明八年（一四七六）、扇谷上杉氏の家宰《かさい》太田《おおた》道灌《どうかん》が駿府へ出兵した（「太田道灌状」）。義忠の子息今川龍王丸《りゅうおうまる》（のち氏親《うじちか》）が幼少であったため、小鹿《おしか》（静岡市駿河区）の今川範満《のりみつ》の擁立に動いたのである。これは範満の祖母が、前述した扇谷上杉氏出身の女性ゆえであろう。さらに享徳の乱中、範満自身が東国出兵した形跡があることも連携の前提とみられる（「御内書案」）。また範満の妻は、堀越公方足利政知の家宰犬懸上杉政憲《いぬがけうえすぎまさのり》の娘とされ、伊豆勢もやはり駿河出兵したという（『今川記』）。今川義忠の敗死は、東海・関東にまたがる政治的動揺を生み出したのである。

駿河の奉公衆

駿河国では、葛山氏が室町幕府奉公衆として編成されていた。葛山氏は、駿東郡葛山（裾野市）に本拠をおく国人である。奉公衆四番方に属し、かつ在国衆として把握されていた（『文安年中御番帳』『蜷川《になかわ》家文書所収幕府番帳』『室町殿文明年中番帳』『久下《くげ》文書所収四番衆交名』）。室町幕府奉公衆の分布域では東海道における最東端に位置した。

葛山氏が、室町幕府との関係を進展させたのは正長元年（一四二八）である。事の発端は、六代将軍足利義教が、上杉禅秀の乱後の混乱を避けて上洛していた甲斐守護武田信重《のぶしげ》を下国させるにあたり、葛山近隣の佐野《さの》郷（裾野市）を与えたことにある。信重は拝領辞退したが、葛山氏はその機会をとらえて佐野郷は葛山氏本領であると主張したのであった。籤引きで新将軍になったばかりの義教は、葛山氏の訴えを認めて同郷を葛山氏に充行《あてが》い、将軍就任への不満をあらわにする鎌倉公方足利持氏にむけた橋頭保としたのである。同年十月には今川範政の駿河下国も推進されており、一連の施策とみられる（『満済准后日記』）。

室町幕府との関係を深めた葛山氏は、前述した今川範忠の後継問題には関与しなかった。将軍義教の意向と異なる後継家督をのぞむ必要がなかったのであろう。葛山氏はその後、駿河守護今川氏を通じて室町幕府へさまざまな東国情勢を伝え、求められた役割をはたした（『満済准后日記』「足利将軍御内書并奉書留」）。

永享十年、永享の乱が勃発すると葛山氏は、室町幕府勢を主導する駿河守護今川範忠の「先かけ（駆）の大将」として出兵した（『今川記』）。葛山氏は、室町幕府奉公衆として身分秩序の上では独立しながらも、軍事的には駿河守護今川氏に従属したのである。

葛山氏の勢力圏は、室町幕府と鎌倉府の管轄境界に位置していた。室町幕府は、そうした葛山氏を重視したとみられ、歴代足利将軍と葛山氏の通交文書が多く残されている（「昔御内書符案」「足利将軍御内書并奉書留」）。のちの戦国期、葛山氏が駿河今川氏・甲斐武田氏・相模北条氏の緩衝地帯領主として独自の領域支配を展開できたのは、室町幕府奉公衆としての身分格式が関係していたのである。

伊豆国は、室町幕府の成立段階から関東鎌倉府の管轄国であった。また伊豆守護は、南北朝期以降、山内上杉氏の歴代家督が継承した。山内上杉氏は、鎌倉公方の補佐役である関東管領に就任できる身分格式をもち、鎌倉在住が基本であった。しかし伊豆守護の補任状は、京都の足利将軍から発給されている（「上杉家文書」）。これは、室町幕府との関係を重視する山内上杉氏の政治姿勢、室町幕府管轄国の駿河国に接する伊豆国の地理的重要性などが、影響・連関していたとみる余地がある。

伊豆との関係

伊豆国は、仕組みの上で、室町幕府を通じた問題解決が必要な事柄もあった。例えば、伊豆国北条（静岡県伊豆の国市）の円成寺《えんじようじ》（現在は廃寺）は、寺領の一つとして駿河国沢田郷《さわだ》（静岡県沼津市）を有していた。円成寺は、寺院自体は鎌倉府管轄下の伊豆国に存在しつつも、寺領の一つ沢田郷は室町幕府管轄下の駿河国にあるというねじれ状態にあったのである。当然、沢田郷に関する問題解決には、室町幕府の管領奉書が必要であった（「北条寺文書」）。室町幕府と鎌倉府の対立によって、駿河国と伊豆国のあいだには政治的国境が形成されたと表現されることも多い。しかし現実社会はそう単純ではなかったのである。

伊豆国と駿河国の関係は、長禄二年、堀越公方足利政知の下向によって大きく転回した。強引な所領政策によって相模国・武蔵国の有力国人から強い反発をうけた足利政知は、室町幕府から箱根山を越えることを制止され、伊豆国堀越（伊豆の国市）に滞留した。足利政知は、室町幕府が管轄する駿河国との関係を重視せざるを得ない状況にあったのである。実際に足利政知は、駿河国の有力国人である富士氏の内紛に関与する姿もみえる（『親元日記』）。また前述のごとく駿河守護今川義忠の敗死直後には、義忠の後継問題に介入するため伊豆勢が駿河出兵したのであった。

しかし、二代堀越公方足利茶々丸《ちゃちゃまる》の時、駿河守護今川氏親の叔父として駿河国にいた伊勢宗瑞が、駿河国から伊豆国へ攻め入り堀越公方府は崩壊した（『勝山記』）。これは、京都における明応二年（一四九三）の政変と連動したものとみられている。

伊豆国は、東国社会との関係が深く、いわゆる関東という枠組みのなかにあった。しかし堀越公方が存在していた時期の伊豆国は、京都・室町幕府の政治的動向に強い影響をうける歴史的にみて特色ある時代だったといえる。

3　遠江守護斯波氏の推移

遠江と斯波氏

遠江国と斯波氏の関係が始まったのは、斯波義教《よしのり》（もと義重）の時である。義教は、室町幕府における斯波氏の政治的位置を安定させた斯波義将《よしゆき》の子息である。義教は、父義将から継承した越前守護にくわえ、応永七年（一四〇〇）に尾張守護、応永十二年ごろから遠江守護を兼帯した。斯波氏はその後、歴代家督が越前・尾張・遠江の三ヵ国守護をつとめてゆくことになる。しかし斯波氏にとって遠江国は、三ヵ国のうち関係獲得が最末で、かつ京都から最も遠距離にあった。したがって斯波氏における遠江国の位置づけは、越前国・尾張国に比肩することはなかったとみられる。
斯波氏家督は、室町幕府中枢として御相伴衆《おしょうばんしゅう》の身分格式を得て、いわゆる三管領の一角を占めた。応永二十五年八月の斯波義教の死去後は、子息義淳《よしあつ》が越前・尾張・遠江守護を相承《そうしょう》し、また管領職を永享五年（一四三三）十二月の死去までたびたびつとめた。しかし斯波氏は、義淳以後の家督継承が安定しなかった。まず義淳の子息義豊《よしとよ》は、すでに永享四年六月に急逝していた。そのため斯波氏家督は、義淳の弟義郷《よしさと》（もと瑞鳳蔵主《ずいほうぞうす》）が還俗して継承した。しかし義郷は、永享八年九月、陸梁《りくりょう》から馬もろとも落下して事故死した。義郷には子息千代徳《ちよとく》がいたが、わずか二歳で家督を継ぎ宝徳三年（一四五一）十一月に元服して斯波義健《よしたけ》と名乗ったが、翌享徳元年（一四五二）九月に早世してしまう。十五世紀なかばの斯波氏家督は若年相続と早世がつづいた。それにともない、斯波氏家宰をつとめる甲斐《かい》氏の政治的立場が上昇することになった。

図1－2　斯波氏系図

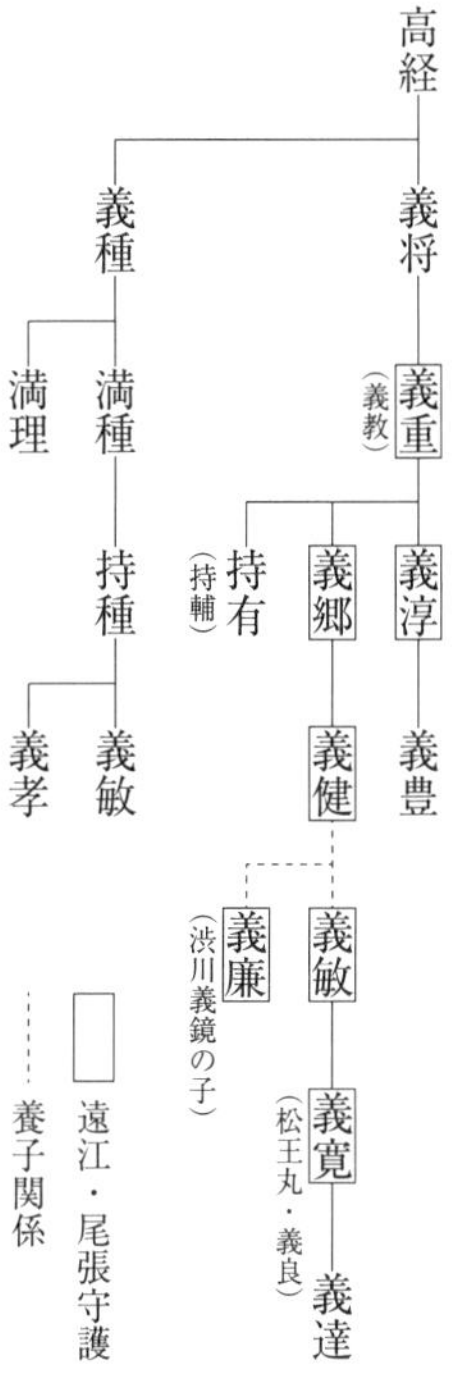

義健の死去後、斯波氏家督は庶流の斯波義敏《よしとし》が継承し、越前・尾張・遠江守護も引き継いだ。義敏は、前述した斯波義将の弟義種《よしたね》の曽孫で、宝徳三年三月に元服したばかりの若年であった。そこで義敏の父持種《もちたね》と家宰甲斐氏がこれを補佐することに

なった。しかし斯波義敏は、長禄三年(一四五九)、将軍足利義政に抗命してまで越前国において甲斐氏との武力抗争を始めた。甲斐氏は、義敏の子息松王丸(のち義寛《よしひろ》)を擁して斯波氏の掌握をはかった。ところが寛正二年(一四六一)九月、斯波氏家督は斯波義廉《よしかど》に改替された。義廉は、室町幕府において御一家《ごいっか》の身分格式をもつ渋川《しぶかわ》義鏡の子息である。義廉による斯波氏入嗣の理由は、堀越公方足利政知とともに東国出兵した父渋川義鏡が、義廉を通じて遠江国の軍事・経済の活用を試みたためとみるむきもある。しかし斯波義廉は、応仁・文明の乱でいわゆる西幕府管領となり、ほどなく政治的立場を失った。斯波氏家督には松王丸(義敏の子息)が復帰し、文明四年(一四七二)十二月に元服して義良《よしすけ》と名乗り、同十七年には義寛と改名した。斯波義寛は、みずから越前国へ下向して統御を試みたが、今度は斯波氏被官の朝倉《あさくら》氏との武力抗争に敗れ、京都へも戻らず尾張国に滞留することが増えた。この義寛の時代、子息義達《よしたつ》らは遠江出兵を繰りかえし、遠江国への勢力伸長を目指す今川氏と武力抗争を繰りひろげることとなる。斯波氏における遠江国の位置づけは、応仁・文明の乱後、越前国での劣勢とともに相対的に上昇したといえよう。

遠江の斯波氏被官

遠江守護斯波氏のもとで遠江国の運営に携わった代表的な斯波氏被官として、加賀嶋《かがしま》氏・甲斐氏・大谷《おおや》氏・堀江《ほりえ》氏・狩野氏らがいた。

加賀嶋氏は、斯波氏が遠江守護となった当初の守護代だったとみられる(「東寺百合文書《とうじひやくごう》」)。ただし、いわゆる在京守護代とみられ、在任期間もわずかであった。

甲斐氏は、斯波氏の最有力被官で、いわゆる家宰の立場にあった。加賀嶋氏の後任として遠江守護代を相承したことが知られる。甲斐氏歴代当主は、教光《のりみつ》、将教《ゆきのり》（のち祐徳）、将久《ゆきひさ》（のち常治《じょうち》）、敏光《としみつ》、信久《のぶひさ》（もと千喜（菊）久丸）とつづいた。しかし、甲斐氏も京都在住であったため、やはり在京守護代の立場を基本とした。

大谷氏は、甲斐氏の一族である。遠江国に関与した大谷氏当主として、豊前入道玄本・久棟らが知られる。豊前入道玄本の時、蒲御厨《かばのみくりや》（静岡県浜松市東区）や一宮荘《いちのみや》（浜松市天竜区）などの代官職を得て（「東大寺文書」『御前落居記録』）、実際に遠江国へ下向した。また豊前入道玄本は在国守護代をつとめており、およそ西遠江を担当していたとみられる。在国守護代の職務として、東寺領村櫛荘《むらくし》徳大寺《とくだいじ》方・原田《はらだ》荘細谷《ほそや》郷（掛川市）の本家米の沙汰付、東寺領原田荘大嘗会段銭《だいじょうえたんせん》の催促停止、南禅寺領初倉《はつくら》荘（静岡県焼津市）・新所《しんじょ》郷（静岡県湖西市）の年貢米の津料免除、同領即位段銭の京済《きょうさい》につき国催促停止などに関わっていた痕跡が残る。

堀江氏は、もともと越前国堀江郷（福井県あわら市）の国人であった。斯波氏被官として堀江城（浜松市西区）に拠点をかまえ、応永十八年には村櫛荘徳大寺方の請負契約をむすぶなど在地への影響を強めていった（「東寺百合文書」）。遠江国における堀江氏の動きは、三郎左衛門入道道賢が、東寺雑《ざっ》掌《しょう》にたいする村櫛荘本家米半済《はんぜい》、天龍寺《てんりゅうじ》雑掌にたいする村櫛荘地頭職半済和田東方・庄内闕所分《けっしょぶん》などの沙汰付に関わる姿がよく知られる。

狩野氏は、伊豆国狩野を苗字の地とする狩野氏一族のうち、斯波氏被官となった系統である。南北朝期に駿河国安倍山で南朝方として活躍した狩野氏（狩野介）とも別系統とみられ、尾張国を本拠とした系統とみられる。遠江国の狩野氏は、七郎右衛門尉(父子二代)・加賀守・宮内少輔とつづいたが、かならずしも父子継承ではなかった。初代の七郎右衛門尉は、東寺領原田荘大嘗会段銭の催促停止、南禅寺領初倉荘・新所郷年貢米の津料免除、同領初倉荘運米にたいする煩《わづらい》の禁止、同領初倉荘・新所郷即位段銭の京済につき国催促停止、同領の榛原《はいばら》本家米一〇〇貫文の差配などに携わっている。当初狩野氏は、のちに遠江国府中(磐田市)に拠点をかまえ、在国守護代としての役割をはたした。当初は大谷氏とともに二人体制で在国守護代をつとめ、およそ東遠江を担当していたとみられる。そして宮内少輔の頃には一人で在国遠江守護代を担っていた。

遠江国の守護機構に関与した斯波氏被官上層部は、いずれも斯波氏が守護兼帯していた越前国や尾張国の出身者であって、遠江国の出身者はみられない。ここに斯波氏による遠江運営の基本方針がうかがえる。

遠江と東国争乱

十五世紀は、室町幕府と鎌倉府のあいだでたびたび武力抗争が生じた。そのなかには遠江国に大きな影響をおよぼした東国争乱もあった。

応永三十年、四代将軍足利義持は、鎌倉府を牽制するため軍勢を駿河・信濃・越後の三ヵ国に集結させた。この時、隣接する遠江国にたいしても、斯波氏被官の甲斐氏・織田氏が派遣された(『看聞日記』)。公家衆の中原康富《なかはらやすとみ》は、在京守護代の甲斐氏が兄弟そろって遠江下向する様子を日記に著している(『康富記』)。また東寺は、甲斐氏の遠江下向にともなう贈物は当面行なわないと決めている(「東寺百合文書」)。

永享十年、六代将軍足利義教は、鎌倉公方足利持氏征討を行なった。その時の遠江国は、室町幕府勢の策源地として機能した。甲斐氏一族で在国遠江守護代の大谷氏は、箱根山麓にて鎌倉府勢の大森氏と激戦を繰りひろげて勝利し、大森氏一族の首級一二、三を京都へ送った（『看聞日記』）。これと前後して、在京遠江守護代の甲斐常治は、幼少の斯波千代徳（のち義健）に替わって斯波氏一族を主導する斯波持種（義敏の父）とともに東国出兵した（『看聞日記』）。遠江国内の在地武家の多くは、これに動員されたようである（『今川記』『関東合戦記』）。室町幕府奉公衆の身分格式を与えられていた遠江国人の横地氏や勝田氏が、その先陣をつとめたとの表現をとる軍記物（文学作品）もある。

嘉吉元年（一四四一）に結城合戦が終結した時、斯波持種は東国に在陣していた（「足利将軍御内書幷奉書留」）。持種は、永享の乱後ひとたび帰京したが、永享十二年四月、結城合戦にともないふたたび東国出兵したのである（『東寺執行日記』）。しかし、斯波氏や遠江国勢が結城合戦にて活躍した痕跡は軍記物（文学作品）にさえみえない。この点、甲斐・織田両氏が、嘉吉元年閏九月、遠江国における今川氏の押領《おうりょう》に対応するため京都から遠江下向していることが注目される（『東寺執行日記』）。こうした遠江国内の政情不安に鑑みると、東国出兵した斯波氏勢のなかには早々に帰国した者もいたのではなかろうか。

享徳三年、享徳の乱が勃発した。遠江国は、この時も兵站《へいたん》地の役割をはたした。例えば康正元年（一四五五）、遠江国では守護斯波氏によって野伏《のぶせり》や兵粮米の催促が行なわれている（「東大寺文書」）。また遠江国では、寛正二年になっても半済がなされている（「南禅寺文書」）。さらに寛正三年四月、鎌倉では「遠州人々、また元のごとく参陣すべきの由その聞こえ有り」との噂が広がっている（『香蔵院珍祐記録』）。ここに遠江国の斯波氏被官や国人層は、乱の勃発当初こそ東国出兵したものの、この頃までには帰国していたことがわかる。これは長禄三年以降、前述のごとく遠江国内で今川氏一族が武力抗争を始めたことも関係していたのであろう（「南禅寺文書」「東大寺文書」）。

遠江の守護所と国人

室町前・中期、在国遠江守護代は、斯波氏被官の大谷氏と狩野氏がその役割をはたしていた。大谷氏や狩野氏の居所は、そのまま守護所の機能を担ったとみられる。しかし大谷・狩野両氏が、遠江国内のいずれに拠点をかまえたのか厳密な比定はかなわない。また、遠江国における在国守護代の体制・機構は、斯波氏が守護兼帯する越前国のように二人の小守護代が一体となって活動する方式とは異なっていた。また、おなじく斯波氏が守護をつとめる尾張国のような在国守護代を一人おく体制とも異なっていた。遠江国では、東遠江を大谷氏、西遠江を狩野氏が、ゆるやかに分掌管轄する方式であったとみられる。

室町後期になると、遠江国の守護所は府中（磐田市）におかれていたことが確認できるようになる。のちに東海道の見附宿となる区域である。国分寺・府八幡宮・惣社や見附天神などが密集し、古代国府に由来する要地であった。集住する人口も多かったと想定され、近隣からは一《いち》の谷《たに》中世墳墓群遺跡が発掘された。同遺跡は、墳丘墓・集石墓・土壙墓《どこうぼ》・荼毘《だび》跡などが一万五五五〇平方メートルに広がり、まさに賽《さい》の河原を連想させる景観を呈していた。同遺跡は保存運動が行なわれたが、残念ながら開発によって消滅した。

遠江国府中では、康正元年、引間《ひくま》市（浜松市中区）を襲った一揆《いっき》に関わる裁判が行なわれている。これを遠江国の守護所・在国守護代による守護裁判とみるむきもある。ついで寛正六年、遠江今川氏が前述のごとく室町幕府から所領没収されると、遠江国府中は斯波氏被官の狩野七郎右衛門尉が完全掌握した。ところが七郎右衛門尉は、これに不満をもった同族の狩野加賀守に居館を襲われている

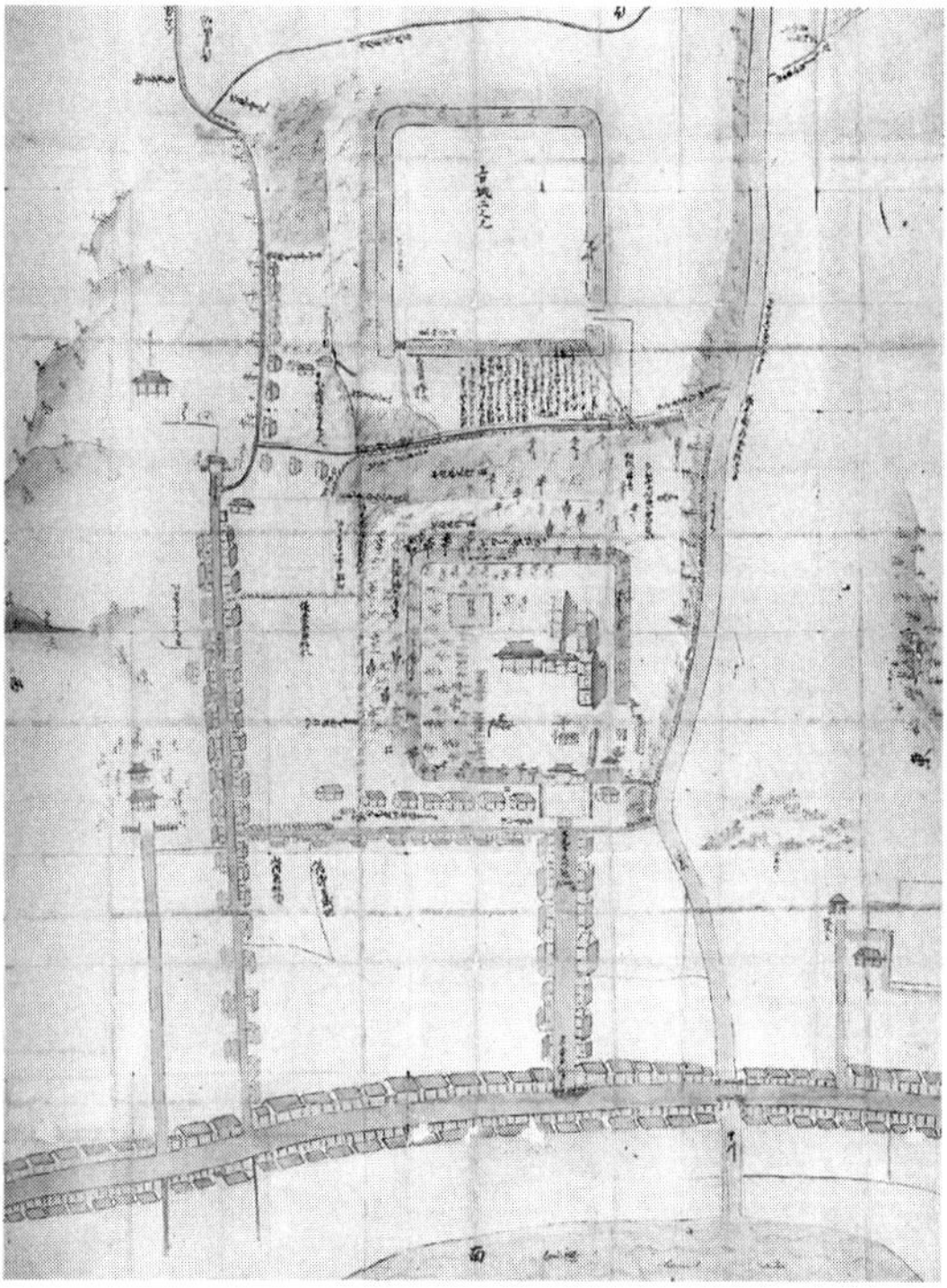

図 1-3　見附古城絵図（「大見寺古絵図」大見寺所蔵）
遠江守護所のあった見附城（北側）および拡張された見附端城（南側）の元禄 11 年（1698）当時の様子.

（『親元日記』）。この居館が見附城（遠府城）とすれば、この時期の遠江国府中は在国守護代狩野氏のもとで、不安定ながらも守護所としての機能をはたしていた証左になる。

室町期の遠江国には、当守護斯波氏や前守護今川氏の関係者ばかりでなく在地領主の国人が盤踞《ばんきょ》していた。代表的な者たちを掲げると、まず北遠江には天野《あまの》氏・奥山《おくやま》氏がいた。天野氏は、鎌倉期から山香《やまか》荘（浜松市天竜区）に拠点をおき、近隣の奥山郷（同）に本拠をおく奥山氏を同心とし、有力国人の立場を築いていた。また西遠江には井伊《いい》氏・大沢《おおさわ》氏らがいた。井伊氏は井伊谷《いいのや》（浜松市北区）に拠点をもち、浜名湖北部に勢力をひろげていた。在庁官人出身とみられ井伊介を名乗っている。当初は南朝方の立場をとったが、やがて井伊氏本宗家は今川了俊に従属して西日本へ移った。室町期の井伊氏は、渋川《しぶかわ》（浜松市北区）に本拠をおいて次郎を名乗る系統が統轄していた。大沢氏は公家出身（藤原《ふじわら》氏中御門《なかみかど》流）で、村櫛荘（浜松市西区）の領主として下向し、遠江国に土着したという。中遠江には、久野《くの》氏がいた。久野氏は久野（袋井市）に本拠をおき、近隣の遠江今川氏に従属していたことが知られる。そして東遠江には原《はら》氏がいた。原氏は原田荘（掛川市）に本拠をおき、長禄四年には牢人とともに蜂起し、守護代甲斐氏が鎮圧に乗り出すほどであった。

斯波氏と遠江守護機構は、こうした鎌倉時代以来の伝統的国人層の勢力圏には、容易に関与することができなかったのである。

遠江の荘園制度

荘園制度が室町期にもゆるやかに機能していた遠江国では、諸荘園に代官職として関わる斯波氏関係者もいた。例えば原田荘細谷郷では、応永二十年から永享七年まで斯波氏被官の織田主計入道浄祐《かずえにゅうどうじょうゆう》が年貢二〇貫文で請負代官となっている（「東寺百合文書」）。ただし遠江国に下向することはなかった。その後は、甲斐氏被官（斯波氏陪臣《ばいしん》）の弥阿弥や高木忠重なる人物が代官職としてみえる。また蒲御厨では、永享期に甲斐氏被官の応嶋五郎衛門久重が代官職を得ている（「東大寺文書」）。応嶋久重は、文安元年（一四四四）から宝徳元年にも代官職を請負ったが、公文《くもん》・百姓から非法を訴えられている。

一方、浜松荘は、三河国吉良荘《きら》（愛知県西尾市）に本拠をおく西条吉良氏《さいじょう》が領主であった。吉良氏は、斯波氏と同様、当主は京都在住が基本であった。浜松荘には、代官・奉行が派遣されて引間（浜松市中区）に拠点をおき、近隣の蒲御厨にも影響力をおよぼしていた。また吉良氏は一時期、河勾荘・懸川荘も請所《うけしょ》としていたとみられ、吉良氏被官の巨海氏《こみ》が関わっていた。浜松荘経営に関わった吉良氏被官には、巨海氏のほか大河内氏《おおこうち》・飯尾氏《いのお》がいた。このうち巨海氏・大河内氏は当守護斯波氏との関係を重視する一方、飯尾氏は前守護今川氏との関係を重視した。吉良氏の当主自身は、斯波氏・今川氏いずれとも是々非々の関係を維持していたといえる。その基本姿勢は、のちに遠江国をめぐって斯波氏と今川氏の武力抗争が激化しても変わらなかった。しかし遠江国の政治情勢は、斯波氏の退潮、今川氏の優勢が確定してゆく。それにともない巨海氏・大河内氏は脱落、飯尾氏は今川氏被官としての立場に転換し、吉良氏は浜松荘への影響力を失ったのである。

遠江の奉公衆

遠江国における代表的な室町幕府奉公衆として、横地氏・勝田（勝間田）氏・浜名《はまな》氏らがいた。

横地氏は、城東《きとう》郡横地（菊川市）に本拠をおく遠江国を代表する名族であった。源義家《みなもとのよしいえ》にむすびつける系図もあるが、在庁官人出身とみられる。鎌倉幕府の草創時から御家人としてみえ（『吾妻《あずま》鏡《かがみ》』）、室町幕府においても奉公衆二番方に編成されていた（『永享以来御番帳』『文安年中御番帳』）。南北朝・室町期の横地氏当主として、二代将軍足利義詮《よしあきら》の近習《きんじゅう》であった但馬守直宣と因幡守秀長が知られ（「六波羅蜜寺《ろくはらみつじ》文書」）、三代将軍義満の頃には左京亮《さきょうのすけ》（のち因幡守）為長が活躍した（『花営三代記』）。歴代当主は、在京することが多かったとみられる。一方、遠江国内では、為長の子息左京亮（のち尾張守）長連が大峰《おおみね》・平山《ひらやま》・犬居《いぬい》（浜松市天竜区）の地頭職をめぐって同地の国人天野氏と相論を起こすなど（「冨田仙助氏所蔵文書」）、北遠江にも影響力をおよぼそうと試みていた。そして、鶴寿なる人物が当主の時、前述した狩野加賀守に加担し、遠江国府中にて狩野七郎右衛門との武力抗争を繰りひろげたのであった（『親元日記』）。

勝田氏は、発音が〝かつまた〟とみられ勝間田と表記されることもある。勝田氏は、横地氏一族とする系図もあるが、それは勝田・横地両氏がともに在庁官人出身であるためとみる見解もある。榛原郡勝田（静岡県牧之原市）を本拠とした。鎌倉時代には御家人で（『吾妻鏡』）、室町時代には奉公衆一番方と四番方にその名がみえる（『永享以来御番帳』『文安年中御番帳』）。遠江国内では、初倉荘の年貢を抑留する姿がみえ（「東寺百合文書」）、中遠江の有力国人として影響力をもっていった（「平田寺文書」）。近隣の横地氏と行動をともにすることも多かった（『親元日記』）。

浜名氏は、源頼政《よりまさ》の子孫との由緒をもち、浜名神戸《かんべ》（浜名御厨、浜松市浜名区）を本拠とした。鎌倉時代には御家人（『吾妻鏡』）、室町時代には奉公衆五番方（『永享以来番帳』『文安年中御番帳』）であり、西遠江の有力武家であった。南北朝・室町期の浜名氏当主として、清政《きよまさ》（「大福寺《だいふくじ》文書」『宝筐院殿将《ほうきょういんでんしょう》軍宣下《ぐんせんげ》記《き》』）・詮政（『中殿御会記《ちゅうでんぎょかいき》』『花営三代記』『氏経卿《うじつねきょう》記』）・満政（『瑠璃山年録残編《るりさんねんろくざんぺん》』『石清水《いわしみず》社奉納百首』『新続古今集《しんしょくこきんしゅう》』）・持政《もちまさ》（『氏経卿記』「大福寺文書」）・政義（「摩訶耶寺棟札《まかやじむなふだ》」『ひとり言』『金剛寺縁《こんごうじえん》起《ぎ》』）・政明《まさあき》（「長享元年九月二十日常徳院殿様江州御動座当時在陣衆着到《じょうとくいんでんさまごうしゅうごどうざとうじざいじんしゅうちゃくとう》」『宗長日記』「大福寺文書」）とつづいたことが知られる。南北朝期には北朝方としての旗幟《きし》を鮮明にし、南朝方であった近隣国人の井伊氏と武力抗争を繰りひろげた。室町期には在京することが多かったとみられ、遠江国内よりも京都における動向をよく知ることができる。

遠江の紛争

遠江国では、十五世紀後半、当守護斯波氏と前守護今川氏のあいだで熾烈な抗争が繰りひろげられた。重複をいとわず、前述した事項も含めて概要を示しておきたい。

事の発端は、長禄三年、遠江今川氏の今川範将が、遠江国内で武力抗争を起こしたことにある。背景には、前年の長禄二年、斯波義敏が甲斐常治との抗争に敗れ、子息松王丸（のち義寛）に家督を譲ったことが影響したとみられる。遠江守護を兼帯する斯波氏の動揺は、今川範将の軍事行動を誘発させたといえよう。範将には、原氏や井伊氏からの連携者もいた（「南禅寺文書」）。しかしこの時は守護斯波氏がひとたび鎮圧し、遠江今川氏の所領は寛正六年に没収され室町幕府御料所《ごりょうしょ》となった（『親元日記』）。遠江国は、斯波氏被官の狩野氏が在国守護代として統轄することになったが、狩野氏一族にも七郎右衛門と加賀守の内紛、つづいて加賀守子息と宮内少輔の内紛が続発した（『宗長日記』）。遠江国の政情は、安定を欠いていたといえる。

　応仁・文明の乱もまた、遠江国に多大な影響をおよぼした。東幕府方に属した駿河守護今川義忠は、文明六年十一月、遠江国府中（磐田市）を押さえる狩野宮内少輔を自害させ、さらに引間城（浜松市中区）の巨海氏（吉良氏被官）を襲ったのである。今川義忠はすでに前年、足利義政から懸川荘（掛川市）の代官職を得るなど（「今川家古文書写」）、遠江国への足掛かりを築いていた。しかし、横地氏・勝田氏ら有力国人は今川氏一族にたいして反発し、文明七年六月には今川貞延《さだのぶ》（範将の子息）を山口《やまぐち》（掛川市）で討ち取ったという（『宗長日記』）。これにたいして今川義忠は、見附城で横地・勝田氏を破ったのち、横地氏の本拠を襲ったが塩買坂（菊川市）で文明八年に討死した（『勝山記』）。この頃には、守護斯波氏の家督抗争も東幕府方の義敏・義寛父子が優勢で、遠江国をめぐる政治環境も大きく変化していた。この今川義忠の敗死によって、遠江国への今川氏一族の動きはひとたび沈静化した。

　しかし明応三年（一四九四）、今川氏親（義忠の子息、もと龍王丸）・伊勢宗瑞が、遠江国へ侵攻開始した（『円通松堂禅師語録《えんつうしょうどうぜんじごろく》』）。今川氏親は、すでに長享元年（一四八七）から始動していたことが知られる（「東光寺文書」『日海記《にっかいき》』）。氏親はその後、懸川古城（掛川市）を拠点として遠江国に勢力を扶植していった（「長松院《ちょうしょういん》文書」「華厳院《けごんいん》文書」「加々爪《かがつめ》文書」「孕石《はらみいし》文書」「秋鹿《あいか》文書」）。これに対して遠江守護斯波義寛は、文亀元年（一五〇一）、弟義雄《よしかつ》・寛元《ひろもと》らを遠江国へ派兵し、隣国の信濃小笠原《おがさわら》氏にも出兵要請して勢力挽回を目論んだ（「小笠原文書」）。しかし今川氏勢は、伊勢宗瑞や朝比奈泰熙《やすひろ》（懸川城代官）が、堀江城（浜松市西区）の堀江氏を襲った（「朝比奈文書」）。あわせて浜松荘の吉良氏被官大河内氏を追い、浜松荘には吉良氏被官ながら今川氏にちかい飯尾氏を据えた(『宗長日記』)。斯波氏勢は、蔵王城《ざおう》(袋井市)・馬伏塚城《まむしづか》(袋井市)・天方城《あまがた》(静岡県森町)など今川氏拠点を襲ったが、今川氏被官福島助春《すけはる》らにおし戻された(「本間文書《ほんま》」)。遠江国の情勢は、今川氏優勢のうちに推移したといえる。そして永正三年(一五〇六)、今川氏親は三河国今橋《いまはし》(愛知県豊橋市)へ出兵して牧野古白《まきのこはく》を討ち、船形山城《ふながたやま》(豊橋市)を確保して遠江・三河国境までかためたのである(「小笠原文書」「早雲寺文書《そううんじ》」)。さらに永正五年七月、今川氏親は復帰した将軍足利義稙《よしたね》から遠江守護に補任されて政治的正当性も確保した(『大館記《おおだてき》』「御内書案」)。

永正七年、なおも遠江国での勢力回復を試みる斯波義達(義寛の子息)は、三岳城《みたけ》(浜松市北区)にみずから拠点をかまえ、斯波義延(義達の叔父、末野殿)・大河内氏(吉良氏被官)・井伊氏(遠江国人)らとともに今川氏勢との武力抗争を繰りひろげた(『宗長日記』「駿河伊達文書」)。しかし大河内氏は今川氏勢に引間城をかこまれ(「大沢文書」)、吉良氏嘆願によって助命された。斯波義達も永正十一年三月までには尾張国へ去っている。また、井伊氏では室町期の本宗家筋が没落した。斯波義達と大河内氏は、永正十四年中、ふたたび引間城を奪回して遠江・三河国境の今川氏拠点も押さえた(『宗長日記』)。しかし今川氏親はすぐさま遠江出兵し、引間城を攻め落として大河内氏を自害させ(『宣胤卿記《のぶたねきょうき》』)、斯波義達を普済寺《ふさいじ》(浜松市中区)で出家させたうえ尾張国へ送還した(『宗長日記』)。ここに遠江国をめぐる斯波氏と今川氏の抗争は、今川氏による完全制圧となったのである。

〔参考文献〕

秋本太二「駿河守護今川氏の所領について」『信濃』二八―五、一九七六年
網野善彦ほか編『中世都市と一の谷中世墳墓群』名著出版、一九九七年
家永遵嗣『室町幕府将軍権力の研究』東京大学日本史学研究室、一九九五年
大石泰史編『今川氏年表』高志書院、二〇一七年
大塚　勲『今川一族の家系』羽衣出版、二〇一七年
小和田哲男『駿河今川一族』新人物往来社、一九八三年、再版『駿河今川氏十代』戎光祥出版、二〇一五年
河村昭一「守護斯波氏の遠江国支配機構」『兵庫教育大学研究紀要』二二―二、二〇〇二年
木下聡編『管領斯波氏』戎光祥出版、二〇一五年
黒田基樹編『今川氏親』戎光祥出版、二〇一九年
佐藤健一「半国守護試論―応永の遠江・駿河半国守護を事例として―」『国史学』二一一、二〇一三年
佐藤博信「駿河今川範氏・範政文書の再検討―興津氏との関係を中心に―」『年報中世史研究』四三、二〇一八年
杉山一弥『室町幕府の東国政策』思文閣出版、二〇一四年
谷口雄太「室町期在京領主吉良氏と遠江国浜松庄」『日本研究』五四、二〇一七年
坪井俊三「今川範忠をめぐる若干の問題」今川氏研究会編『駿河の今川氏第四集』静岡谷島屋、一九七九年
長倉知恵雄「広島大学蔵『今川家古文章写』の再検討」『戦国大名駿河今川氏の研究』東京堂出版、一九九五年、初出一九七九年
福田豊彦『室町幕府と国人一揆』吉川弘文館、一九九五年

村井章介「東寺領遠江国原田・村櫛両荘の代官請負について」『静岡県史研究』七、一九九一年
森田香司「守護被官の在地支配―遠江・堀江氏を事例として―」『地方史静岡』一六、一九八八年
湯浅治久「室町期駿河・遠江の政治的位置と荘園制―都鄙交渉史の視点から―」阿部猛編『中世政治史の研究』日本史史料研究会、二〇一〇年
『静岡県史　通史編2　中世』静岡県、一九九七年

二　三河・尾張の守護・奉公衆・国人

西島太郎

1　三河守護一色氏と海上支配

三河守護一色氏

二〇年近く三河の守護を務めた大島《おおしま》（新田《にった》）義高《よしたか》に替わり、康暦元年（一三七九）以前に足利一門の一色範光が守護となった。一色氏はその後、四代六〇年近く三河の守護を務める。一色氏の名字は、範光の祖父公深《きみふか》が三河国幡豆《はず》郡吉良荘内一色（愛知県西尾市）に住んだためとされる（『尊卑分脈《そんぴぶんみゃく》』）。鎌倉時代には三河守護を足利氏が務め、公深の伯父が吉良の地の地頭だった。貞治五年（一三六六）に範光は若狭の守護となり、その後四代七四年間、同守護を務めた。康暦二年（一三八〇）には幕府の裁判を管轄する引付頭人《ひきつけとうにん》にもなり、公家の広橋兼宣《ひろはしかねのぶ》は範光のことを「武家の元老、武勇の名誉か」と評した（『兼宣公記』）。

範光の子詮範は、若狭・三河両国のほか山城守護や尾張国智多《ちた》郡守護を兼任し、幕府の侍所《さむらいどころ》頭人にもなった（明徳二年〈一三九一〉）。山名氏清《うじきよ》が討ち取られた明徳の乱での活躍により、詮範は旧山名氏領の丹後守護を得て、さらに二年後には尾張国海東《かいとう》郡の守護にもなった。

　詮範の子満範《みつのり》も守護職や侍所頭人を継承し、家督を継ぐ前に出家して道範《どうはん》と称した。彼は延暦寺《えんりやくじ》に法華経《ほけきよう》、摂津の住吉《すみよし》社と尾張の熱田《あつた》社、羽豆《はづ》社に紺紙金字の法華経・般若心経《はんにやしんぎよう》・阿弥陀経《あみだきよう》を奉納し、武運長久・子孫繁昌を祈っている（「不動院文書」「羽豆神社文書」）。この当主交替にさいし、丹後の石《いし》川《こ》氏ら新参の一色氏被官と、複数の守護代を務める小笠原氏とが対立した。応永十三年（一四〇六）十月、若狭と尾張国智多郡の守護代を務める小笠原長春《ながはる》とその子の三郎《さぶろう》が、京都の一色満範邸で捕らえられ、丹後の石河《いしかわ》城に幽閉された。これに対し、長春の弟安芸守とその一族・若党以下の数十人が三河で蜂起し、二年後に討死した。その翌年には石河城で長春父子が切腹した。小笠原氏は排除されたのである。

　満範が死去（応永十六年）すると、一〇歳の義範《よしのり》が家督を継いだ。山城国守護を二度、侍所頭人など若くして幕府要職を務め、伊勢北畠氏や播磨赤松《あかまつ》氏追討で活躍した。将軍足利義持が死去すると弟の義教が将軍となったが、「義教」に音が通じる義範は「義貫《よしつら》」と改名した。「優才雅識」（「東海璚華集《とうかいけいかしゆう》」）と評された義貫（義範）であるが、義教の不興も買うこともあった。義教が右近衛《うこのえ》大将となった拝賀の儀式で、行列の並び

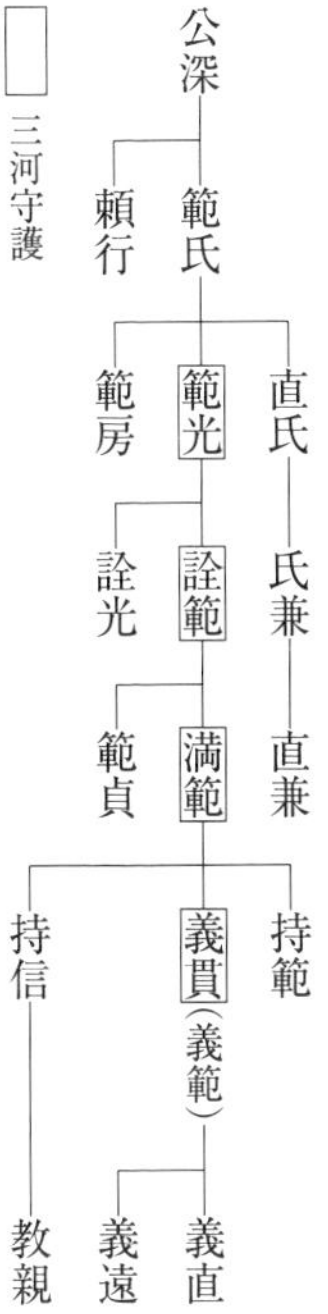

図2−1　一色氏系図

順は、先頭の畠山持国《もちくに》に続いて義貫となった。義貫は五〇年前に祖父詮範が先頭を務めた例を出して先頭を願い出た。しかし義教は、畠山と一色の家格の違いから却下した。義貫は病気と称し供奉《ぐぶ》を務めず、義教は処分を検討した。畠山・細川・山名・赤松ら諸大名は一致団結して、義貫の赦免を義教に願い出たことで収まった（『満済准后日記』）。この義教と義貫間の不信は、義教による義貫謀殺へと向かうこととなる。

永享八年（一四三六）一月に義貫は、越智《おち》・箸尾《はしお》氏ら反幕府勢力討伐のために大和へ出兵し、同十年九月の上洛後すぐに関東の鎌倉公方足利持氏討伐へと向かう。三年前に持氏が三河の国人に宛てて発給した、鎌倉府方への勧誘を促す御内書六通の存在を、将軍義教は知らされていた。三河・若狭・丹後の軍勢六万を義貫が率い、越前・尾張・能登・越中などの軍勢七〇〇〇騎余を斯波左兵衛尉《さひょうえのじょう》が率いたという。幕府軍は十月に鎌倉へ攻め入り、十一月に持氏方を破り、翌十一年二月に持氏は自刃した（永享の乱）。

永享の乱終息後、再度、義貫は大和へと出兵したが、翌十二年五月に出兵中の義貫と伊勢守護の土岐持頼《もちより》が、義教の命令で殺害された。義教の近習の武田信栄《のぶよし》が、義貫を朝食に招待したところを襲い討ち取った。自陣にいた義貫の三人の子も、義教近習の細川持常《もちつね》の軍勢に襲われ自害した。在陣中の土岐持頼は、伊勢国人の長野《ながの》氏を中心とする軍勢に討ち取られた。京都の義貫邸も、義教の近習である一色教親《のりちか》の軍勢が押し寄せ火を放った。教親は義貫の甥であるが、父持信の代から二代にわたり義教の近習を務めた人物である。さらに関東へ出陣中の一色氏の家人で三河守護代の氏家範長《のりなが》も、駿河国において駿河守護今川範忠の軍勢により討ち取られた（以上『師郷記』ほか）。

義貫の遺領は、若狭と尾張国智多郡が武田信栄に与えられ、三河は細川持常に、丹後と伊勢半国は一色教親に与えられた。いずれも義教の近習である。武田信栄は義貫との闘いのさいの傷がもとで七月に死去したため、一色教親が智多郡の守護となった（『師郷記』『看聞日記』）。義教は有力大名のみに依存する幕府の軍事力の見直しを図り、将軍近習を含めた直轄軍である奉公衆体制の整備をすすめた。幕府の意思決定においても、管領をはじめとする大名たちによる衆議より、将軍が主催し臨席して政務の決定を行なう御前沙汰《ごぜんさた》に重きを置いた。義貫謀殺は、義教の政治構想を実現するために行なわれた。

一色氏の海上支配

若狭・三河の守護を一色範光が入手し、その子詮範が丹後・若狭・尾張国智多・海東両郡守護を加えた。これにより一色氏は、日本海沿岸諸国と京都を結ぶ商業・交通の要地である若狭・丹後両国、さらに東海地方では太平洋岸の海上交通の要衝を押えることとなった。義貫謀殺後は、若狭・三河・尾張国智多郡を失ったものの、謀殺に功のあった義貫の甥の教親が、丹後と伊勢半国の守護となり、その後、尾張国智多郡を手に入れた。義貫の子義直は三河国渥美《あつみ》郡守護となり、教親没後はその遺領を継いだ。一色氏は約一〇〇年間、日本海・太平洋海域の交通・流通の拠点となる地を押さえたのである。

一色氏が海上支配を強める理由は、古くから伊勢湾・太平洋岸の海上交通が盛んで、多くの物資や人の移動があったからである。三河東部の渥美郡などに多い伊勢神宮領の年貢は海上輸送されていた。

この地域の掌握は、海上や船舶に関わりさまざまな利益があった。この海上支配への志向は、永享四年から再開された勘合《かんごう》貿易の寄合船派遣にも、義貫が参加していることにも現れている（『満済准后日記』）。

一色氏の渥美半島への執着は、京極氏に与えられた渥美郡への対応にうかがえる。京極高氏が、渥美郡地頭職を将軍足利義詮から与えられたのは延文五年（一三六〇）のことであった。しかし、その支配は三河の守護勢力により思うように実現しなかった。渥美郡（野依《のより》郷を除く）と碧海《へきかい》郡和田《わだ》郷を京極高秀（高氏の子）の代官へ引き渡すよう命じる幕府の守護一色範光への命令は実行されなかった。その後、いったん幕府へ渥美郡地頭職は収公されたが、応永三年にふたたび京極氏へ返付され、守護が関与できない守護不入《ふにゅう》の地として足利義満から安堵された。ただし郡内には守護一色氏所領もあり、京極氏の支配を妨害した（以上「佐々木文書」）。具体的には、渥美郡の西の入口にある今橋御厨を一色氏が押さえていた可能性が指摘されている。また大岩寺《だいがんじ》の由緒や普門寺《ふもんじ》の木牌に守護又代《まただい》を務めた小笠原長身《ながみ》の名があり、渥美郡北部は一色氏が押さえていた。結局、幕府の安堵を根拠にした京極氏の渥美郡支配は実現することはなかった。

長禄四年（一四六〇）八月には相国寺鹿苑院《しょうこくじろくおんいん》領の渥美郡赤羽根《あかばね》郷に流れ着いた破損船に、一色氏の郡代方が討ち入り、濫妨狼藉《らんぼうろうぜき》を働いて郷内の所々を放火した。九月には相国寺大智院《だいちいん》領の尾張智多郡内海《うつみ》荘における廻船公事《くじ》を、同郡守護一色氏の被官人が押妨するという事件も起きており（以上『蔭《いん》凉軒日録《りょうけんにちろく》』）、一色氏は伊勢湾や三河湾の海上交通をめぐり相国寺と衝突を繰り返していた。実力行使による諸権益の獲得を、一色氏は目指していたのである。

一色氏は、寺社造営を通じて地域での権威創出を行なっていた。三河では御津《みと》大明神社殿建立（一色義貫、応永二十二年）・菟足《うたり》大明神社殿再興（一色義貫ら、応永二十四年）、尾張知多郡では大興寺《だいこうじ》再興（一色範氏、文和三年〈一三五四〉）、慈雲寺《じうんじ》再興（一色詮範、明徳二年ごろ）、慈光寺《じこうじ》創建（一色満範、明徳元〜三年）・八所宮《はっしょのみや》（大野総社）修造（一色義直、寛正元年〜応仁元年〈一四六〇〜六七〉）を行ない、一色満範は応永十五年に師崎《もろざき》（愛知県南知多町）の羽豆社へ法華経や般若心経、阿弥陀経を奉納している（「羽豆神社文書」ほか）。

一色氏は、三河守護を継続することはできなかったものの、伊勢や知多半島、渥美半島を押さえて伊勢湾周辺の支配を継続した。

三河守護細川氏の領国支配

三河守護は、一色義貫謀殺に功績のあった将軍足利義教の近習である細川持常がなった。阿波守護を世襲していた持常であったが、三河支配は前守護一色氏の残存勢力に阻まれ容易ではなかった。例えば、嘉吉元年（一四四一）に旧一色氏領国の三河と若狭で土一揆が起こり、両国の守護代が追放された（『後鑑《のちかがみ》』）。三年後には京都高辻油小路《たかつじあぶらのこうじ》湯屋で、一色義貫の被官人が細川持常方により討ち取られ、細川・一色両氏の対立状況がうかがえる（『康富記《やすとみき》』）。両氏の対立は、のちに応仁・文明の乱で細川氏は東軍、一色氏は西軍という立場へといたる。持常は守護として軍事動員力を保持し、文安五年（一四四八）には山名持豊に対峙するため阿波・三河の軍勢を京都に集めることができた（『経覚私要鈔《きょうがくしようしょう》』）。

図2-2　細川成之像（丈六寺所蔵）

翌年、持常が没すると、弟の子成之《しげゆき》が猶子《ゆうし》となり三河・阿波守護を継ぐ（『康富記』）。成之は室町中期の東山文化を担った文化人の一人であり、和歌・連歌・絵画・造園・猿楽・蹴鞠《けまり》などに造詣が深かった。宝徳二年（一四五〇）時の守護代は武田常信《つねのぶ》（東条国《とうじょうくに》氏《うじ》）で、守護又代は武田山城守である（「猪《い》熊《くま》文書」）。阿波に渡った武田氏の庶流が東条氏と名乗り、細川氏の被官として三河に入ったと考えられていて、三河の吉良東条氏とは別の家である。守護支配の拠点となる守護所は、前守護一色氏と同じく東三河にあった。享徳元年（一四五二）の宝飯《ほい》郡御津荘（愛知県豊川市）の大明神社（現御津神社）の梵鐘銘に「当庄刺史《しし》細川（成之）兵部少輔源朝臣」とあり（「刺史」は中国の地方長官）、御津の周辺に守護領の存在と守護所があったと考えられる。また守護が年貢を請け負う守護請も確認でき、賀茂《かも》社領八名《やな》郡小野田《おのだ》荘を守護代の武田常信が請け負い、領家・本家分の年貢と茶五〇袋などの上納契約を賀茂社と結んでいる（文安五年。「馬場義一氏所蔵文書」）。

足利一門の筆頭吉良氏

三河における吉良氏の存在は、三河と幕府とのつながりの深さを反映している。室町幕府のもと、鎌倉時代の足利当主の兄からつづく吉良・石橋《いしばし》・

渋川各氏は、足利一門として家格が高かった。拠点とした吉良荘は、平安末期には東条《とうじょう》と西条《さいじょう》に分かれていたが、足利尊氏《たかうじ》の死後、南朝方の吉良満貞《みつさだ》が幕府に帰参した。満貞の家の流れが吉良西条、上《かみ》の吉良と呼ばれ、室町時代を通じ隣国遠江の浜松荘をも支配下に置いた。満貞の父満義《みつよし》は、満貞より先に幕府に帰参したが、すぐに世を去り、満貞の弟義貴《よしたか》（尊義・義尊）が継いだ（『友山録《ゆうざんろく》』）。義貴の家は吉良東条、下《しも》の吉良といわれた。単に吉良という場合には、西条の家を指す。南朝方からの幕府帰参が、有力守護とならず、また家格の高さゆえに奉公衆にもならず、高位の足利一門として存在した。

西条吉良氏が優位ななか、嘉吉元年六月に東条の吉良持長《もちなが》が京都から逐電した。幕府と対立する鎌倉公方から勧誘をうけたことが露顕したためとの風説があったという（『建内記《けんないき》』）。永享の乱で敗れた鎌倉公方足利持氏は二年前に没していたが、その遺児を擁し抗戦する動きがあり、四月に鎮圧された。持長逐電の翌日、将軍足利義教が暗殺され（嘉吉の変）、追及はなされなかったようである。

応仁元年五月には禁裏《きんり》や仙洞《せんとう》の警護を吉良東条氏の義藤《よしふじ》が行なっている（『綱光公記《つなみつこうき》』）。この頃、吉良西条氏の義真《よしざね》は三河に戻っていたが（『大乗院寺社雑事記《だいじょういんじしゃぞうじき》』）、子の義信《よしのぶ》は将軍足利義政に近侍していた（『応仁記』）。長享元年（一四八七）九月の足利義尚《よしひさ》による近江六角《ろっかく》氏征討では、「御一家」として吉良西条・石橋・渋川が供奉し（「常徳院殿様江州御動座当時在陣衆着到」）、延徳三年（一四九一）の足利義材《よしき》（義稙）による近江出陣にも義信が加わり、将軍と共にする吉良西条と東条両氏の活動がうかがえる。

2　三河・尾張の奉公衆

三河・尾張の奉公衆の地域的特徴

室町幕府の御家人は、各国の守護の統率のもと軍事動員される者と、足利将軍家に直属する御家人がいた。将軍家直属の御家人は将軍直臣《じきしん》にあたり、奉公衆とも呼ばれた。彼らは、三代将軍足利義満期に番衆《ばんしゅう》（五か番）として編成され、将軍家軍事力の中核となった。六代将軍義教期に将軍の近習は、番衆より上位の外様衆《とざましゅう》として編成され、八代将軍義政期に番衆の番頭格が御供衆《おともしゅう》として外様衆と番衆の間の家格となった。いずれも将軍の軍事力となり、将軍へのお目見えが許される。将軍直臣には特権があった。所領へ守護が関与できない守護不入権や、守護を介さずに直接京都の幕府へ段銭を納める段銭京済権、将軍家の料所（所領）の代官への補任などがあり、奉公衆所領には守護の権限がおよばず、守護の勢力伸長を牽制する役割があった。その構成は、外様衆三〇～四〇家、御供衆一〇～二〇家、一～五番の五か番に編成された番衆は三二〇～三四〇家で番衆が中核となった。出自面では、足利一門や守護・大名の庶流、足利氏の根本被官や奉行人、地方の有力国人の三つに大別でき、外様衆には鎌倉幕府以来の有力地頭御家人や評定衆を務めた家も加わった。

奉公衆の所領は全国に散在するが、とくに三河・近江・尾張・美濃の四ヵ国に多い。尾張・三河の出身者や両国内に所領をもつ奉公衆の家は八四家ある。奉公衆の総家数の二一～二三％を占める。三河関係は五六家、尾張関係は四六家ある。外様衆は三河に六家（荒川《あらかわ》・一色・二階堂《にかいどう》・仁木《にっき》・細川・細川天竺《てんじく》）、尾張に六家（一色・千秋《せんしゅう》・土岐明智《あけち》・二階堂・畠山・波多野《はたの》）で、両国重複を除くと一〇家あり、外様衆の三〜四分の一を占める。番衆の構成員は三河・美濃・近江・尾張の順で多く、番衆全体の三分の一以上を占める。近江から三河にかけての地域は、将軍権力の基盤となっていた。三河・尾張の奉公衆の多さは、鎌倉時代に足利氏が三河守護で、設楽《したら》郡・額田《ぬかた》郡や幡豆郡吉良荘・碧海郡碧海《あおみ》荘の地頭であったこと、尾張においては明徳の乱で四〇年続いた土岐氏の支配が終焉を迎えたことによる。三河国内に名字の地をもつ奉公衆家は三〇家（饗庭《あいば》・足助《あすけ》・荒川・一色・伊那《いな》・今川・岩堀《いわほり》・上《うえ》野《の》・大草《おおくさ》・神谷《かみや》・吉良・高黒瀬《たかくろせ》・河内《かわうち》・小林《こばやし》・桜井《さくらい》・佐脇《さわき》・設楽・千秋・堤《つつみ》・土岐長山《ながやま》・富永《とみなが》・仁木・西《にし》郡《ごおり》・二宮《にのみや》・萩《はぎ》・星野《ほしの》・星野行明《ぎょうめい》・細川・細川天竺・和田）、尾張では九家（粟飯原《あいはら》・荒尾《あらお》・内海・門真《かどま》・斎《さい》藤《とうみ》御薗《その》・芝山《しばやま》・土岐御器所《ごきそ》・土岐穂保《ほほ》・中島《なかしま》）を数える。康正二年（一四五六）に幕府が諸国に賦課《ふか》した段銭・棟別銭《むなべつせん》において、奉公衆の特権である京済を行なった三河・尾張の武士は、三河二六人、尾張二〇人で、他の奉公衆名簿に記載のない三河の宇津野《うつの》氏や尾張の加治《かじ》氏の名もみえる。

室町幕府料所と三河・尾張

足利将軍家の経済基盤の一つである料所《りょうしょ》（所領）は、鎌倉時代以来の足利氏の本領や闕所地、半済地などに由来する。中核となるのが下野国足利荘と上総・三河の両国であった。関東の所領は鎌倉府に委ねられたが永享元年（一四二九）ごろには有名無実化していた。そのため三河は京都の将軍家にとって重要であった。三河だけでなく尾張にも幕府料所が設定されていき、文明末年（一四八七年）ごろの幕府料所として、三河では「本田左近将監跡《さこんのしょうげん》」、額田郡山中郷《やまなか》、幡豆郡吉良荘家武《いえたけ》、八名郡下条《げじょう》、設楽郡黒瀬《くろぜ》、宝飯郡豊川《とよかわ》、尾張では丹羽《にわ》郡入鹿《いるか》・羽黒《はぐろ》・今枝《いまえだ》、山田郡山田荘、智多郡が将軍家の基盤となっていた（「諸国御料所方支証目録」）。幕府の料所は、将軍家の財政事務を管掌する政所の執事伊勢氏を中心に設定され、将軍家直臣である外様衆や御供衆、番衆が代官となった。直臣にとって料所《まんどころ》の代官得分《とくぶん》は貴重であり、また実際に支配できない所領を幕府料所に指定し、その代官となることで所領支配を維持する場合もあった。八代将軍足利義政期の政所執事伊勢貞親《さだちか》は、幕府政治を左右する存在だった。新興勢力である三河西部の松平《まつだいら》氏や東部の戸田《とだ》氏は、伊勢氏被官となり幕府権力と結びつき、その勢力を伸張させていく。

三河の奉公衆

三河の代表的奉公衆の中条《ちゅうじょう》・彦部《ひこべ》・和田・星野の四氏を取り上げる。

中条氏が拠点とした賀茂郡高橋荘《たかはし》三六ヵ郷は、三万七〇〇〇貫文を生み出す地（永享四年時）であることから、全奉公衆中で最も裕福な家が中条氏であるとみられていた（『看聞日記』『蔭凉軒日録』）。南北朝期の将軍家を支えた中条秀長《ひでなが》や、甥で後継者の長秀《ながひで》は幕府の評定衆や伊賀守護を務めた幕府重臣であった（『花営三代記』「義堂和尚語録《ぎどうおしょうごろく》」）。その後、秀孝《ひでたか》、詮秀《あきひで》とつづき、詮秀と考えられる「中条伊豆入道」は、応永三十一年（一四二四）に大御所足利義持へ貢馬を行なっている。詮秀の子満秀《みつひで》は同十九年に没し、その後、持保《もちやす》、持平《もちひら》が幕府に出仕した。持保は猿投社《さなげ》へ高橋荘安貞《やすさだ》名《みょう》を寄進し、永享二年には将軍足利義教の右大将拝賀に中条満平《みつひら》が供奉している（以上『花営三代記』『後鑑』）。

幕府を支えた中条氏ではあるが、永享四年十月に将軍義教の怒りに触れ、満平は高野山《こうやさん》へ追放とななり、父の詮秀は八五歳の老体ながら切腹させられた。満平は義教の拝賀のさいの装束を、詮秀は京都不参を咎められたともいわれた。所領の高橋荘は幕府に没収され、一色持信と吉良西条氏に与えられた（『看聞日記』『満済准后日記』）。

中条氏は没落した。しかし永享十二年五月に守護一色義貫が義教に謀殺されたことで、中条氏は高橋荘を還付され、復活を果たす。翌嘉吉元年に中条持家《もちいえ》が関東の結城合戦での活躍を将軍義教から褒賞されたが、出陣にあたっては猿投社からの経済的援助をうけており、かつての経済力は持ち合わせていなかった。長禄二年（一四五八）にも中条国与《くにとも》が関東へ出陣しているが、猿投社領を中条氏被官人が押領しており、国与は帰国後の対応を猿投社に約束している（「猿投神社文書」）。幕府の奉公衆名簿に中条氏は、番衆の一番衆としてその名がみえる。永正九年（一五一二）に三河から上洛した中条氏は、かつては家格の高い外様衆であったが、番衆の結束力に魅力を感じ、八代将軍義政の代にみずから一番衆となり、再度外様衆として出仕したいと幕府へ申し出るも却下された（『永享以来御番帳』）。幕府の重臣から、没落をへて中条氏は番衆へと再編されていった。

額田郡の在地領主である彦部氏は、足利氏の根本被官である高《こう》一族の庶流で、鎌倉後期には足利氏の被官となっていた。彦部氏の嫡流光晴《みつはる》の家が、番衆の三番衆と四番衆を務めた。文和四年（一三五五）に彦部松法師丸《まつほうしまる》が同郡田代《たしろ》・外山《そとやま》・小丸《こまる》地頭職を幕府から安堵され（「彦部文書」）、松法師丸の子忠春《ただはる》も同郡山中郷南方と北方の名寄帳《なよせ》作成の責任者になっていた（「宮内庁書陵部所蔵文書」「東寺百合文書」）。康正二年（一四五六）に幕府が賦課した内裏《だいり》段銭は、彦部賢直《かたなお》が「額田所々」四貫五〇〇文、彦部直貞《なおさだ》が設楽郡黒瀬郷九五二文、彦部貞有《さだあり》が近江と三河から五貫六一〇文の段銭を幕府へ納入している（「造内裏段銭幷国役引付」）。長享年間（一四八七〜八九）以降は三河との関わりがみられなくなるものの、京都の将軍義輝《よしてる》期の申次衆《もうしつぎしゅう》に彦部晴直《はるなお》がいた。また彦部光晴の弟秀通《ひでみち》の家が、鎌倉府の奉公衆となった。

額田郡の国人の一人和田氏は、鎌倉時代、中条氏に次ぐ有力者だった。正長元年（一四二八）に碧海郡和田荘地頭職を和田親直《ちかなお》と考えられる人物が幕府から与えられた（『建内記』）。親直は永享二年に同郡平田《ひらた》荘をめぐり細川氏家と争い敗訴するが、幕府から替地を与えられた（「御前落居記録」）。番衆の四番衆を務めた親直は、文安元年（一四四四）ごろには伊勢神宮領の八名郡神谷御厨《かみがやのみくりや》にも関わった（「宮司引付」）が、その後の活動はうかがえず没落していったと考えられている。

宝飯郡星野荘（愛知県豊川市）を拠点とする星野氏は、番衆の四番衆と五番衆に編成された。熱田大宮司家の庶流であり、足利尊氏・義教・義尚の近習となり、その立場を利用して熱田社の大宮司職を獲得した。その政治的立場は、仁木氏が守護の時は反守護、大嶋《おおしま》氏が守護の時は親守護、一色氏が守護の時は反守護と、守護の交替ごとに変化させた。一族の星野行明氏（宝飯郡行明郷。豊川市）や星野高井《たかい》氏（八名《やな》郡高井郷。愛知県豊橋市）らと共に勢力拡大を目指し、豊河《とよかわ》市場を支配し、天皇の代替わり時に行なわれる大嘗会での天羽衣《あまのはごろも》調進の役を務めた（「大嘗会雑々」）。明応四年（一四九五）に在京していた星野政茂《まさしげ》没後の所見はなく、没落していったものと考えられる。

尾張の奉公衆

尾張では千秋氏と荒尾氏を取り上げる。

尾張熱田社の大宮司を務めた千秋氏は、外様衆や番衆（二番衆・三番衆・五番衆）、中次衆を輩出し、将軍出行《しゅっこう》時に将軍を護衛する衛府侍《えふざむらい》や御沓役《おくつやく》として随行した。奉公衆としては、外様衆を宮内大輔《くないたゆう》、三番衆を刑部少輔《ぎょうぶのしょう》・駿河守、五番衆を民部少輔《みんぶのしょう》・民部大輔の官途《かんと》をもつ家が代々務めた。その所領は、越前・加賀・越中各国にあって、大宮司職および熱田社領は、三番衆の刑部少輔・駿河守系が相伝した。応永四年（一三九七）に大宮司となった千秋満範《みつのり》は京都に住み、時折、熱田社へ往復したといわれる（「熱田大宮司千秋家譜」）。

智多郡と中島郡を中心とし、本領が智多郡荒尾郷と推定される荒尾氏も尾張の奉公衆である。荒尾氏は番衆のうち四番衆に編成され、小太郎・少輔太郎・民部少輔・治部少輔の名乗りや官途をもつ。寛正六年（一四六五）に荒尾氏は、幕府料所の春日部《かすかべ》郡青山《あおやま》荘の代官や「尾州寺本」の代官となっていた（『蜷川親元日記』）。荒尾氏は、将軍家直臣として領内の守護勢力を排除し、幕府料所の代官を得ていたのである。

3　尾張守護斯波氏

繰り返す守護の交替

尾張守護土岐頼康《よりやす》の死を契機に足利義満は、土岐氏内部の対立を利用してその勢力削減に成功した（土岐氏の乱）。尾張国内においても智多郡・海東郡・

海西《かいさい》郡を尾張守護の管轄から分離した。智多郡では三河守護の一色氏が影響力をもち、海東郡・海西郡も明徳の乱（明徳二年〈一三九一〉）までは山名氏が遵行を行なっている（『明徳記』）。明徳三年に尾張守護は土岐満貞から畠山深秋《とおあき》に替わった。翌年には今川仲秋が就任し、同年中に一族の今川法珍《ほうちん》へ守護は替わった。応永五年（一三九八）八月に幕府の管領畠山基国《もとくに》が守護に任じられた。翌年、大内《おおうち》義弘《よしひろ》が幕府に反乱したさい（応永の乱）、土岐詮直《あきなお》が義弘に呼応して尾張に攻め入ったが、美濃で土岐頼益《よります》方と戦い敗北した（『応永記』）。短期間に守護が交替したことで、守護の尾張支配は定着しなかった。

尾張守護斯波氏

応永七年ごろに斯波義重が尾張守護となった。以後、斯波氏は一五〇年余り守護を務める。義重の父義将は、同十二年に三度目の管領を務めた幕府の重鎮で、足利義満没後の義持を支持した。同七年に義将は尾張・越前・加賀の没収地である闕所地処分権を幕府から認められている（『吉田家日次記』）。守護として義重は、同九・十七年に尾張の国衙領を斯波氏被官人に押領させ、在地支配を強めた（「醍醐《だいご》寺《じ》文書」）。「穏便の人」と称された義重が同二十五年に没すると、子の義淳が尾張守護となった（『看聞日記』）。

斯波氏には、甲斐・織田・朝倉各氏の重臣がいた。尾張支配は、義重の代から守護代の織田常松《じょうしょう》と、尾張にいた守護又代の織田常竹《じょうちく》の活躍がうかがえる。正長元年（一四二八）に常松が病気で守護代を交代した時に領国内は動揺したため、京都から下国しようとした義淳を諫めた重臣の甲斐将久（法名常治）は、六代将軍足利義教から褒められた。翌年、義教は甲斐・織田・朝倉ら斯波家の重臣を幕府に召して義淳の管領就任を勧めたが、重臣らは断った。結局、義淳は管領となるが、義淳は在任中何度も辞任の申請を出している。義教は辞任を許さず、醍醐寺三宝院《さんぼういん》満済を通じて甲斐と織田の各氏に義淳を諫めさせてもいる。義淳は義教の関東政策にしたがうことができなかったのが、辞任理由である。永享四年（一四三二）九月、義教の富士下向に供奉した義淳は、帰洛後、管領辞任が認められたが、翌年十二月に病気で死去した。

死の前日に家督相続の手続きがなされ、義淳の弟義郷《よしさと》が家督を継いだ。義郷は、幕府の命令をうけて尾張国南高田《みなみたかだ》郷を烏丸資任《からすますけとう》に渡すよう織田伊勢守に命じる（永享六年。「将軍代々文書」）など、尾張国内統治の動きがあるが、同八年九月二十九日に落馬し、翌日死去した。二七歳だった。

わずか二歳の千代徳（義健。義郷の子）が家督を継ぎ、斯波持種が後見を務めた。斯波家中では持種と、重臣の甲斐常治（将久）が争った。文安四年（一四四七）四月に持種被官人が常治を襲撃するとの風聞があり、また京都の常治私宅が炎上し、常治は織田主計入道宅に移る事件も起きた（『建内記』）。宝徳三年（一四五一）に元服した千代徳は、義健と名乗るが、翌年から病気となる。子がいないため、翌享徳元年（一四五二）六月に持種の子義敏を、義健の養子としたとされるが、九月に義健は死去した。一八歳だった。

斯波義敏が家督を継承するが、義敏は持種の子であったため、重臣甲斐常治は主家と対立することとなり、長禄三年（一四五九）には義敏と常治が越前・尾張で合戦におよんだ。『経覚私要抄』は「主従之合戦、未曽有次第也」と記す。斯波氏歴代当主の不幸は、家臣の台頭を許し、その領国経営は重臣の甲斐氏や織田氏などに任されていた。

智多郡・海東郡・海西郡の状況

尾張のうち智多郡・海東郡・海西郡は尾張守護の管轄ではなかった。智多郡は一色詮範・満範・義貫（義範）が支配を継承し、義貫が謀殺（永享十二年）されると、同郡の遵行は武田信栄が担い、将軍義教が討たれた嘉吉の変後の一時期、尾張守護斯波氏が遵行を行なったが一色氏の支配に復した（『塩尻《しおじり》』）。海東・海西両郡は、明徳二年（一三九一）まで山名氏が遵行したのち、海東郡は結城満藤《ゆうきみつふじ》と一色詮範が、一色義範没後は中条氏が継ぎ、永享四年に尾張守護の斯波氏が同郡を幕府から拝領した（『看聞日記』）。海西郡は山名氏ののち、今川氏が継いだ。

本章では、郡単位で幕府の遵行を行なう者を便宜的に守護と表記したが、近年、これらの者は、地域領主として幕府から命じられて遵行していることが明らかとなった。領主・分郡主・郡主と表記される。いずれにせよ智多郡・海東郡・海西郡は、守護斯波氏以外の支配が行なわれていたことに変わりない。

斯波氏の領国支配

足利一族の斯波氏は、十四世紀末には越前・加賀・信濃の守護を務める有力大名だった。その後、尾張（応永七年ごろ）・遠江（応永十二年）の守護となるが、信濃（応永九年）・加賀（応永二十一年）の守護を失う。斯波氏の守護領国は、応仁・文明の乱ごろまで越前・尾張・遠江の三国だった。その支配体制は、当主が在京し、当主の下で政務を行なう在京守護代、各国には斯波氏被官である在国守護代（守護又代）がいて、各国の守護所で奉行衆らによる政務が執り行なわれていた。尾張では当初、甲斐氏が在京守護代、大谷・伊東両氏が在国守護代だったが、応永九年ごろから在京・在国の守護代を織田氏が務めた（「大徳寺文書」）。斯波氏は、国衙領の年貢納入を請け負うかたちで被官人に国衙領を宛行った。越前からは津田《つだ》・甲斐・織田・斎藤・白江《しらえ》・諏訪《すわ》・石河《いしかわ》・山本《やまもと》・二宮《にのみや》・伊東各氏などが入部し、尾張国内の武士である中島・春部《かすかべ》・平尾《ひらお》・富田《とみた》各氏らも斯波被官となり国衙領が宛行われた。本来、斯波被官人は国衙方の醍醐寺三宝院へ年貢を納めなければならないが、年貢を納めず被官人が私領化していった。また臨時税である段銭は、幕府が賦課したもののほか、守護が独自に賦課するようになった。伊勢神宮造営のための段銭も、同宮の大使に代わり斯波氏が徴収を行なうようになる（永享二年。「妙興寺《みょうこうじ》文書」）。斯波氏は所領安堵や裁判権、闕地処分権などを行使し支配を強めていったのである。

遠江・尾張の守護斯波氏は、関東の鎌倉府の動向に備える役割を担わされていた。応永三十年に鎌倉公方足利持氏が幕府支援の関東武士（京都扶持衆《ふちしゅう》）を討つ行動を起こした時、斯波氏重臣の甲斐・織田両氏が遠江に下向した（『看聞日記』）。また永享の乱（永享十年）で自害した持氏が遺した子息を擁立し挙兵しようとした結城氏を抑えるため、永享十二年四月に斯波持種が、尾張守護の名代として京都から関東へ軍勢が派兵されている。

守護代織田氏

斯波氏被官の織田氏は、越前国織田荘の荘官または同国劔社《つるぎしゃ》の神官の出身で、有力国人となり斯波氏被官になった一族である。斯波氏が尾張守護となると、織田氏も尾張へ入部した。在京する守護代は、応永九年から織田常松（藤原将広《まさひろ》・教広《のりひろ》）が務め、在国する守護又代は、下津《おりづ》（愛知県稲沢市）に住んだ織田常竹が務めた（「妙興寺文書」）。嘉吉元年（一四四一）に守護代となった織田郷広《さとひろ》は、尾張国内の寺社本所領を押領したため、幼少当主の斯波義健を支える家中から絶交され、切腹すると称しながら逃亡した（『建内記』）。守護代は守護又代の弟久広《ひさひろ》がなったが、以後、将軍を巻き込み郷広と久広が対立した。将軍足利義成《よししげ》（義政）は郷広の復帰を画策するが、斯波重臣の甲斐常治や管領畠山持国は反対した（『康富記』）。義成の郷広支援を断念させるため、将軍生母が隠居して事態は収束するが、斯波氏家中は将軍の意向をも拒絶する存在となっていた。

越前で織田郷広が死去する（康正二年〈一四五六〉以前）と、子の敏広《としひろ》が家督を継ぎ、尾張守護代となっている。守護又代には段銭を扱う織田広成《ひろなり》と、守護役を扱う織田豊後入道のほかに織田久長《ひさなが》がいた。一時、織田輔長《すけなが》が守護代を務めた（寛正元年〈一四六〇〉ごろ）が、その後再度敏広が守護代となった。

4 三河と尾張の応仁・文明の乱

斯波氏の分裂

斯波義敏は、越前・遠江の守護代で重臣の甲斐常治の専横を抑えるため常治と対立したが、常治方につく者も多く、斯波家中を統制できなかった。義敏は康正二年（一四五六）に将軍足利義政へ甲斐常治の専横を訴えたが、義政は常治を支持した。義敏は斯波家墓所の東山東光寺《ひがしやま》に一年ほど籠居《ろうきょ》し不服の意を示した。翌三年にも義敏家臣が洛中で濫妨《らんぼう》を働いたのを、幕府は甲斐常治・朝倉孝景《たかかげ》・織田敏広に鎮圧させた（『大乗院寺社雑事記』）。義敏は再度東光寺へ出奔《しゅっぽん》し不服の意を示した。長禄二年（一四五八）二月に管領細川勝元《かつもと》の調停により義敏と常治はいったん和睦したが、同年七月と翌三年一月に越前で義敏と常治の主従間で合戦があり、義敏が敗北した（「在盛卿記《ありもりきょうき》」『経覚私要抄』）。この間、将軍義政は関東の古河《こが》公方足利成氏を討つよう義敏へ出陣を命じたが、義敏はしたがわなかった。そのため義政は、斯波氏家督を義敏の嫡子で三歳の松王丸《まつおうまる》（宗成《そう》《せい》・義良・義寛）に譲らせた。義敏は周防へ下り大内教弘《のりひろ》を頼った。この年の八月に甲斐常治が没し、孫の千喜久丸《せんきくまる》が継いだ。

斯波氏家督を継いだ松王丸であったが、寛正二年（一四六一）九月ごろ、将軍足利義政が斯波氏家督を傍系の渋川義廉とした。松王丸は僧にさせられるといわれた（『大乗院寺社雑事記』）。義政の異母兄弟である堀越公方足利政知の要請だという。堀越公方の執事渋川義鏡の子を斯波氏家督にすえることで、軍勢動員を優位に進めるためであった。松王丸は父義敏と共に斯波（渋川）義廉と対立し、守護代ら重臣の甲斐・朝倉・織田各氏は義廉を支持した。同四年に将軍義政は、九州にいた義敏を赦免した。政所執事伊勢貞親《さだちか》や側近の季瓊真蘂《きけいしんずい》の計らいがあったという。義敏の子松王丸は相国寺で剃髪《ていはつ》し宗成喝食《かつしき》となり、翌年義政から三河国碧海荘などが与えられた（『蔭凉軒日録』）。

寛正六年に尾張守護斯波義廉が国内へ段銭を賦課した（『蜷川親元日記』）。しかし、将軍義政の妻日野富子《ひのとみこ》の御料所（所領）は、賦課免除があるにもかかわらず賦課され、義廉は家臣の統制に苦慮した。翌文正元年（一四六六）七月、義政は方針を転換し、義敏を斯波氏家督（惣領職《そうりょうしき》）にし、翌月には越前・尾張・遠江守護とした。尾張での義敏派蜂起の動きがあり、義廉派であった尾張守護代の織田敏広は、遠征中の遠江から尾張下津へ戻り対処した（『文正記』『応仁記』）。しかし翌九月に、政所執事伊勢貞親らが失脚する文正の政変が起こると、義敏も越前へ逃亡したため、義政は再度方針を転換し、義廉を越前・尾張・遠江守護とした。細川勝元・山名宗全《そうぜん》ら大名は義廉を支持し、伊勢貞親・季瓊真蘂ら将軍側近は義敏を支持していたのである。

応仁・文明の乱と三河・尾張

子のない将軍足利義政は弟義視を還俗させ次期将軍としようとしたが、義政妻の日野富子が義尚を産み、義尚への家督継承を望んだため、義視と富子は対立した。義視は細川勝元を頼み、富子は山名持豊（宗全）を頼った。斯波氏家督となった義廉は、宗全の助力で文正二年（応仁元・一四六七）一月に幕府の管領となった。管領を辞任させられた畠山政長《まさなが》は京都の上御霊社《かみごりようしや》に陣取り、宗全らが支援し畠山氏の家督を争う畠山義就《よしひろ》と合戦におよんだ。しかし政長方が敗北した。政長を支援する細川勝元らは軍勢を集め山名方と対峙した。応仁・文明の乱の始まりである。山名宗全率いる西軍には管領斯波義廉や一色義直が加わり、細川勝元率いる東軍には斯波義敏・松王丸が加わった。当初東軍は、室町邸を占拠して義政・義尚・義視を確保し優位に立ったが、のちに義視は西軍へ迎えられた。松王丸は東軍方から尾張守護に任じられていたという。幕府は尾張で蜂起した西軍を討つため、松王丸と協力するよう飯尾弥三郎《いのおやさぶろう》へ命じている（「室町家御内書案」）。三河守護細川成之も東軍として阿波・三河の軍勢を率い、西軍の一色義直の邸宅を攻め、十月の相国寺の戦いでも義直方を攻めた。一色氏はかつての三河守護であり、守護職をめぐり細川・一色両氏は対立していた。

また義政は、駿河守護今川義忠へ三河守護細川成之と協力するよう命じており、遠江守護で斯波氏家督の義廉が属する西軍勢力を攻めた。三河国内では、吉良西条氏の義真が東軍に、吉良東条氏の義藤が西軍に属し対立した。三河国内でも戦闘が繰り広げられていた。文明三年（一四七一）、斯波氏重臣の一人朝倉孝景が、将軍直臣となって越前守護となることで西軍から東軍へ移るという噂が立ち、実際に孝景・氏景《うじかげ》父子は東軍へ移り、翌年には越前を平定するに至る（『大乗院寺社雑事記』）。越前での影響力を弱めた義廉は、尾張にその基盤を求めるようになる。

同五年に山名宗全と細川勝元が死去したものの東西両軍の戦いは継続した。同七年十一月に義廉は尾張へ下向し、翌年二月には遠江で義廉方軍勢が駿府守護今川義忠を討った（『宗長手記』）。十一月に尾張下津で織田敏広と戦った織田敏定《としさだ》は、下津を焼き退いた（「和漢合符《わかんごうふ》」）。結局、同九年十二月に西軍大名の多くが下国し、翌年、足利義政と義視は和睦し、西軍大名の多くが赦免され、応仁・文明の乱は終わった。

三河における守護勢力の衰退

三河では守護代武田常信（東条国氏）が文明八年九月ごろに切腹した。これは一色義直方に攻められ敗北したためと考えられている。常信の一族である東条修理《しゅりの》亮《すけ》は、同九年に京都で一色義直方に攻められ、一族・被官ら三〇〇人が奈良へ逃れた（『大乗院寺社雑事記』）。義直の従兄弟で将軍足利義政近習の一色政熙《まさひろ》が義政に訴えたことで、義政が義直へ命じた攻撃だった。しかし、これまで義政を支えてきた三河守護細川成之にとっては面目を失う事件でもあった。守護代武田（東条）氏の没落は、細川氏の三河支配の後退を意味し、実際に奈良興福寺《こうふくじ》大乗院の尋尊《じんそん》は、三河・尾張などの諸国が幕府の命令にしたがわず年貢を進上しないと嘆いている（『大乗院寺社雑事記』）。面目を失った三河守護細川成之は、幕府へ出仕しなくなった。義政の妻日野富子が細川邸へ赴き説得し、一色義直が今後三河へは一切関わらないと誓約した罰文（誓書）が義政へ提出されたことを伝えた。これにより成之は幕府へ出仕するようになった（『蜷川親元日記』）。

義直はなぜ三河へは関与しないと誓約したのか。それは守護代武田（東条）氏の没落が在地勢力の自立を促し、新興領主の台頭を許したからであった。東三河では、伊勢氏被官の戸田宗光《むねみつ》が、文明七年に一色七郎《しちろう》を討ち渥美郡の田原《たはら》城へ入った。波多野全慶《ぜんけい》も、同九年に宝飯郡長山《ながやま》城の一色刑部少輔を討った。一色氏は渥美郡・宝飯郡の拠点を失うこととなった。西三河では、一色氏被官で智多郡小河《おがわ》（知多郡東浦町）の水野貞守《みずのさだもり》が同八年ごろに碧海郡刈谷《かりや》を攻撃したが、碧海郡には伊勢氏被官の松平氏がいて勢力を広げることができなかった。守護細川成之は同十年に子の政之《まさゆき》へ家督を譲るが、その後の三河守護としての活動はなくなる。

乱後の尾張情勢

応仁・文明の乱は終結した。しかし幕府は、斯波義廉勢力を削減するため、文明十年八月に織田敏定を派遣し、義廉と織田敏広を討つよう命じた（「室町家御内書案」）。敏定は勝利し（『蜷川親元日記』）、清須城《きよす》（愛知県清須市）へ入った。十二月には美濃の斎藤妙椿が織田敏広に味方し、清須城の敏定を攻めた。斎藤妙椿の女婿は敏広だったからである。この戦いで守護所下津は再度焼失した。敏定の系統である伊勢守家は清須を、敏広の系統である大和守家は岩《いわ》倉《くら》（愛知県岩倉市）を拠点とするようになった。翌年一月に妙椿は敏定と和睦した。中島郡と海東郡と考えられる尾張二郡を、敏定が支配する条件での和睦だった（『大乗院寺社雑事記』）。

文明四年末に元服し義良と名乗っていた斯波松王丸は、同十一年閏九月に京都から尾張へ下り、その後越前へ朝倉討伐に向かった。同十三年には尾張で、斯波義良・織田敏定方と斯波義廉・織田敏広方の合戦があり、敏定方が勝利したという（『梅花無尽蔵《ばいかむじんぞう》』）。この合戦で敏広は死去し、子の千代夜叉《ちよやしゃ》丸《まる》（寛広《とおひろ》。敏広弟の子）は斯波義良に服属した。いく度かの義良の越前朝倉攻めは功を奏することはなく、同十五年に義良は尾張へ戻った（『蜷川親元日記』）。越前では朝倉氏景と義良方の甲斐敏光が和睦し、尾張守護代は織田敏定、越前守護代は朝倉氏景、遠江守護代は甲斐敏光となった（『大乗院寺社雑事記』）。斯波氏家督の義良は清須城に住んだ。

図2-3　織田敏定像（実成寺所蔵）

長享元年（一四八七）九月、荘園還付を求める寺社や幕府奉公衆の訴えにより、九代将軍足利義尚は近江守護六角高頼《たかより》を追討した。将軍みずから近江へ出陣し、尾張守護斯波義寛（義良）は、伊勢守家の織田寛広と大和守家の敏定をともない近江大津へ参陣した。越前の朝倉氏も出陣し、近江坂本《さかもと》に参陣した。義寛は朝倉氏と対等の立場は容認できないとして幕府へ訴えたが、実力で越前を奪取できないため許容せざるを得なかった。翌二年三月に尾張守護代の織田敏定は尾張へ帰国するが、在地では将軍の寺社本所領回復政策に反対する勢力によるとみられる争いが起こり、守護義寛も尾張へ下国した(『蔭凉軒日録』)。翌三年(延徳元年)三月に将軍義尚は近江の陣中で病没し、六角攻めも取り止めとなった。

延徳二年(一四九〇)に足利義視の子義材(義稙)が将軍になると、翌年、再度六角高頼を攻めた。遠江に出兵していた斯波義寛も、織田敏定をともない三〇〇〇人の兵を率い出陣した。この機会を捉え義寛は、朝倉氏景の跡を継いだ貞景《さだかげ》討伐を命ずる将軍御内書を取りつけたが実行されなかった。十一月には斯波義寛と織田敏定の軍勢が、近江大津で六角氏一族の六角政綱《まさつな》を討ち取った。さらに斯波・織田の軍勢は、同四年(明応元年)三月に近江愛智河原《えちがわら》で六角高頼方の軍勢を破った(以上『蔭凉軒日録』)。

その翌年の明応二年(一四九三)二月、将軍義材が、畠山義就の子基家《もといえ》討伐のために河内へと出陣すると、義寛も参陣した。しかし、管領細川政元《まさもと》によるクーデターが四月に起こり、将軍義材は廃された(明応の政変)。替わって足利義澄《よしずみ》が将軍となるが、前将軍義材に近い義寛は孤立することとなった。

〔参考文献〕

上村喜久子『尾張の荘園・国衙領と熱田社』岩田書院、二〇一二年
河村昭一『南北朝・室町期一色氏の権力構造』戎光祥出版、二〇一六年
木下聡編『管領斯波氏』戎光祥出版、二〇一五年
木下　聡『室町幕府の外様衆と奉公衆』同成社、二〇一八年
小林輝久彦「「東条殿」の系譜とその動向についての基礎的研究」『西尾城シンポジウム2　戦国時代の西尾城』西尾市教育委員会事務局文化振興課、二〇一六年
桜井英治『日本の歴史12　室町人の精神』講談社、二〇〇一年
柴裕之編『尾張織田氏』岩田書院、二〇一一年
新行紀一「十五世紀三河の守護と国人」『年報中世史研究』四、一九七五年
高橋　修「足利義持・義教期における一色氏の一考察」『史学研究集録』八、一九八三年
同　「応仁の乱前の一色氏に就いて―一色義直を中心として―」『小川信先生古稀記念論集　日本中世政治社会の研究』続群書類従完成会、一九九一年
谷口雄太『中世足利氏の血統と権威』吉川弘文館、二〇一九年
西島太郎『室町幕府将軍直臣と格式』八木書店、二〇二四年
福田豊彦『室町幕府と国人一揆』吉川弘文館、一九九五年
藤本元啓『中世熱田社の構造と展開』続群書類従完成会、二〇〇三年
水野智之『室町時代公武関係の研究』吉川弘文館、二〇〇五年
同　「尾張守護と智多郡主に関する覚書―分郡守護論の現状―」『知多半島の歴史と現在』二〇、二〇

一六年
山田邦明『中世東海の大名・国衆と地域社会』戎光祥出版、二〇二一年
山田　徹「「分郡守護」論再考」『年報中世史研究』三八、二〇一三年
湯原紀子「室町期における三河国の支配構造―守護と国衙の関係を中心に―」『学習院史学』四一、二〇〇三年
『愛知県史　通史編2　中世1』愛知県、二〇一八年
『清州町史』清州町、一九六九年
『新修豊田市史　2通史編　古代・中世』豊田市、二〇二〇年
『新修名古屋市史　二』名古屋市、一九九八年
『新編安城市史　1通史編　原始・古代・中世』安城市、二〇〇七年
『新編岡崎市史　2中世』新編岡崎市史編さん委員会、一九八九年
『新編知立市史　1通史編　原始・古代・中世・近世』知立市、二〇二一年
『東海市史　通史編』東海市、一九九〇年
『幡豆町史　本文編1　原始・古代・中世』幡豆町、二〇一一年

三　美濃・伊勢の守護・奉公衆・国人

木下　聡

1　土岐氏の美濃支配

土岐氏の守護支配

美濃土岐氏は、南北朝動乱のなかで足利尊氏方につき、美濃守護の地位を手に入れた。観応の擾乱《じょうらん》後、土岐頼康は幕府のなかで重きをなし、土岐一族の結束を基盤に勢力を拡大して、美濃・尾張・伊勢の三ヵ国守護となった。嘉慶元年（一三八七）十二月二十五日に頼康が七〇歳で死ぬと、その跡は守護職ともども養子の義行《よしゆき》（頼康弟頼雄《よりかつ》の子）が継承した。しかし、将軍足利義満の画策により、尾張国内で義行の実弟満貞と従兄弟詮直《あきただ》との紛争が起こり、尾張守護職は満貞に与えられてしまった。そのため義行と詮直は兵を起こすが、幕府から軍を差し向けられ、明徳元年（一三九〇）閏三月二十五日に美濃小島《おじま》城（岐阜県揖斐川町）から没落した。これがいわゆる土岐康行の乱である。

義行は美濃・伊勢の守護職も没収され、さらに義満から拝領していた「義」字を剥奪されて、以後

図3－1　土岐系図（丸数字は美濃守護在職順、二重線は養子関係）

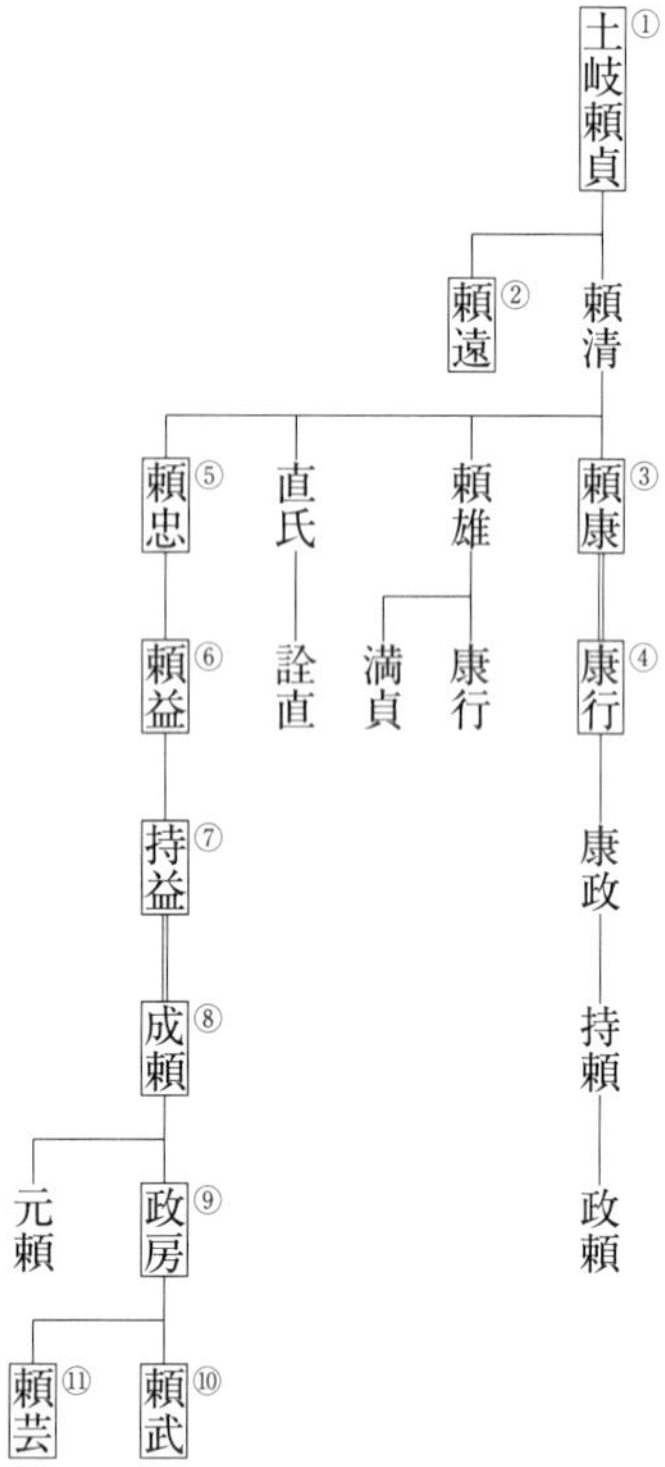

康行と名乗っている（以下「康行」で統一）。代わりに美濃守護となったのが、頼康の弟頼忠《よりただ》（頼世《よりよ》）である。これ以後美濃守護職は、頼忠―頼益―持益《もちます》―成頼と、頼忠の子孫が継承していくことになる。

頼忠の守護としての初見は明徳元年四月（『松雲公採集遺編類纂《しょううんこうさいしゅういへんるいさん》』）で、康行の没落した翌月にあたり、守護職の任命がすぐになされていたことがわかる。頼忠の年齢は、「土岐家伝大系図」の記述を信用すれば、この時六八歳。父頼清《よりきよ》は建武三年（一三三六）に死去しており、兄頼康の生没年を考えると、若く見積もっても齢六十前後とかなりの高齢に達していた。そのためか応永元年（一三九四）から翌二年ごろまでには息子頼益へ家督を譲っており、応永四年に没している。

頼益は父頼忠が守護に任じられてすぐの頃に守護代として命を執達している(『松雲公採集遺編類纂』)。頼忠父子の元々の基盤は西濃《せいのう》の池田《いけだ》郷(岐阜県池田町)で、頼益は尾張萱津《かやづ》(愛知県あま市)に住していたという(『尊卑分脈』)。康行の乱では幕府方に与していたからこそ、頼忠は守護に起用されたが、中濃《ちゅうのう》・東濃《とうのう》には勢力基盤がなかったため、頼康以来土岐氏に臣従していた勢力(後述の富島《としま》・斎藤氏ら)を取り込むことによって、守護家としてのかたちを整えたと考えられる。

頼益は応永二年以降守護として活動がみえ、死没する応永二十一年までその座にあった。その間応永九年二月から翌十年まで侍所頭人を務めている。さらに正月の年中行事の一つである垸飯《おうばん》役をこなし(『教言卿記《のりときききょうき》』)、邸宅に将軍義持の御成《おなり》をうけているように(『山科家礼記《やましなけらいき》』)、幕府内でも重きを成していたことがわかる。美濃国内でも、応永五年に大野《おおの》郡・本巣《もとす》郡を拝領している(『吉田家日次記』)。逆にいえば、それまで両郡にはあまり勢力を拡大できていなかったわけだが、守護家として勢力を拡大させている。

頼益の美濃支配の特徴として、守護代として富島氏、奉行人として斎藤氏を起用したことがあげられる。富島氏の来歴は不詳だが、頼康に臣従していたらしい。それを守護代に任命したわけで、能登守入道浄晋《じょうしん》と氏仲《うじなか》の二人が確認される。

康行の乱によってそれまで守護家を支えた一族内の協力体制を失いながらも、政治的地位や勢力基盤を頼益が上昇・拡大させたわけで、「土岐家聞書」(『群書類従《ぐんしょるいじゅう》』)が頼益を指して「当方中興」と呼んだ由縁である。

頼益死後にその跡を継承したのは持益である。相続時はまだ元服前で、数年してようやく成人しているので、頼益晩年の子であったらしい。この持益の時代、奉行人として頭角を現してくるのが、斎藤氏一族になる。

土岐一族の広がりと幕府奉公衆

足利義満の時代に室町幕府では奉公衆の枠組みが形成され、定着した（木下聡 二〇一八）。福田豊彦は奉公衆の構成員が近江・三河・尾張・美濃の四ヵ国に集中していて、そこに将軍権力の基盤があったとみた（福田豊彦 一九七一）が、美濃国内の奉公衆は、大まかに分類すると、中濃から西濃にかけて土岐一族、郡上《ぐじょう》に東《とう》氏、東濃に遠山《とおやま》一族がいた。

土岐一族は、鎌倉から南北朝時代にかけて、美濃から尾張にかけて広範に分布していた。南北朝動乱のなかで南朝方についた家もあったが、多くは惣領といえる守護家にしたがって結束し、北朝・室町幕府方として活動した。

康行の乱後、その結束は失われ、個々の家が直接幕府と関係をもち、深めていった結果、幕府奉公衆・外様衆に多くの土岐一族が包摂されることとなる。現在番帳などで確認できる奉公衆・外様衆に列した土岐一族は、

奉公衆＝明智《あけち》・石谷《いしがい》・稲木《いなき》・稲保《いなほ》・揖斐・今峯《いまみね》・小里《おり》・久々利《くくり》・御器所《ごきそ》・島《しま》・外山《とやま》・長沢《ながさわ》・長山・羽崎《はざき》・原・肥田《ひだ》・肥田瀬《ひだせ》・深坂《ふかさか》・本庄《ほんじょう》

外様衆＝明智・池尻《いけじり》・佐良木《さらき》・曽我屋《そがや》・鷲巣《わしのす》

図 3-2　美濃・飛驒国城郭地図（『角川日本地名大辞典 21 岐阜県』中世城郭分布図に加筆修正）

といった面々である（木下聡 二〇一八）。

奉公衆より上の身分である外様衆に列した土岐一族は、いずれも頼忠の子から派生した家で、守護家により近い人々になる。身代《しんだい》も大きかったようで、『蔭凉軒日録』延徳三年（一四九一）五月十五日条に、明智・池尻・今峯・河津（萱津カ）・佐良木・外山・鷲巣が土岐一門の大身七氏として列挙されていて、曽我屋以外の外様衆が含まれている。

一方奉公衆も、大半ははじめて美濃守護となった頼貞の子から派生した家で、正中の変に参加した多治見《たじみ》氏や、南朝方として活動した蜂屋《はちや》氏など、早くに分派した家はあまり奉公衆となっていない。

土岐一族のほかには、鎌倉時代に移ってきた千葉《ちば》一族の東氏が郡上郡に勢力を扶植している。東氏当主は鎌倉時代より代々歌人として知られ、とくに常縁《つねより》は、享徳の乱で関東へ派遣されて転戦する一方で、連歌師宗祇《そうぎ》に古今伝授《こきんでんじゅ》をしたことで著名である。

東濃の遠山一族は、源頼朝《みなもとのよりとも》時代の御家人加藤景廉《かとうかげかど》の子孫である。こちらは恵那《えな》郡全体に勢力を築き、一族も土岐氏同様に広がりをみせている。そのため奉公衆にも、遠山氏以外に、遠山安木《あぎ》・明智・飯間《いいばま》・岩村《いわむら》・櫛原《くしはら》・神野《こうの》・下村《しもむら》・馬場《ばば》・馬籠《まごめ》氏が名を連ねている。そのなかでも、遠山・遠山明智・遠山岩村の三氏が「遠山三魁《かい》」と呼ばれ、それぞれ三〇〇〇貫の分限《ぶげん》（所領）を有していると、『蔭凉軒日録』長享二年（一四八八）八月二十二日条で語られている。

このほかに美濃国内に本拠地、もしくは重要な基盤がある奉公衆として、宇都宮《うつのみや》・佐竹《さたけ》・進士《しんじ》・新《にっ》田《た》大島《おおしま》・屋代《やしろ》・山県《やまがた》・山下《やました》氏、外様衆として、佐々木《ささき》鞍智《くらち》・里見《さとみ》・仁木《にっき》氏があげられる。

こうした幕臣の多さは、守護土岐氏が美濃国支配・統治を行なう上で大きな阻害となった。とりわけ東氏や遠山一族は、十六世紀半ばまで独立した勢力を保っている。

守護代斎藤氏の台頭

頼康時代の美濃守護代は、弟の直氏《ただうじ》・頼雄・頼忠や土岐長山頼基《よりもと》・土岐本庄河内守など、土岐一族が起用されていた。頼忠が守護になると、前述のように最初は息子頼益が務めたが、間もなく富島氏が守護代となり、持益時代も保持していた。

しかし文安元年（一四四四）閏六月十九日、斎藤越前入道宗円《そうえん》によって、守護代富島氏は京都の土岐邸で殺害される（『康富記』）。一族（息子か）の富島八郎左衛門（高景《たかかげ》か）は、管領畠山持国に訴え出るも聞き入れられず、美濃に下向して、一族郎党や近江の軍も引き入れて挙兵している。宗円の所行は、守護である土岐持益が「多年狂気」（『師郷記』）、「病気狂乱前後不覚」（『康富記』）と、心神喪失であった状況に乗じたものと当時の人々はみている。持益が実際にそのような病状であったかは確認できないが、持益の発給文書は二通しか確認されず、しかも二通目は嘉吉三年（一四四三）である（「地蔵院《じぞういん》文書」）ので、病であった可能性は高い。

美濃へ攻め込んだ富島氏の攻勢は強く、垂井《たるい》（岐阜県垂井町）で迎撃に出た土岐勢を打ち破り、土岐一族も四人討ち取っている。そのため在京衆が美濃へ下向している。富島勢はその後宗円の館まで攻め込むが、陥落させるまでにはいたらず撤退した。宝徳元年（一四四九）にふたたび富島氏は美濃で蜂起するが、これも状況を変えることはできなかった（いずれも『康富記』）。

この富島氏との戦いのなかで、宗円は念願の守護代へと昇格しているが、宝徳二年九月一日に、お

図 3-3　土岐成頼像（瑞龍寺所蔵）

そらく富島氏の息のかかった者にであろう、宗円は京都近衛油小路の路上で暗殺された（『康富記』）。

その跡を継いだのは宗円の子利永《としなが》である。利永は連歌師正徹《しょうてつ》との交流がよく知られ、正徹の『草根集《そうこんしゅう》』によれば、利永は宗円の生前は在京が主であったものの、守護代を継承すると、ほとんど美濃に在国している。当時は守護・守護代ともに在京するのが常であったが、富島氏の残党に備えて在国していたと考えられ、利永はこの期間に美濃国内の斎藤氏の基盤を固めている。

また、長禄元年（一四五七）から二年にかけての頃、持益が隠居し養子の成頼（実父には諸説あり）に家督が譲られている。前述のように、病の持益が家督であることへの不安によるものであろう。さらに寛正元年（一四六〇）五月には利永も美濃で没している。その子利藤《としふじ》は守護代の地位を継承するものの、まだ年若いこともあり、主君成頼共々在京し、国元では利永の弟で、僧侶となっていた持是《じぜ》院《いん》妙椿が政務の差配を執り行なった。

応仁の乱において土岐成頼は西軍方についた。これはかねてから、山名・一色・斯波義廉ら西軍諸将との関係が深かったことによる。合戦開始から一ヵ月して、成頼は六角・富樫《とがし》らと降参を申し入れるとの風説も流れている（『大乗院寺社雑事記』）が、結局その後も成頼は一貫して西軍方として戦っている。

斎藤妙椿の活躍

京都で成頼と斎藤利藤が戦闘している一方で、美濃国では東軍方の支援をうけてふたたび富島氏が美濃国内へ攻め込み、留守を預かる妙椿はこれを撃退している。東軍方は、さらに信濃小笠原一族に美濃へ攻め入るよう指示し、美濃国内の幕府奉公衆も動かそうとしていたようだが、妙椿が撃退、もしくは妙椿を警戒して攻め入らなかった。逆に妙椿は、文明三年（一四七一）に伊勢・近江へ攻め入り、翌四年にも近江へ出陣している（『大乗院寺社雑事記』）。これらはいずれも同陣営支援のための出兵で、美濃国内が妙椿によって安定化していたからこそできたのである。

そして文明五年三月、京都での戦況が徐々に硬直化していくなかで、妙椿は軍を率いて上洛する。ちょうど妙椿の京都到着の直前に、西軍の中心である山名宗全が死去したため、興福寺大乗院の尋尊が、「東西両軍の運不運は、妙椿の去就に左右される」「京方・鎌倉殿共に妙椿を頼みにする」と述べたように（『大乗院寺社雑事記』）、妙椿の上洛とその存在は耳目を集めた。そのため警戒した東軍方の働きかけで、ふたたび富島氏や小笠原氏が美濃へ攻め込み、妙椿は目立った動きをせず帰国している。帰国後は、北伊勢へ攻め込んでいる。

応仁の乱は、文明九年に終息して、西軍諸将は銘々に自国へ帰り、成頼も美濃へ戻った。この時、

図3-4　斎藤妙椿像（開善院所蔵，岐阜市歴史博物館提供）

西軍方の主将にまつりあげられていた足利義視は、息子義稙（義材）を連れて、成頼に同道して美濃国へ下っている。美濃での義視父子は、妙椿に庇護されていたことからすると、成頼よりも妙椿を頼ってのことと考えられる。

その後妙椿は尾張の織田敏広と敏定の争いに派兵しているが、腫れ物を患い、文明十二年二月二十一日に七〇歳で死去した。その死について近衛政家《まさいえ》が「天下のために然るべし」と述べたように（『後法興院記《ごほうこういんき》』）、京都・奈良の公家・僧侶にとっては歓迎されるべきことであったが、美濃一国にとどまらず周辺諸国へも影響力をおよぼしたからこその評価であった。

斎藤妙純の勢威と落日

妙椿死後、美濃の国政のイニシアチブを争ったのは、守護代である斎藤利藤と、その弟で妙椿養子となっていた利国《としくに》であった。妙椿死後から三ヵ月後の五月にこの兄弟は紛争を起こし、八月には合戦を始め、十一月には利国が勝利を収めた（『大乗院寺社雑事記』）。敗れた利藤は、支援をしてくれていた六角氏を頼って近江へ没落した。これにより、利国は守護代に就き、名実ともに妙椿の後継たる地位を確固とし、持是院妙純《みょうじゅん》と名乗った。

妙純の娘が北近江に居を構えていた京極高清《たかきよ》と越前朝倉貞景の室となり、義理の姉妹（妙椿娘）が尾張守護代の一人織田敏広室であったように、姻戚関係を取り結んでいたことも大きい。なお、妙純の妻利《り》貞尼《ていに》は、妙心寺《みょうしんじ》の支援をしたことでよく知られているが、山名家臣垣屋《かきや》氏の一族である野間《のま》入道の娘で、甘露《かんろ》寺《じ》親長《ちかなが》の養女として妙純に嫁いでおり（『大乗院寺社雑事記』）、妙純は京都ともつながりをもっていた。妙純はこうした人的つながりと、斎藤一族や重臣石丸利光《いしまるとしみつ》の支えで、養父妙椿同様に美濃一国のみならず、尾張・近江・北伊勢・越前の周辺国へも影響力をおよぼしていたわけである。

一方守護土岐成頼も、幕府との関係を修復し、領国支配も妙純に多くを任せながらも大過なく遂行している。かつて国内にかくまった足利義稙が第一〇代将軍になると、妙純と共に協力している。明応二年（一四九三）に明応の政変が起こり、義稙は越中に逃れる。この時土岐氏は旗幟を鮮明にせず、成頼とその嫡子政房《まさふさ》、妙純は美濃に在国、成頼の末子元頼《もとより》は在京して足利義澄に奉公している。

これが内紛の種となり、明応四年にいわゆる船田《ふなだ》合戦（岐阜市）が起こる。これは元頼（と暗にそれを支持する成頼）を担いだ石丸利光および国外から戻った斎藤利藤と、政房を支持する妙純との間に引き起こされた、土岐家督をめぐる合戦であったが、背景には義稙と義澄の二人の将軍による幕府の分裂の影響があった（三宅唯美 二〇一五）。つまり、義稙に近い政房・妙純を排除し、在京出仕している元頼を家督にして明確な義澄方に引き込もうとする、細川政元からの働きかけが石丸利光・斎藤利藤になされた結果もたらされた紛争であったのである。

この船田合戦自体は、翌明応五年五月に政房・妙純方の勝利に終わって収束するが、妙純も利光を支援していた六角氏を討ったため近江へ出陣し、十二月に敗北して斎藤一族の主立った者たちもろとも自害してしまう（『後法興院記』）。これにより守護代斎藤氏の勢力が著しく低下し、守護土岐政房も強権を握ることなく、死の直前に二人の子頼武《よりたけ》・頼芸《よりのり》間で内紛が起こるなど、混迷の時代を迎えることとなる。そしてこの混乱状況のなかで頭角を現したのが、牢人から出世を重ねた長井《ながい》新左《しんさ》衛門尉《えもんのじょう》、すなわち斎藤道三《どうさん》の父に当たる人物である。

2　伊勢の状況

伊勢国は、南北朝動乱のなかで、北部こそ幕府勢力が強かったが、南部は南朝の重鎮である北畠氏の勢力が強かった。

伊勢の守護変遷

美濃・尾張・伊勢三ヵ国守護であった土岐頼康の死後、その後継者康行が幕府に刃向かったため、守護職を更迭された康行の代わりに守護となったのが仁木満長《みつなが》であった。満長は明徳元年（一三九〇）から応永三年（一三九六）まで守護を疎漏なく勤めあげていたが、応永三年七月に、僧侶となっていた庶兄が還俗して土橋《つちはし》と名乗り、満長に取って代わって守護に任じられた。この交代劇の背景には、将軍義満の側近である結城満藤が関与しており、諸大名《たいめい》が一揆して満藤の処罰を義満に訴えたため、満藤は没落している（『荒暦《こうりゃく》』）。

その後しばらく伊勢守護が誰か不明で、応永五年に幕府から北畠顕泰《あきやす》に沙汰付《さたしつけ》命令が出ているため（「醍醐寺文書」）、顕泰を守護、あるいは半国守護としてみる向きもある（『三重県史』）が、守護の代わりに地域の有力者がこうした命令をうけることはままみられることであり、これのみで幕府が北畠氏を守護として扱っていたとみるべきではない。

応永六年になると、仁木義員《よしかず》が守護としてみえる（「醍醐寺文書」）。そのため従来の研究の多くは、右の土橋を義員と同一人物とみなしている。この土橋は伊賀国土橋（三重県伊賀市）が由来とみられ、義員は後述の伊賀仁木氏の祖と目されている（今岡健治 二〇一三）。

応永六年十二月の応永の乱の結果、義員が和泉守護へ移ると、土岐康行が伊勢守護に復帰する。康行が復帰できた理由は定かでないが、明徳の乱で戦功をあげたらしきこと（『明徳記』）、伊勢南部が北畠氏の所有となって守護権限が縮小されていたことなどによるのであろう。康行はその後、応永十一年十月に死去するまで守護の座にいつづけた。

康行死後はその子康政《やすまさ》が守護を継承し、応永二十五年に死ぬまで在職した。この康政の時代から、美濃守護土岐氏が惣領家であることを明確にするためか、伊勢守護家は土岐世保《よやす》（世安とも）と呼ばれるようになる。その応永二十五年六月に康政は、足利義嗣《よしつぐ》の謀叛に参画した嫌疑をかけられるが、康政が死去していたことにより、息子持頼が罪をかぶり、守護職と所領数ヵ所を没収された（『看聞日記』）。ただ守護職は間もなく返されたようで、九月には在職していることがみえる（『耕雲紀行《こううんきこう》』）。

持頼は、その後応永三十一年五月に発覚した官女密通事件により京都から逐電し、同族である美濃守護土岐持益がその討伐を命じられている（『看聞日記』）。この前年十二月に智積御厨《ちしやくのみくりや》（三重県四日市市）への沙汰を関持盛《せきもちもり》・長野《なかの》満高《みつたか》が命じられていることをもって、すでに持頼が解任されていた可能性が指摘されている（『三重県史』）が、これも先の北畠への命令同様に、外様衆である関・長野への命であることから、やはり密通事件により守護職を没収されたのだろう。

持頼更迭以後、しばらく守護空位の時期がつづき、応永三十三年六月にようやく管領畠山満家《みついえ》が補任された。満家の起用は後述の北畠満雅《みつまさ》への対応を含めてとみられている。しかし、正長元年（一四二八）に入り、正月に室町殿足利義持の急逝と義教の嗣立、七月に称光《しょうこう》天皇の病死とその直後の後南《ごなん》朝《ちょう》小倉宮《おぐらのみや》の逐電など、京都政局の大きな変動への対応を優先せざるを得なくなり、持頼がふたたび伊勢守護に返り咲いた。

その持頼は、これに先駆けて応永三十四年十一月に、親交のあった満済の取り成しをうけて義持から赦免されていたが、正長元年七月十九日に伊勢守護職を返付されている（『満済准后日記』）。復帰早々に持頼は満雅討伐のため出陣し、同年十二月に、満雅を討ち取っている（『大乗院日記目録』）。翌永享元年（一四二九）も満雅残党を討ち、六月には恩賞も与えられている。

しかし、持頼は義教からの覚えがよくなく、十月には逆に命令不履行や奉公衆所領半済分押領をとがめられ、永享二年に北畠氏が赦免されると、持頼が拝領していた旧領が北畠氏に返されたのに、替地はもらえなかった。経済的に窮乏していた持頼はたびたび寺社領も押領していたため、それも義教の不興を買い、持頼から伊勢守護を召し上げる話は何度も出ている。

それでも持頼は幕府内の儀礼や軍役を果たしていたが、永享十二年五月、義教の命により、持頼は大和の陣中で伊勢長野氏らの軍勢により討たれた。伊勢守護職は、義教の側近だった一色持信（永享六年没）の子教親に与えられた。この時、持頼と同時に討たれた一色義貫の守護国も、若狭は武田信栄、三河は細川持親《もちちか》、丹後は一色教親に与えられており、義教に近い人物たちにこれらの国々が任されたのであった。

教親は宝徳三年（一四五一）十一月に跡継ぎなく没したため、義貫の子義直が伊勢守護を継承し、そのまま応仁の乱を迎えることになる。

北畠氏の伊勢南部支配

北畠氏は村上《むらかみ》源氏の一流で、よく知られているように、南北朝動乱では親《ちか》房《ふさ》・顕家《あきいえ》父子をはじめ一族みな南朝方として活動した。伊勢国では親房の三男顕能《あきよし》が南部を中心に活動し、永徳三年（一三八三）に没するまで南朝方の柱として活動した。顕能ののちは次男顕泰が継承し、南北朝が合一すると、伊勢国司として一志《いちし》郡・飯高《いいたか》郡・飯野《いいの》郡・多気《たき》郡・度会《わたらい》郡の五郡の支配を認められている。ただし、多気郡・度会郡・飯野郡は伊勢神宮の影響力が強く、実質的には一志郡・飯高郡に支配はとどまっている。

応永の乱で顕泰の長男満泰《みつやす》が戦死したため、家督は満泰の弟満雅が継承した。満泰・満雅ともに足利義満の「満」字の偏諱《へんき》をうけており、幕府から重視されていたことがうかがえる。しかし、満雅は応永二十二年二月に幕府に対して挙兵した（『満済准后日記』）。かつてはこれを後南朝勢力に呼応したものと考えられていたが、現在では将軍直臣となっている一族の小原《おはら》氏に関わる所領をめぐる問題が主要因とみられている（『三重県史』など）。合戦は幕府軍の速やかな出動で七月には終結しているが、満雅は十月に赦免され特段処罰されてもいない。

図3−5　北畠系図（二重線は養子関係）

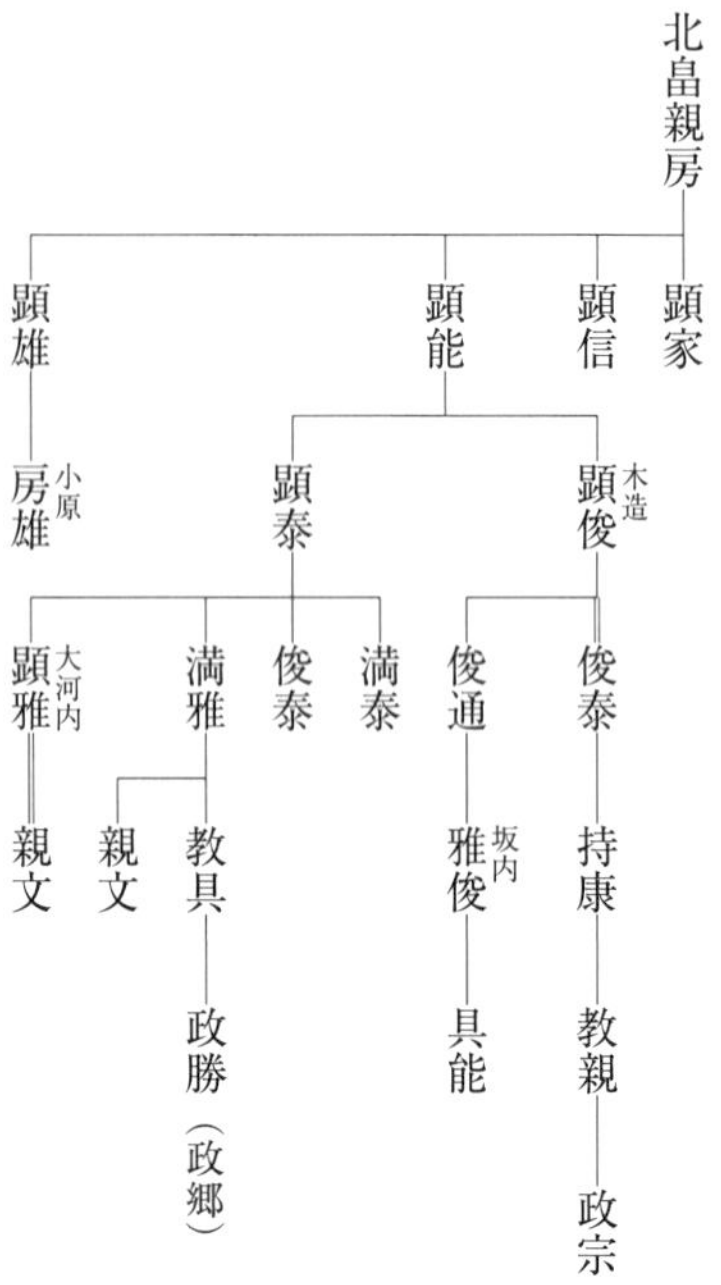

正長元年七月、満雅は南朝の後亀山《ごかめやま》天皇の子小倉宮を奉じて挙兵する。『満済准后日記』によれば、鎌倉府からの働きかけもあったという。幕府は土岐世保持頼を守護に復して討伐を命じ、持頼は満雅を敗死させた。この満雅の反乱により、北畠氏本家は飯高・一志両郡を没収された。

北畠家督は僧侶になっていた顕雅《あきまさ》（満雅弟）が継ぎ、前述のように永享二年に赦免をうけて、没収されていた両郡も返付されている（『満済准后日記』）。またこの交渉のなかで顕雅は、満雅の子に家督を安堵するよう幕府に申請してうけいれられている。顕雅は嘉吉元年（一四四一）に出家しているが、おそらくそれまでこの満雅の子教具《のりとも》の後見をしていたと考えられる。

この教具時代に北畠氏は大きく勢力を拡大させる。度会・多気・飯野の神三郡へ積極的に進出し、幕府からのたびたびの制止も無視した。在地の有力領主を被官化して神宮領への影響力を強め、領主や代官らも北畠被官であると主張することで神宮支配から逃れた。

また、伊勢北畠氏には有力な一族衆が複数いる。それが木造《こづくり》・大河内《おおこうち》・坂内《さかない》などである。このうち最も早く分流したのが木造氏で、顕能の子顕俊《あきとし》（庶長子という）が初代とされる。大河内氏は右の顕雅に始まる家で、坂内氏は木造俊通《としみち》の子雅俊《まさとし》に始まる。

十五世紀段階の北畠庶流の特徴としては、国司家の子弟が継承することが多いこと、国司家同様に在京もして中将・少将などの公家官を得ていることがあげられる。そのなかで木造氏は、中納言・大納言など国司家同等、時には上回る官位を得ており、国司家の子弟も、顕泰の子俊泰《としやす》が入ったのみで、ほかの一族衆と一線を画していると評されている（小林秀 二〇〇四）。また、数ある一族衆のなかで小原氏は幕府との関係が強く、一族のなかで唯一幕府外様衆にも列している。

伊勢国の奉公衆・外様衆

伊勢国では、前述のように強力な一国支配をなしうる守護が現れなかった政治的背景と、南北に長く、山地で分断されている地理的要因のため、ある程度の勢力をもった領主が割拠し得た。室町幕府は、それらを外様衆や奉公衆として編成し、取り込んだのであった。

現在判明する、外様衆・奉公衆となった領主は、

外様衆＝北畠小原・関・長野・伊勢仁木

奉公衆＝朝倉・梅戸《うめづ》・海老名《えびな》・小串《おぐし》・片山《かたやま》・佐脇・富永・二階堂深矢部《ふかやべ》・疋田《ひきた》・横瀬《よこせ》

となる（木下聡 二〇一八）。外様衆のうち、北畠小原氏は前項でみたとおりである。伊勢仁木氏は、伊勢守護も務めた義員の弟満長に始まり、満将《みつゆき》—教将《のりゆき》—成将《しげゆき》—貞長《さだなが》と継承し、貞長は足利義熙《よしひろ》の近江六角攻めのさいに戦死している（『長興宿禰記《ながおきすくねき》』）。

図3-6　伊勢国の諸勢力地図（『三重県史 通史編 中世』挿図に加筆）

残る関・長野氏は、在国を常とする大外様《おおとざま》に分類されている。関氏は鈴鹿《すずか》郡を、長野氏は安濃《あのう》・奄芸《あんげ》郡を中心に勢力を築いた。共に伊勢国の雄族ではあるが、長野氏は足利義満の時代から幕府から重視され、当主は「満」字を与えられ（満高）、幕府からの軍事動員にも毎回応えている。一方の関氏は、北畠氏との関係が深く、北畠満雅の挙兵にも協力している。そのため関氏の幕府との関係構築は長野氏よりも遅いが、外様衆に列したのは共に足利義政段階とみられる。関・長野氏は、その身分上、守護や北畠氏の軍事指揮下に入ることはなく、独立勢力として幕府に直結した存在であった。

奉公衆をみると、その多くは守護・北畠氏の影響力の少ない北伊勢に集中しており、このうち朝倉・佐脇・富永・疋田氏は、足利氏が鎌倉時代に守護を務めた三河に由来をもつことが指摘されている（『三重県史』）。他国より京都に近いこともあり、伊勢の奉公衆たちは十六世紀に入っても、幕府との関係を保つ家が多い。

なお、『三重県史』や先行研究（飯田良一 一九八四など）で、伊勢国員弁《いなべ》郡の領主治田《はった》氏も奉公衆としてあげられている。これは『群書類従』所収「長享元年九月十二日常徳院殿様江州御動座当時在陣衆着到」（以下「長享」）の記述にしたがったものであるが、官途名や別写本などと勘案すると、これは沼田《ぬまた》氏の誤記であり、治田氏が奉公衆であったとはできない。

さらに、北伊勢の勢力として、北方《きたかた》一揆や「十ヶ所人数」の存在が知られている。例えば「醍醐寺文書」八二二号の人数注文には、「十ヶ所人数」に朝倉・海老名・佐脇・富永・南部《なんぶ》・疋田・横瀬が、「きた方いつき（一揆）人数」に伊坂《いさか》・梅戸・大木《おおき》・萱生《かよう》・蘇原《そはら》・多胡《たご》・田能《たの》村が列挙されている。

状況・時代によって、この面々に二、三の家が加わるなどの増減があるものの、これらが基本となる。

この北方一揆は、応永二十九年が初見であるが（『花営三代記』）、この時点で関・長野氏と同列扱いを幕府からされており、遵行行為も関・長野氏同様に遂行していることから（「実相院《じっそういん》文書」）、「一揆」集団として高い政治的位置づけ・役割を有していたことがうかがえる。しかし、一揆自体は応仁の乱後史料にみえなくなり、代わりに梅戸・萱生氏が奉公衆に加えられているので、一揆は解体したと考えられる（飯田良一 一九八四）。

一方「十ヶ所人数」は、十六世紀前半ではあるが、構成員の一人である（奉公衆でもある）朝倉賢《かた》茂《しげ》の申状案（「曇華《どんげ》院《いん》文書」）によれば、「洪恩院殿様《こうおんいんでんさま》（紀良子《きのりようこ》、足利義詮室、義満母）御判《ごはん》」で知行をした面々であるという。北方一揆と異なり、構成員の多くが奉公衆で、地縁によるまとまりはなかったようである。

これら北方一揆・「十ヶ所人数」は、幕府や守護の要請に応えて軍事行動をはたしているが、あくまで後者は個々の家が奉公衆として動いているのに対し、前者は一揆としてのまとまりがあってこその扱いであり、一揆結合がなくなると、梅戸氏のように個別に幕府と関係を結んで地位・勢力を上昇させる家と、そうでなく埋没していく家とに分かれた。

応仁の乱後の伊勢

応仁の乱において、守護一色義直は西軍につき、北畠氏では父教具が東軍、子息政勝《まさかつ》（政郷《まささと》）が西軍寄りの立場をとっていたものの、北畠氏としては一貫して東軍方であった。

東軍方は、義直の基盤を揺るがせるため、乱の勃発早々に土岐世保五郎（孫五郎とも）政頼《まさより》を守護に起用して、入国させた。政頼は『応仁略記』によると、持頼の遺児二人のうち弟のほうで、美濃土岐氏に匿《かくま》われ、義教死後に京都に召されて伊勢五ヶ所《ごかしょ》（三重県南伊勢町）を安堵されたという。開戦して一年たっても、政頼は一色勢と北伊勢で戦いつづけている。『応仁別記』などでは、政頼が「上意に違背」したため、北畠氏に退治命令が下り政頼を攻撃させたとあるが、伊勢国内に所領をあまりもたない政頼一党が、伊勢神宮領押領などをしていたので、これを排除させたのがそう伝わった可能性がある。

いずれにせよ、政頼は東軍首脳部や足利義政の期待には応えられなかったようで、西軍につきそうな北畠氏を留めるためか、文明三年（一四七一）正月までには守護職を没収され（「内宮引付」）、北畠氏へと渡されている。そのためか、同年三月には長野氏・政頼と北畠氏との間で合戦が起きている（『親長卿記』）。その後、政頼の消息は不明で、文明五年九月に土岐次郎政康《まさやす》が義政に出仕している（『親元日記』）。この時美濃守護家と対

図 3-7　北畠政勝像（浄眼寺所蔵）

立している富島光仲《みつなか》をともなっていることから、政康は政頼の後継者とみられ、『東寺執行日記』によれば、政康は土岐西郷《さいごう》氏の出で、元は出家で、現在三八歳かとある。しかし、この後文明九年(『結番《けちばん》日記』)を最後に、世保土岐氏の消息は途絶える。

一方北畠氏では、教具が文明元年に権大納言まで昇進し、文明三年三月に死去していた(『親長卿記』)。跡を継いだ政勝は、守護職をそのまま継承している。当面の敵は、西軍方に転じた長野氏で、北畠氏はこれと戦いながら支配領域を北へと広げ、文明八年には守護代秋山《あきやま》氏が半済を伊勢国内で実施している。この半済は伊勢神宮からの猛反発をうけて取り下げるが、これが原因か、翌年守護を改替されている。

一色氏はというと、文明六年に義直は東軍方へ降り、丹後守護を安堵されている。そして文明九年五月に義直の子義春《よしはる》が伊勢北方の成敗を命じられて代官を入部させるが、北畠氏の抵抗をうけ合戦となっている(『大乗院寺社雑事記』)。その後、文明十年は北畠氏、同十一年は一色氏と守護はめまぐるしく変わり、十六年九月に義春が没したのちの守護は不明であるが、一色氏は丹後のみの守護となっているので、確認できる史料からすると、北畠氏が担っていたらしい。

十五世紀末の伊勢国では、かつての守護家たる土岐世保・一色氏の姿はなく、中部から南部に北畠氏の勢力が広がるが、伊勢神宮領は押領をうけながらも健在である。十五世紀に伊勢参宮が将軍家をはじめ社会的に定着していたこともあり、北畠氏もおおっぴらに神宮領へ支配を強めるのは困難であった。しかも木造ら多くの北畠一族衆の存在(なかには守護代となる庶家もあったが)や、関・長野ら外様衆、北部の奉公衆家もある程度勢力を保持していたことが、北畠氏が伊勢一国全体への拡大を妨げていたといえよう。

3 周辺国の動向

伊賀国の状況

伊賀国の守護は、南北朝期に仁木氏と他氏族とがほとんど交互に就任していた。これは仁木氏が政争によりたびたび没落したことによるが、守護の地位が安定せず、かつ各地の戦乱に動員されて、伊賀守護は国元に不在であるのが常であった。この守護権力の脆弱さは、鎌倉後期以来の悪党問題をなかなか解決にいたらせず、室町・戦国期の伊賀が中小国人の割拠する状況へつながった。

伊賀守護は貞治四年（一三六五）を最後に（「春日神社文書」）、永享元年（一四二九）まで確たる在任の徴証が見当たらない。それも前年からの北畠満雅の挙兵に関わる争乱のなかで、「伊賀国守護は去る四日の合戦に、膝口を射られ、その手（攻撃方面）にて死去」（『満済准后日記』）とあるように、二月四日に戦死したとあるだけで、誰がとも判明しない。しかし、永享五年十一月に仁木中務少輔《なかつかさのしょう》を伊賀守護から罷免《ひめん》する話が持ち上がっていることからすれば（『満済准后日記』）、中務少輔の父か兄であろう。おそらく、十四世紀後半から仁木氏が守護であったとみられる。そして翌永享六年四月に罷免され、代わりに山名時熙《ときひろ》が任じられている（『満済准后日記』）。時熙は間もなく家督を息子持豊（のちの入道宗全）に譲るが、伊賀守護の地位も他の守護職同様に継承させている。

この山名氏への交替は、周辺の伊勢・大和国内で戦乱が起こり、仁木氏では対応しきれないと幕閣で判断されたためで、永享十二年に大和永享の乱が終結すると、山名氏の役割は終わったとばかりに、持豊は伊賀守護から退いている。持豊以後の伊賀守護は、仁木氏が守護に返り咲いたと思われるが、裏づける史料がなく定かでない。少なくとも寛正年間ごろには仁木政長《まさなが》が守護としてみえる。政長の系譜上の位置づけは、義員―○―中務少輔―○―政長と推測される。

しかし、前述のように仁木氏の守護としての力はさほど強くなく、長禄二年（一四五八）以降たびたび、伊勢北畠氏のもとで動く伊賀衆が史料上に散見される。応仁の乱中には、守護仁木政長は東軍方として行動し、伊勢・大和の軍勢とともに京都近郊で合戦しているが、政長とは敵陣営になる西軍畠山義就方として伊賀衆が動員されており、文明二年（一四七〇）六月に紀伊で伊賀衆・大和衆の籠もる義就方の城が落城している（『大乗院寺社雑事記』紙背文書」）。乱後の南山城における両畠山の争いのなかでも、仁木政長は関与していないのに、義就家臣斎藤彦次郎の麾下《きか》で出陣する伊賀衆の姿がみえる（『大乗院寺社雑事記』）。

伊賀衆は、戦国期に傭兵のようなかたちで畿内周辺を転戦していたといわれるが、すでに十五世紀後半からそうした動きはされていたのである。また経済的にも、新関を設けたり、寺社領に私段銭《したんせん》を賦課するなど、独自の動きが確認される（『大乗院寺社雑事記』）。

飛驒国の状況

飛驒国では、佐々木京極氏が延文四年（一三五九）に高氏（入道道誉《どうよ》）が守護として確認される以降、代々その子孫が守護職を継承していた。ただし、山地が多い地形上、盆地ごとに有力領主が存在し、京極氏は一国全体へ影響力をなかなか拡大できなかった。

応永十八年（一四一一）七月に幕府から守護京極高光に、古川姉小路尹綱《ふるかわあねがこうじただつな》を討伐せよとの命令が出され、高光の弟高数が翌八月に命を執行して尹綱を討っている。この一件は応永飛驒の乱と呼ばれ、かつては尹綱が南朝の後亀山《ごかめやま》法皇の密命をうけて挙兵し、数千騎の幕府軍によって鎮圧されたと考えられていた。しかし、実際のところは南朝とは無関係で、山科家領返付などの幕府の命令にしたがわなかったことや、斯波氏との関係の深さがあだとなって、斯波勢力抑制政策の一つとされたことが現在要因とみなされている（大藪海 二〇〇九）。

この姉小路氏は、左大臣藤原師尹《もろただ》の子孫で、鎌倉中期に姉小路の苗字を号し、南北朝後期の家綱《いえつな》代に「飛驒国司」を称するようになった。世に姉小路三家として、家綱死後古川・小島《こじま》・向《むかい》の三流の姉小路氏が確認され、いずれも「国司」号を用いている。

まず古川家は、前述の尹綱（家綱の甥とみられる）の子昌家《まさいえ》は参議まで昇進し、昌家の子基綱《もとつな》は歌人としても著名で、死の直前に鎌倉時代以来の権中納言へと昇進している。次に小島家、これは家綱の直系とみられ、家綱―師言《もろとき》―持言《もちとき》―勝言《かつとき》と継承している。師言は家の極官である参議まで昇進するが、持言以降は主に飛驒に在国して、近衛中将に留まっている。最後が向（小鷹利《こたかり》とも）家だが、この家だけやや性格が異なる。確認できる初代向家熙《いえひろ》は、姉小路氏との系譜関係がまったく不明ながら、足利義満によって取り立てられ、在国の外様衆となっている。純然たる公家は外様衆とはならないが、北畠小原氏と姉小路向氏は武家よりの性格を有していたのである（木下聡 二〇一八）。

飛驒国内の有力国人としては、江馬《えま》氏と内ヶ島《うちがしま》氏があげられる。江馬氏は、平清盛《たいらのきよもり》の弟経盛《つねもり》の子輝《てる》経《つね》が、北条氏の養子となって江馬小四郎を名乗ったのに始まるとする伝承があるが、到底信じられるものではない。ただ、南北朝期には有力な領主に成長していたらしく、幕府から遵行命令をうけている（「山科家古文書」）。その後も山科家領に関わって名がみえる。

一方の内ヶ島氏は、ルーツは信濃とも武蔵ともいわれているが、いずれにせよ十五世紀前半ごろに国外から飛驒白川《しらかわ》郷へ入ったとされている（岡村守彦 一九七九）。文安・寛正の奉公衆番帳には名がないものの、長享元年（一四八七）の足利義煕の近江出陣の番帳（「長享」）にはみえることから、応仁の乱を契機に勢力を伸ばしたらしく、幕府奉公衆に加えられている。十五世紀末には本願寺《ほんがんじ》派とも関係を取り結び、本願寺はこの地域に教線を拡大させている。

そして応仁の乱以降に、益田《ました》郡を中心に勢力を伸ばしたと思われるのが三木《みつぎ》氏である。守護代多賀《たが》氏により派遣され、あるいはともなわれて飛驒へ入国した三木正頼《まさより》に始まるという。応仁の乱中の文明三年に、姉小路古川基綱と戦って敗死したのがその子久頼《ひさより》とされている。十六世紀に入り三木氏は勢力を拡大するが、十五世紀段階では史料的にまったくみえず、姉小路三家の勢力を切り崩せるほどの力はなかった。

その姉小路氏では、基綱と向之綱《ゆきつな》が、文明五年に守護方の軍と戦い敗北し、さらに小島家とも争いを起こし、これにも敗北している（『大乗院寺社雑事記』）。ただしこれで没落したわけではなく、基綱は応仁の乱が終結すると在京するようになるが、飛騨の所領も保持していて、永正元年（一五〇四）に死ぬまでたびたび行き来していることが『実隆公記《さねたかこうき》』などにみえる。十五世紀末段階の飛騨国では、内部分裂を起こした守護京極氏以外、十五世紀前半以来の領主たちは勢力を保っていたのである。

志摩国の状況

最後に志摩である。志摩国は南北朝・室町時代を通じて、志摩一国の守護は確認されておらず、伊勢との兼帯であったのではないかと考えられている。中世の志摩は、現在の志摩地域（三重県鳥羽市・志摩市）に加えて、尾鷲《おわせ》周辺も含み、海上交通でつながっていたと指摘されている（『三重県史』）が、その多くを占めていたのが伊勢神宮領であった。

そのため十五世紀に入ると、守護権力が停滞・低下したこともあり、伊勢南部に勢力を拡げ、神宮領を徐々に蚕食している北畠氏の影響力が志摩にも入り込んでくる。ただし、現地の領主を介してであったため、北畠氏が直接的な支配を展開できたわけではなかった。

志摩国内で活動する領主たちとしては、南北朝期から愛洲《あいす》・九鬼《くき》氏の名が史料にみえ、海上水運を担いつつ、軍事行動や浦の支配をしている。

愛洲氏は、紀伊に出自をもち、阿波・播磨に一族が分布する水運に関わる領主で、伊勢・志摩への入部は鎌倉時代にはなされていたと目されている。背景には熊野神人《くまのじにん》との関わりも指摘されている（『三重県史』）。南北朝動乱では南朝方に属し、伊勢守護にも一時的に任じられている。志摩では英虞《あご》郡五ヶ所を本拠地とし、北西の一之瀬《いちのせ》川流域と山地を隔てた伊勢度会郡に勢力をもっていた。十五世紀中ごろになると、北畠氏の被官として活動している姿が史料に散見されるが、そのあり方は、大和の沢《さわ》・秋山氏や伊賀国人たち同様に、半独立した勢力であるとみられている。

九鬼氏は、紀伊国九鬼浦（三重県尾鷲市）を苗字の地とするとされるが、こちらもいつ志摩に入部したか定かでなく、南北朝以前であろうことぐらいしかわからない。志摩での拠点は苗字としても用いた北部にある泊浦《とまり》（鳥羽市）で、十五世紀前半には守護不入であったらしい。文明十四年には泊浦警固役《けいご》をめぐって、九鬼景隆《かげたか》が相差隆景《おうさすたかかげ》・安楽島《あら しま》実盛《さねもり》・和久《わ く》久宗《ひさむね》・甲賀《こうか》宗能《むねよし》らと「島衆中《しまのしゅうちゅう》」を形成していることがみえる（「内宮引付」）。九鬼氏は愛洲氏と異なり、北畠氏との関係が確認できないため、周囲の領主との一揆的結合をもとに、独立した勢力として存在していたと考えられる。

これ以外にも中小領主が存在したが、共通しているのは、多くが紀伊との関係性がうかがえ、海上交易を主とした経済活動を行なっていたことである。この存在形態は、結局戦国末期までつづくことになる。

〔参考文献〕

飯田良一「北伊勢の国人領主〜十ヶ所人数、北方一揆を中心として〜」『年報中世史研究』九、一九八四年
稲本紀昭「伊賀国守護と仁木氏（附録、伊賀国守護并仁木氏関係史料）」『三重大学教育学部研究紀要人文社会科学』三八、一九八七年
今岡健治「伊賀仁木氏の系統と系図での位置付け」『皇学館論叢』四六—三、二〇一三年

大藪　海「北朝・室町幕府と飛騨国司姉小路氏」『日本歴史』七三三、二〇〇九年
岡村守彦『飛騨中世史の研究』戎光祥出版、二〇一三年、初出一九七九年
小川剛生「姉小路基綱について―仮名日記作者として―」『国文学研究資料館紀要』三一、二〇〇五年
木下　聡『室町幕府の外様衆と奉公衆』同成社、二〇一八年
小林　秀「伊勢国司北畠氏の領域支配の一側面―一族衆を中心に―」藤田達生編『伊勢国司北畠氏の研究』吉川弘文館、二〇〇四年
新行紀一「十五世紀三河の守護と国人」『年報中世史研究』四、一九七九年
谷口研語『美濃土岐一族』新人物往来社、一九九七年
福田豊彦「室町幕府の奉公衆（二）―その人員構成と地域的分布―」同『室町幕府と国人一揆』吉川弘文館、一九九五年、初出一九七一年
藤田明良「中世志摩国についての一考察」『年報中世史研究』九、一九八四年
三宅唯美「守護所革手と正法寺の戦い―『船田戦記』覚書―」齋藤慎一編『城館と中世史料―機能論の探求―』高志書院、二〇一五年
横山住雄『斎藤妙椿・妙純』戎光祥出版、二〇二三年、初出一九九一年
『三重県史　通史編　中世』三重県、二〇二〇年

コラム1

江馬氏と江馬氏城館跡

三好　清超

江《え》馬《ま》氏城館跡は、岐阜県北端の飛騨市神岡町に所在する城館跡である。神岡町のほぼ中央の殿《との》地区に、中世に一帯を本拠とした江馬氏の居館跡・下館《しもやかた》跡、その背後に本城・高原諏訪《たかはらすわ》城跡が位置する。また、それらに通じる主要街道と河川沿いに山城が点在する。富山方面の土《ど》城跡、長野方面の洞《ほら》城跡・石神《いしがみ》城跡、高山方面の寺林《てらばやし》城跡・政元《まさもと》城跡である。これらの一つの館跡と六つの山城跡の総称が国史跡江馬氏城館跡である。なお、これらの山城をつなぐ位置にある傘松《からかさまつ》城跡も、令和六年二月、江馬氏城館跡に追加指定された。

江馬氏の出自に関する史料について、現在のところ確かな史料を欠く。鎌倉《かまくら》幕府執権北条《しつけんほうじょう》氏の一族か、北条氏の被官《ひかん》である伊豆の江馬（江間）氏の一族が高原郷に移り住んだ可能性が想定されている。文献上の初見は、『天龍寺造営記《てんりゅうじぞうえいき》』の康永元年（一三四二）の記録である。天龍寺造営の儀礼において、江馬氏がのちに飛騨国守護となる京極高氏《きょうごくたかうじ》の馬を引いたとある。この頃には飛騨地域を代表する武士として幕府に仕え、その後も飛騨で力を蓄えたようである。少したった十四世紀末に下館が使用され始め、十六世紀前半ごろに使用を終えた。

戦国時代には、上杉《うえすぎ》氏が越後から越中に侵攻するさいに飛騨から参陣するなど、基本的に上杉氏に与みしていた。他方、ある時は武田《たけだ》氏と、そして戦国末期には織田《おだ》氏と通じるなど、戦国武将の間を立ち回ったようである。山城はこの頃に、江馬氏の領域支配のために機能していたと考えられる。なお、天正十年（一五八二）に、江馬氏は飛騨の覇権を争って三木《みつき》氏に敗れた。残存した勢力も、天正十三年に飛騨に侵攻した金森《かなもり》氏の統治下までは残らなかったようである。

下館跡の発掘調査では、建物を確認した層位や出土遺物などから三時期の遺構変遷を確認した。館は、十四世紀末に室町《むろまち》将軍邸に似た庭園をもつ形態で整備され、十五世紀末に建て替えられた。ここでは、全貌が明らかになった十五世紀末から十六世紀はじめの館の構造をみてみる。

館は、北・西・南の三方向に堀を設け、東の山を背にする。一辺約一〇〇《メートル》であり、方形を呈する。東側は地形に沿って膨らむ。堀に沿って土塀があり、西側土塀には二ヵ所の門がある。間口の広さから、南側が主門、北側が脇門と考えられる。西堀の門に面したところは、掘り込まれずに土橋となる。堀の内側には五棟の礎石《そせき》建物が確認でき、南西隅に庭園を配する。礎石建物は、『洛中洛外図《らくちゅうらくがいず》』などで確認できる室町将軍邸などにならい、脇門を入って正面が台所、それに接するのが対屋《たいのや》、主門の正面に位置して奥まった建物が常御殿《つねごてん》、それに南接するのが常御殿の付帯的建物、庭園に接するのが会所《かいしょ》と考えられた。それぞれの建物は渡り廊下でつながっていたものと推測される。

主人は客人と対面するさい、常御殿から会所の主人の居間に、次に庭に面した主座敷に入ったと想定される。客人は主門を通り、会所に案内されたものと想定される。従者は通常脇門から出入りし、台所・対屋から広場を横切るなどして会所に移動したか、渡り廊下に沿った移動と想定される。それぞれは陣幕《じんまく》などで目隠しされ、動線の分離が図られていたのだろう。

以上のような館の構造と想定される空間利用から、庭園は会所内部からしかみることができなかったと判明した。そこからは、庭園の特別な位置づけがうかがわれる。

図　江馬氏下館復元会所・庭園（国史跡・国名勝）

庭園は池をもつ。池は最大部で東西二七メートル・南北一四メートルを測り、東西に長い不整楕円形を呈する。池内には一つの中島と二つの岩島がある。池底には水を溜めるための造作が認められず、常時水を溜めていなかったと推測された。検出した石材は、一メートルを超える褐色の船津《ふなつ》花《か》崗岩《こうがん》と、人頭大の青色のホルンフエルスであり、ともに地元で産出する。検出した石材の大きさと色から、力強い石組みを有していたこと、配色を意識して配石されていたことが想定された。

出土遺物では、庭園と会所周辺から土師器《はじき》皿が大量に出土し、酒宴における会所を含む庭園区画の利用が想定された。また、青磁《せいじ》・白磁《はくじ》・天目茶碗《てんもくちゃわん》・碁石・火箸なども出土し、座敷飾りがあったこと、また囲碁や茶の湯といった文化的な催しが行なわれていたことも想定される。なお、禅僧・万里《ばんり》集九《しゅうく》は日記『梅花無尽蔵《ばいかむじんぞう》』に、延徳元年（一四八九）高原郷の江馬氏に「華膳」をもってもてなしをうけたと書き残す。往時の館の様子を伝えているのだろう。

以上、江馬氏は十四世紀末には室町将軍邸に似た館を築造し、十五世紀末に改修を行なったと判明した。十四世紀末ごろは金閣《きんかく》が建てられるなど、公家文化と武家文化が融合したと考えられている時期である。また、十五世紀後半ごろは、応仁の乱による都の荒廃のため地方へ下った文化人により、京文化が地方へ伝播したと知られる。庭園をともなう館は、このような背景のもと整備・改修されたと考えられる。その後戦国時代になると、江馬氏は館を廃絶させ、高原諏訪城を堅固にし、領域一帯を取り囲むように山城を機能させた。このように江馬氏城館跡は、中世を通して地域支配の実像に迫ることができる国史跡といえる。

現在、下館跡は史跡公園として公開されている。復元会所・庭園を訪れると、会所の縁側から巨石が並ぶ庭園を眺め、土塀越しに山並みをのぞむことができる。「会所から庭園を眺める」という室町時代の歴史を肌で感じることができる庭園区画は、国名勝にも指定されている。

伊勢国司北畠氏の館と文化

熊崎　司

令和四年九月、青森県南部町にある聖寿寺館《しょうじゅじたて》跡で出土した襖《ふすま》の引手金具などに、鍍金《ときん》（メッキ）が確認されたことが報道された（横山蔵利　二〇二二）。中世において、このような部材に鍍金がされている例が珍しいとする報道のなかで、全国でも数例しかない類例の一つとしてあげられたのが、三重県津市にある多気北畠《たげきたばたけ》氏城館跡である。

北畠親房《ちかふさ》（一二九三～一三五四）の子である顕能《あきよし》（生没年不詳）の代より、北畠氏は「伊勢国司」として伊勢国南部に拠点を置き、南伊勢五郡（一志《いちし》・飯高《いいたか》・飯野《いいの》・多気《たき》・度会《わたらい》）を中心に勢力を広げたことで知られる。現在、顕能を祀る北畠神社となっている場所が館跡と考えられており、これまでに一四次にわたる発掘調査が実施されている。また、館跡の周辺には寺院や屋敷が広がっており、多気北畠氏遺跡群として継続して調査が行なわれている。これまでの発掘調査で判明した北畠氏の館の姿についてみていきたい。

北畠氏館跡は、標高三〇〇メートルを超える山あいの盆地のほぼ中央にあり、神社境内を中心とする南北約二〇〇メートル、東西約一〇〇メートルの範囲である。西側は山裾で、それ以外の三方は川に挟まれている。背後の尾根には詰《つめ》城跡があり、さらにその山上には霧山《きりやま》城跡がある。

平成九年（一九九七）度に実施された館跡第四・五次調査では、南北方向に設けられた二列の石垣が発見された。裏込から出土した遺物から、十五世紀前半に築かれたものと考えられており、中世城館において石垣が使用された例としては、現在までのところ全国的にも最もさかのぼる例といえる。この石列は、現在の神社本殿の手前付近に上の段への出入口が設けられており、さらに十五世紀末から十六世紀前葉には大規模な整地土によって埋め立てられ、現在の神社境内の東側とほぼ一致するラインに新たな石垣が築かれたことがわかっている。つまり、北畠氏館跡は大きく分けて前期と後期の二時期があり、後期段階になると当初の石垣を埋め立てて、館跡の上段を東に拡張していることになる。『大乗院寺社雑事記《だいじょういんじしゃぞうじき》』の明応八年（一四九九）十二月三日条には、「去廿日多気館悉以焼失云々」との記事があり、翌年四月二十六日条には「多気在所建立云々」とある。この出来事が後期の館跡の整備と関連する可能性も考えられる（美杉村教育委員会 二〇〇五）。

神社とその下を流れる八手俣《はてまた》川との間には、さらに一段低い下段と呼ばれる空間があり、これまでの調査では時期を決めることができる遺構は発見されていないものの、館跡は上段・中段・下段の三つの段から構成され、石垣によって威容を誇っていたことが想定できる。

また、北畠氏館跡において注目されるのが、北畠氏館跡庭園である。館の南側に位置する庭園は、館跡の廃絶後も埋没することを免れ、当時のまま現存する中世城館の庭園として稀有な存在

前期の遺構（15 世紀）

発見された前期段階の石垣

北畠氏館跡庭園

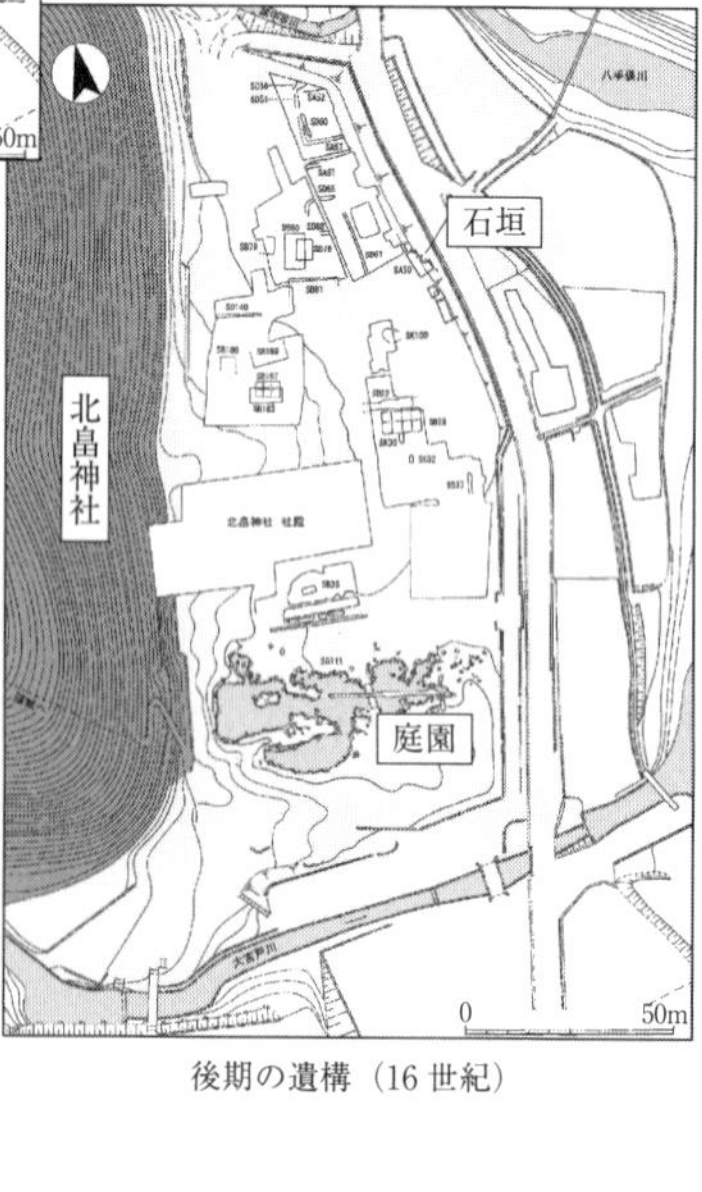

後期の遺構（16 世紀）

図　北畠氏館跡の遺構

といえる。第七代当主の北畠晴具《はるとも》の義父であった細川高国《ほそかわたかくに》の作庭ともいわれるが、詳細は不明である。前述の北畠氏館跡から出土した引手金具は、平成四年度に実施された神社施設改修にともなう調査のさいに、この庭園のすぐ北側から出土したものである。

北畠氏は永禄十二年（一五六九）に織田《おだ》氏による侵攻を受け、天正四年（一五七六）に滅亡を迎えるまでの約二五〇年間にわたり、最後まで公家としての意識をもちつづけた戦国大名であったことが、花押《かおう》などの様式から指摘されている（小林秀 一九九三）。境内から出土したとされる青磁《せいじ》製の水鳥形香炉（北畠神社所蔵）や、現在は大阪の藤田美術館が所蔵する「国司茄子《こくしなす》」と名づけられた茶入などの貿易陶磁器をはじめ、発掘調査によって多数出土する京都系土師器《はじき》の存在などから、多気には当時の都であった京都を志向した華やかな文化が広がっていたといえるだろう。

〔参考文献〕
小林　秀「伊勢国司北畠氏の花押について」『三重県史研究』九、一九九三年
美杉村教育委員会『北畠氏館跡9　多気北畠氏遺跡第26次調査・北畠氏館跡総括編』二〇〇五年
横山蔵利「三戸南部氏の隆盛語る　聖寿寺館跡から金メッキの建具発見　八戸」朝日新聞社、二〇二二年九月一六日

四　東海の荘園と経済

岡野友彦

1　東海地方における寺社本所一円領・武家領体制

初期半済令と東海地方

観応三年（一三五二）七月二十四日、「寺社本所領の事」と称する一本の追加法が室町幕府から発せられた（『中世法制史料集　第二巻』追加法五六）。「近江・美濃・尾張三ヶ国」の本所領半分を兵粮料所として当年分に限り「軍勢に預け置く」よう守護人らに命じたこの法令は、最初の半済令として高校日本史教科書などにも掲載され、よく知られている。この半済令は、約一ヵ月後の同年八月二十一日、今度は「近江・美濃・伊勢・志摩・尾張・伊賀・和泉・河内」の八ヵ国に対象が拡大され（同追加法五七）、やがて全国的かつ永続的に行なわれるようになっていくわけだが、ここではこの最初の半済令が、美濃・尾張、さらに伊勢・志摩・伊賀といった東海地方を中心に発せられているという事実に注目したい。

半済令をめぐっては、諸国年貢の半分を兵粮料所として設定することによる守護の財源確保政策とみなす学説と、むしろ武士に押領された寺社本所領を半分返付するよう命じた寺社本所保護政策とする学説が古くから対立してきたが、少なくともこの観応三年から文和初年にかけての初期半済令については、守護の軍事体制を強化する意図から出されたことが明白である。この観応三年（正平七年）、前年十一月に成立した南北朝の一時的な和睦（正平の一統）が破れ、閏二月二十日、京都を守っていた足利義詮が南朝軍に追われて近江に脱出。そのさい、義詮が最も頼りにした勢力こそ、美濃・尾張の守護を兼ね伊勢にもその勢力をおよぼす土岐頼康であった（松島周一 二〇一三）。幕府はあくまでも京都を南朝から奪還するために東海地方の軍事力を期待したのであり、そのための軍事費として東海地方の本所領半分を一時的に給付したに過ぎない。京都に暮らす貴族・寺社にとっても、彼らが南朝軍を京都から追い払ってくれさえすれば、当該地年貢の当年分半減など安い代償であったに違いない。

しかし、こうしていったん守護勢力たちに与えられた兵粮料所は、次第に彼らの既得権益となり、当該地の様相を変化させていく。例えばこれから一〇年ほどたった貞治二年（一三六三）、東寺は尾張国大成《おおなり》荘（愛知県愛西市）に対する猿子《ましこ》美濃入道道宗《どうそう》の濫妨が未だに止まないことを幕府に訴えているが（「東寺百合文書」ホ函）、この道宗は「美濃入道」または「郡戸《ごうど》入道」と称されていることから（『東寺執行日記』）、美濃国郡戸荘（岐阜県海津市）の武士であったことが知られる。おそらく美濃・尾張の守護土岐頼康の被官として尾張国に入り、そのまま実効支配をつづけていたのであろう（『愛知県史』）。

また伊勢国では三河国人足助氏による押領が目につく。観応の半済令から五年後の延文二年（一三五七）二月、外宮《げくう》禰宜《ねぎ》度会某は、小向《おぶけ》御園（三重県朝日町）が足助駿河守、内田《うちだ》・河辺《こうべ》両御園（三重県津市）が足助美作守によって管領され、神税が途絶している旨を訴えており（『伊勢二所皇大神宮《いせにしょこうたいじんぐう》御鎮《ちん》座伝記《ざでんき》』紙背文書）、同年八月には足利義詮が、久我《こが》家領石榑《いしぐれ》御厨（三重県いなべ市）に対する足助治部少輔の押領を退けるよう、伊勢守護仁木義長《よしなが》に命じている（「久我家文書」）。この「足利義詮御判御《み》教書《きょうしょ》」に「早く半分に於いては、彼の輩を退け」とあることから、足助氏が半済令を口実として石榑御厨を押領していたことが知られる。恐らくは三河と伊勢の守護を兼ねていた仁木義長の被官として伊勢国に入り、これらの荘園を押領していたと思われる（『三重県史』）。

こうして東海地方に武家領が拡がる一方で、幕府は寺社本所一円領の保護に努め、中世後期特有の荘園制である「寺社本所一円領・武家領体制」が完成していく（工藤敬一 二〇〇二）。その具体相を東海地方のいくつかの荘園のなかからみていくことにしよう。

尾張国海東荘の場合

尾張国海東荘は、現在の愛知県あま市北部を中心とした荘園で（以下、荘園・御厨・御園などの位置は、図4－1参照）、上中下の三ヵ荘があった。本家は後白河《ごしらかわ》法皇により創建された法住寺蓮華王院《ほうじゅうじれんげおういん》（三十三間堂《さんじゅうさんげんどう》）、領家職は平家（池大納言家）から久我家に伝えられ、地頭職には初め熱田大宮司家の千秋有範《せんしゅうありのり》、ついで承久の乱後有力御家人の小山《おやま》氏が補任された（『愛知県史』）。このように中世前期の荘園は、おおむね本家―領家―地頭という三階層からなる「職の体系」を構成し、本家職は院宮摂関家や大寺社、領家職は一般公家や寺社、地頭職は在地

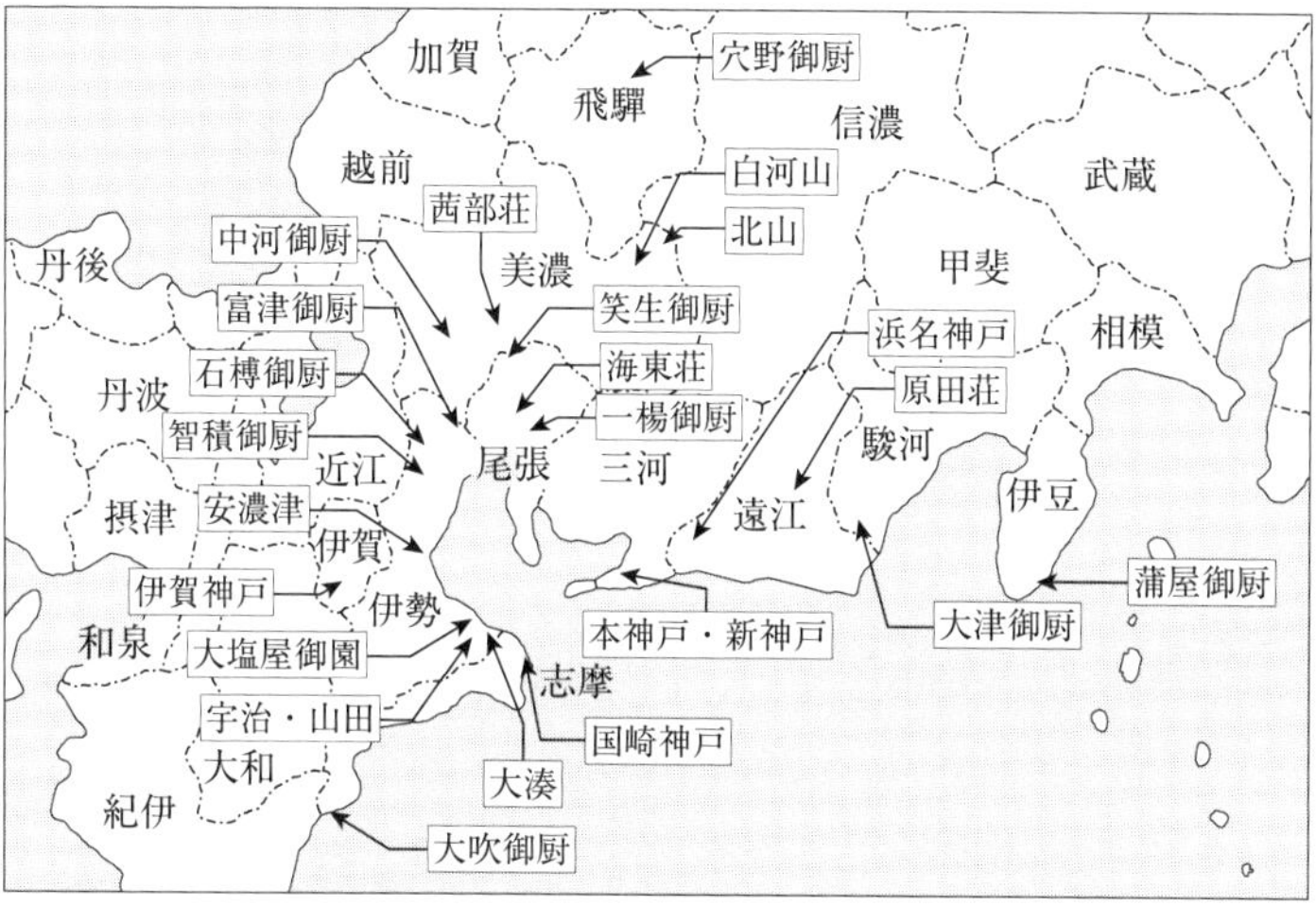

図 4-1　東海地方の主な荘園など

中世志摩国の国境は変動も多く，厳密に引くことは難しい．本章では，志摩国英虞郡大吹御厨を現在の三重県熊野市とする立場から（112 頁），本図の国境を採用した．

領主（武士）に伝領されるのを常とした。しかし鎌倉後期以降になると、そのような「職の体系」は次第に崩れていく。

海東荘の場合、建武新政にさいして地頭職が小山氏から没収され、久我家に与えられたことで、久我家が領家職と地頭職を兼帯するようになった。しかし、建武政権の瓦解とともにそのような状態はごく短期間で終わり、海東上荘には平賀《ひらが》忠時《ただとき》・村田《むらた》朝光《ともみつ》らが、同中荘には京都の真如寺《しんにょじ》が地頭として現れる（『愛知県史』）。真如寺は暦応三年（一三四〇）、高師直《こうのもろなお》によって再興された禅宗寺院で、この後、永和年間（一三七五〜七九）にいたるまで久我家との間に訴訟を繰り広げていくことになるが（「久我家文書」）、このさい、久我家の領家職と真如寺の地頭職が、ともに京都で年貢を受け取るだけの、均質な得分権と化していたことに注意したい。そもそも鎌倉時代に同荘地頭職を世襲した小山氏もまた、尾張国とは縁の薄い東国武士なので、現地の経営は代官に任せ、関東で地頭得分のみを受け取っていた可能性が高い。そこで注目されるのが、同荘の本来の地頭熱田大宮司家である。

承久の乱で大宮司家の千秋有範が院方についたため、同荘地頭職が小山氏に与えられたことを先に述べたが、それから一三〇年ほどたった観応二年、足利尊氏は「尾張国海東左近将監跡」を尾張守護土岐頼康の一族土岐頼重《よりしげ》に勲功賞として与えている（「土岐氏系図」）。「海東左近将監」は大江広元《おおえひろもと》の第五子で熱田大宮司藤原忠兼《ただかね》の猶子となった大江忠成《ただなり》の子孫であり（『尊卑分脈』）、同地を与えられた土岐頼重が四年後の文和四年（一三五五）、「尾張国海東庄」を弟の頼高《よりたか》に譲っていることから（「土岐氏系図」）、「海東左近将監跡」とは「海東庄」、つまり南北朝期にいたるまで熱田大宮司一族の海東家が海東荘を支配していたと考えられる。ここでいう「海東庄」について、『愛知県史』は海東下荘地頭職と推測しているが、むしろ久我家の領家職や真如寺などの地頭職とは別次元の、熱田大宮司家（大江姓海東家）に伝えられた現地支配権を指すのであろう。ところがその権益がいったん尾張守護土岐氏の一族に与えられると、それもまた新たな得分権として一人歩きし始める。

延文三年、足利義詮は「海東庄庶子等跡」を天龍寺に寄進。これに土岐頼高が抵抗を示したが、幕府はこれを抑える一方で、貞治五年には天龍寺管領地を除く「海東庄」を土岐頼高に安堵している（『天龍寺重書目録』「土岐氏系図」）。これらの経緯から、天龍寺に寄進された「海東庄庶子跡」が、土岐頼重に与えられた「海東左近将監跡」の系譜を引く権益であったことは間違いない。

その一方で、久我家に伝えられた同荘領家職のうち、現地の代官須網《すあみ》氏に押領されていた得分は、嘉慶二年（一三八八）、久我家から海東中荘内の有力寺院である光明寺《こうみようじ》に寄進され、その翌年の康応元年（一三八九）、今度は光明寺そのものが久我家に寄進されている（「久我家文書」）。久我家は領家職の一部を在地寺院に渡してしまうことで、逆にその得分権を確保しようとしたらしい（岡野友彦 二〇〇二）。

このように中世後期に入ると、本来は都の貴族に伝えられていた領家職が在地寺院などの手に渡る一方で、在地領主に伝えられていた地頭職やその代官得分すら都の権門寺院に寄進されるなど、各「職」が本来の身分的指標を失い、単なる得分権として各階層間を漂流し始める。これこそ中世後期荘園制最大の特徴であった（伊藤俊一 二〇一〇）。

美濃国茜部荘の場合

美濃国茜部荘《あかなべ》は、現在の岐阜市南部茜部を中心とした荘園で、平安初期の弘仁九年（八一八）、桓武天皇の皇女朝原《あさはら》内親王の遺言により東大寺領として成立した。鎌倉時代に入ると承久の乱後、大江広元の第二子長井時広《ときひろ》が同荘地頭として現れ、その後、鎌倉末期にいたるまで同荘地頭職は長井氏に伝えられて、領家東大寺との間に年貢未進と和与（和解）を繰り返すことになる（『岐阜県史』）。

鎌倉幕府滅亡後、東大寺は後醍醐天皇から茜部荘地頭職を寄進され、久我家領海東荘と同様、領家職と地頭職の兼帯を実現した。しかしそのような状態は永くはつづかず、足利尊氏が叛いたのちの延元元年（一三三六）五月、茜部荘下村《しもむら》百姓は「正員も御代官も御座無く候の間、京勢と申し、鎌倉勢と申し、船□路次にて候の間、敷居て乱妨せられ候」として、東西交通の要衝にあたる当荘では、地頭・代官が在荘していないため、宮方・武家方双方の進軍にさいして乱暴をうけていると訴え(「東大寺文書」)、事実上在地の側から地頭の設置を要求している。そして三年後の暦応二年七月、東大寺学侶と地頭の間で評議が行なわれ、翌年十二月までの間に、茜部荘三ヵ村のうち上村《かみむら》を領家方、本《ほん》郷《ごう》・下村を地頭方とする下地中分《したじちゆうぶん》(下地を折半してお互いに領有を認め合う紛争解決方法)が行なわれた。なお、この時の地頭が、鎌倉期以来の長井氏であったか否かは判然としない(『岐阜県史』)。

このように平安初期以来の東大寺領であった茜部荘ですら、地頭による侵略を防ぐことはできなかった。さらにこの下地中分により晴れて東大寺一円領となった茜部荘上村もまた、今度は守護の侵略にさらされつづけたらしい。例えば文和元年十二月、茜部荘の給主僧清円《せいえん》と所務代官僧良円《りようえん》の二人は、「茜部庄去年々貢之内三乃(美濃)守以下契約分五十貫文」のうち三〇貫文が東大寺に完済されなかったことについて、決して自分たちが「犯用」したのではないとの起請文を提出しているが(「東大寺文書」)、ここにみえる「三乃守」(美濃守)を美濃守護土岐氏一族とすると、守護による当荘の年貢請負とその違約があったとみなすことができる。ちなみにこの文和元年が、本章冒頭で述べた観応三年半済令の出された年であることも関係しているのかも知れない。

とはいえ当荘は、中世後期を通じて東大寺領でありつづけたらしく、戦国期に入った明応八年(一四九九)六月二十日付「勧学院《かんがくいんしゆんけん》」『実隆公記』紙背文書)をみると、「茜部五千五百疋」が美濃守護代斎藤妙椿から東大寺に納められている。五五〇〇疋=五五貫文の年貢高は、右に述べた文和元年の五〇貫文を上回る額であり、ここに「寺社一円仏神領」の底力をみてとることができる。

遠江国原田荘の場合

遠江国原田《はらだ》荘は、現在の掛川市北西部に存在した荘園で、細谷《ほそや》・本郷・幡《はた》鎌《かま》・吉岡《よしおか》・寺田《てらだ》の五郷からなり、平安末期に院御願寺《ごがんじ》法金剛院《ほうこんごういん》領として成立したが、まもなく最勝光院《さいしょうこういん》領に転じ、領家職は醍醐寺金剛王院《こんごうおういん》門跡に伝えられた。鎌倉中期の正応三年（一二九〇）、本家最勝光院領が荘内細谷郷の領家職を兼帯する一方、その他四郷の本家職を金剛王院に放棄するかたちで本家職・領家職の一円化が図られ、さらに鎌倉末期の嘉暦元年（一三二六）、後醍醐天皇が最勝光院を東寺に寄進したことで、細谷郷は東寺領となった。一方、地頭職はこの地を本貫地とする御家人原氏に伝えられ、鎌倉幕府滅亡後も原氏による年貢抑留がつづくとともに、守護今川氏による半済も実施されたため、東寺による支配は不安定なものであった（『静岡県史』）。そのようななか、応安元年（一三六八）、禁裏仙洞御料所・寺社一円仏神領・殿下渡領を除く諸国本所領での半済施行を定めた応安半済令（応安大法）が当荘にも適用される。

かつて「応安半済令」の名で高校の日本史教科書などに掲載されてきたこの法令は、その名称がその法令の一面しか言い表していないとして、近年では「応安大法」と呼ばれ、その条文解釈についても、現地におけるその適用例から「徳政」、すなわち寺社本所領保護政策として機能したことが明らかにされている（村井章介 二〇〇五）。原田荘においても、東寺はこの法令を「爰《ここ》に寺社領に於いては、一円返付せらるるの条、諸国一同の法度たるか」と受け止め、「半済給人」の退出と「寺家一円知行」の回復を「守護御代官方」に要求している（「東寺百合文書」る函）。しかし、実際には地頭職を排除した文字通りの「一円知行」は実現できなかったらしく、康応元年（一三八九）ごろと思しき書状で「原田荘領家年貢」は「地頭うけ」となっていたことがわかる（「東寺百合文書」さ函）。おそらく応安大法で東寺が排除できたのは、領家得分に対する守護の半済のみだったのであろう。その後当荘は代官請負となるが、それでも応仁二年（一四六八）にいたるまで、当荘細谷郷は東寺領でありつづけた（「東寺百合文書」け函）。応安大法は室町期荘園制の維持に一定の効果をもたらしたといえる。

ここで注目されることは、応安大法の適用例を網羅的に検出された村井章介の研究によれば、遠江国がその東端で、駿河より東にはまったく確認できないという事実である（村井章介 二〇〇五）。さらに、室町期の駿河と遠江の荘園制を比較検討された湯浅治久の研究によれば、「室町期荘園制として荘園領主の所務が継続して実現している所領が存在するのは遠江まで」で、一方「駿河には東国首都鎌倉の寺社領が存在し、年貢収納が鎌倉への流通構造と連動して実現している」という（湯浅治久二〇一〇）。本シリーズ「東海の中世史」は現静岡県域である伊豆・駿河までを「東海」と捉えているが、少なくとも室町期荘園制においては、遠江と駿河の間に大きな断絶があり、伊豆と駿河は「東海」よりむしろ「関東」に含めて捉えた方がよい。その意味で遠江国佐野《さの》郡（掛川市）に位置する原田荘は、ほぼ最東端の「東海」寺社本所領であったといえる。

2　室町期東海の伊勢神宮領

伊勢・志摩・伊賀の神宮領

東海地方の寺社本所領といえば、伊勢神宮領の存在が外せない。もとより神宮領は東北・九州を除く全地方、北は越後国から南は伊予国にいたる四〇ヵ国に存在したが、その多くが神戸の置かれた伊勢・伊賀・尾張・三河・遠江の五ヵ国に設定されたため（萩原龍夫 一九六二）、『国史大辞典』「伊勢神宮御厨一覧」に掲載された御厨五三四ヵ所で数えると（以下御厨の数は原則として同一覧による）、その八割以上を占める四五一ヵ所が以下に述べる東海地方一〇ヵ国に集中することになった。そのうち三二三ヵ所は伊勢国に密集している。

一方で伊勢国には、郡を単位として朝廷から神宮に寄進された神郡が存在し、早く九世紀段階に成立した度会・多気・飯野の神三郡をはじめ、十世紀に員弁・三重・安濃の三郡、十一世紀はじめに朝《あさ》明《け》郡、そして十二世紀末に飯高郡が寄進され、あわせて神八郡と称されていた。これらの神郡は、事実上神宮祭主大中臣《おおなかとみ》氏の支配する国衙領ということができ、その下には神宮禰宜荒木田《あらきだ》・度会両氏が事実上の領主となる御厨・御園が設定された（岡野友彦 二〇二一）。そのため御厨は比較的神郡に多く、八郡で二一一ヵ所を数えた。

神郡のなかでも、神宮膝下の神三郡には当然のことながら多くの神領が存在したが、意外なことに御厨は三郡合わせて二六ヵ所に過ぎず、その圧倒的多数は御園であった。例えば延文五年（一三六〇）の『神鳳鈔《じんぽうしょう》』で数えると、度会郡に七六、多気郡に四六、飯野郡に四〇ヵ所の御園が確認できる。これは御園が本来、神前にお供えする野菜や果物などを備進するために設けられたため、神饌《しんせん》の新鮮さを求め、神宮近接地により多く設置された結果と考えられている（『三重県史』）。一方北伊勢では、神三郡以外で最も早く神郡となった員弁郡に最多の五四ヵ所、次いで三重郡に四八ヵ所の御厨が存在した。中勢の安濃郡の場合、御厨の数は二九ヵ所とそれほどでもないが、御園三〇ヵ所、神田（神郡内に設けられた祭祀料田と禰宜らの給付に宛てる給田）一〇七ヵ所、名（新たに寄進された神郡で公領から継承された土地編成方式）六八ヵ所が確認でき、神田と名の多さが特筆される（『三重県史』）。なお神郡とならなかった一志・奄芸・河曲《かわわ》・鈴鹿・桑名《くわな》の五郡にも、あわせて一一二ヵ所の御厨が立てられた。

　志摩国では、『三重県史』別冊に載せられた「荘園・御厨・御園一覧」で数えると、志摩国の全荘園八六ヵ所のうち、九割以上にあたる七九ヵ所が神宮領で、その密集度は伊勢の神三郡に匹敵する。なかでも今日もなお神宮に鮑《あわび》を調進しつづけている答志《とうし》郡国崎神戸《くざきかんべ》（三重県鳥羽市）のような神領があったことは特筆されよう。なお近世には紀伊国に属した三重県紀北町と尾鷲市は、中世では志摩国英虞郡に属し、木本《きのもと》御厨（紀北町）や須賀利《すがり》御厨（尾鷲市）といった神宮領が点在したが、熊野市に入ると英虞郡大吹《おおぶき》御厨（三重県熊野市）が確認できるのみで、南牟婁《みなみむろ》郡から西の紀伊国には伊勢神宮領はまったく存在しなくなる。

　なお伊賀国の神宮領は、御厨・御園・神田・神戸あわせて一四ヵ所に過ぎず（『三重県史』）、後述する尾張・三河・遠江より少ない。分布でいうと神戸（三重県伊賀市）の置かれた伊賀郡にそのうちの九ヵ所が偏在し、逆に北方の阿拝《あへ》郡には一ヵ所も確認できない。

それでは伊勢国に最も多く存在した神宮領のうち、室町期の史料を比較的多く残す御厨・御園の具体相をいくつかみていくことにしよう。

伊勢国御厨・御園の諸相

度会郡の大塩屋《おおじおや》御園は、現在の伊勢市大湊町《おおみなとちょう》周辺から御薗町長屋《みそのちょうながや》あたりにいたる宮《みや》川右岸河口域に開けた「塩の荘園」であり、南北朝期まで外宮禰宜度会氏がその「惣領職」を有していたが、やがて内宮《ないくう》禰宜荒木田氏の手に渡り、ついには荒木田姓大塩屋一族（のちの太田《おおた》家）を中心とする「大塩屋老分衆」の自治に属するところとなった。その中核をなす大塩屋一族は、早くに御塩の商品化に成功して財をなし、その商品販売圏は南北朝末期、すでに遠く武蔵国品川《しながわ》にまでおよんだが、明応七年（一四九八）、東海地方を襲った大地震大津波の被害をうけて衰えた（岡野友彦 二〇一二）。

員弁郡の石榑御厨は、現在のいなべ市大安町《だいあんちょう》石榑周辺にあった御厨で、内宮が本家職、久我家が領家職を有していた。室町時代になると永享六年（一四三四）、久我清通《きよみち》が足利義教の勘気に触れたことで一時没収され、安濃郡の国人領主長野氏に与えられたが、寛正六年（一四六五）久我家に返還され、応仁の乱をへた文明十六年（一四八四）には代官請となっている（岡野友彦 二〇〇二）。注目すべきことはその請文（「久我家文書」）に「御年貢毎年百伍拾貫文、京着の定め。此の外神宮本家先規を守るべし」とあり、戦国初期においても、現地の代官から京都の久我家と共に、本家の伊勢神宮に年貢が送られていたことである。この契約が坂本亭《さかもとてい》なる商人と思しき請人を介して行なわれていることを考えあわせるならば、その背景には北伊勢の石榑御厨と京都と伊勢神宮の三者を結ぶ決済ネットワークの存在が想定されよう。こうした商業資本を介した代官請負は、室町期荘園制の特色の一つであった(伊藤俊一 二〇一〇)。

このように神三郡以外の神宮領では、領家職が京都の貴族や寺社に伝えられ、伊勢神宮は本家職のみを有する場合が多く、荘園の一円化がすすむ中世後期においても、神宮は領家の力に依存して年貢収益の実現を図っていた。例えば三重郡の智積《ちしやく》御厨(三重県四日市市)は、本家が内宮で、領家は中《なか》御門《みかど》(松木《まつき》)家であったが、南北朝から室町初期にかけては醍醐寺領となっている(『三重県史』)。また桑名郡の富津《とつ》御厨(三重県桑名市)にいたっては、正慶元年(一三三二)の「大宰帥世良親王《だざいのそちときよし》遺領臨《りん》川寺《せんじ》領等目録注進状案」(「天龍寺文書」)に「領主醍醐覚相院律師定超《かくそういんりつしじようちよう》、本家故親王家」とあるように、本家職が後醍醐天皇皇子世良親王から臨川寺をへて天龍寺に伝えられたが(「天龍寺所領目録案」)、一方で享徳元年(一四五二)の「享徳庁宣注文」(神宮文庫所蔵)に「富津 一石」とみえ、室町期においても内宮に年貢一石が納められていた。内宮が領家であったとは考えづらいが、各「職」が本来の身分的指標を失う点に中世後期荘園制の特徴があったことを考えあわせれば、本家が天龍寺であり、かつ内宮領であったとしても不思議ではない。

尾張・三河の神宮領

尾張国には五七ヵ所の神宮領があり、これは伊勢・志摩に次ぐ多さである。分布でいうと、やはり本神戸・新神戸(愛知県一宮市)の置かれた中島郡に最も多く一三ヵ所が確認できる(『愛知県史』)。なかでも笑生《のぶ》御厨(一宮市)は、『神鳳鈔』に「二宮

領 笑生御厨 一名治開田神領、十五ヶ里、五百四十町」とあるように、東海地方でも最大規模の御厨であった。この面積を超える御厨は、東海地方では遠江国蒲御厨（静岡県浜松市）の五五〇町、全国でも武蔵国大河土《おおかわど》御厨（埼玉県三郷市・八潮市）の七三九町、下総国相馬《そうま》御厨（千葉県我孫子市・柏市）の一〇〇〇町、信濃国矢原《やばら》御厨（長野県安曇野市）の一八九一町くらいしか見当たらない（『神鳳鈔』）。

中島郡に次いで多いのは丹羽郡で一一ヵ所。青木《あおき》川沿いの搗栗《かじくり》御厨（一宮市）をはじめ、そのほとんどが犬山《いぬやま》扇状地に拡がる網状河川沿いに分布する（『愛知県史』）。これらの河川は中世以来、たびたび大きくその流路を変えているものの、いずれも最終的には伊勢湾に流れ込んでいたことが確実で、水運を利用して伊勢神宮に年貢を輸送するための立地と理解できる。年貢としては楊橋《やなぎはし》御厨（愛知県江南市）・高屋《たかや》御厨（江南市）・託美《たくみ》御園（愛知県扶桑町）の赤曳糸《あかひきのいと》（赤引糸）が有名（『神鳳鈔』）。赤引糸は神御衣《かむみそ》を織るのに用いる赤みを帯びてつやのある生糸で、『令義解《りょうのぎげ》』に「参河赤引神調糸」とみえるように古来三河国の特産であったが、『神鳳鈔』ではむしろ尾張国から多く納められている。そのほか、野田《のだ》御園（愛知県稲沢市）や伊福部《いふくべ》御厨（愛知県あま市）からは八丈絹《はちじょうぎぬ》が納められており（『神鳳鈔』）、中世尾張国における繊維業の発達がうかがい知られる。

愛智《あいち》郡では庄内《しょうない》川河口部付近、現在の名古屋市中村区南西部から中川区の庄内川左岸域にあった一《いち》楊《やなぎ》御厨がよく知られる。その西部は余田方《よでんかた》と称し、庄内川をはさんで海東郡の富田荘（円覚寺領）と接していたため、庄内川の氾濫による流路の変化などをうけて、たびたび富田荘とのあいだに境相論が繰り返された。東海地方を代表する荘園絵図である尾張国富田荘絵図（図4－2）は、その相論を一つの契機として作成されたものとされている（荘園絵図研究会 一九九一）。それらの相論関係文書をみると、一楊御厨余田方は暦応元年（一三三八）に宣政門院《せんせいもんいん》（後醍醐天皇皇女懽子《かんし》内親王）領、貞和五年（一三四九）に妙法院《みょうほういん》門跡領とされており（「円覚寺文書」）、早くに神宮の手を離れていた可能性

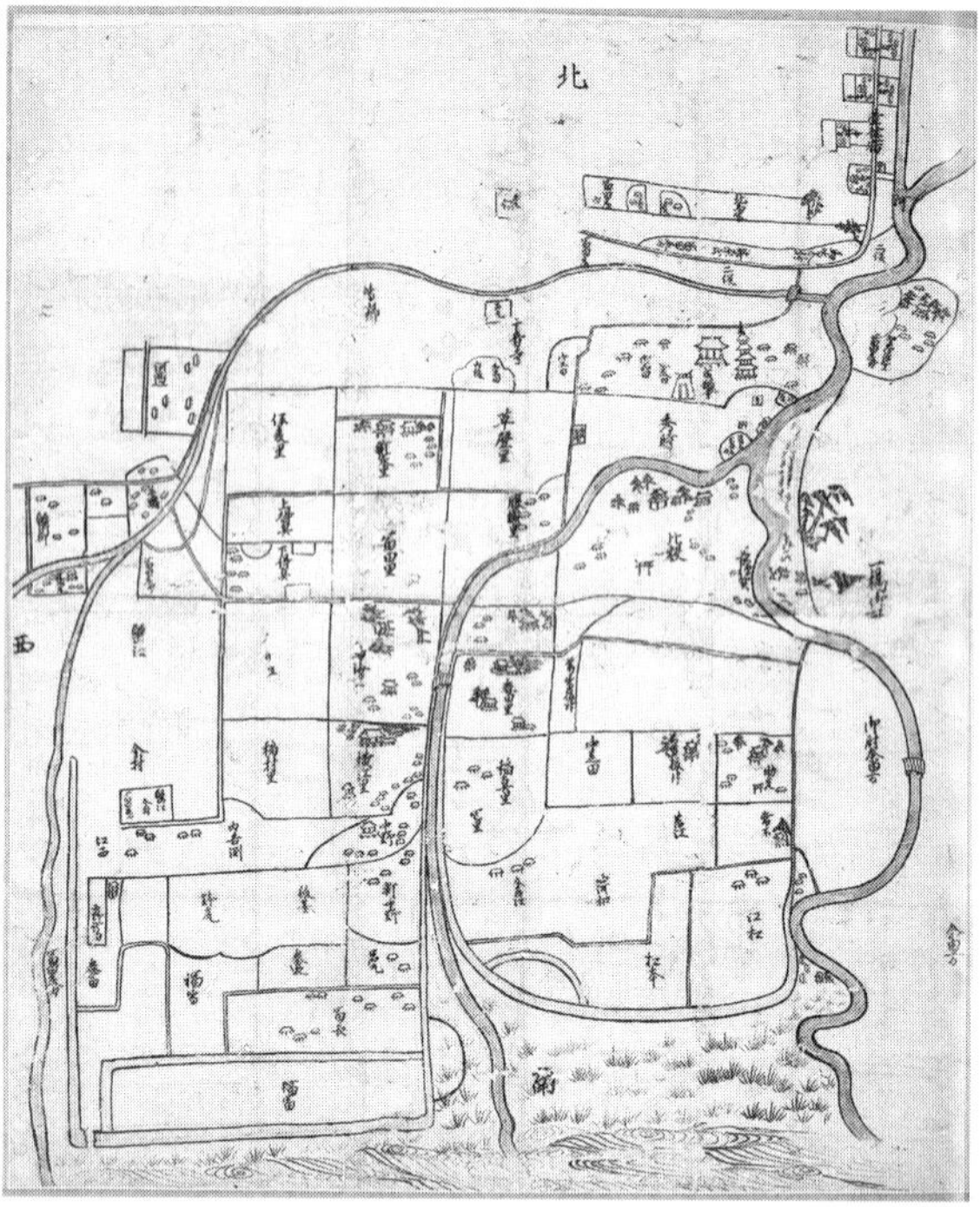

図 4-2　尾張国富田荘絵図（円覚寺所蔵）
絵図右側に「一楊御厨」「御厨余田方」「余田方」と見える.

が高い。それに対し弘安十年（一二八七）、時の神宮祭主大中臣定世《さだよ》は、余田方雑掌長経朝臣《あそん》が一楊御厨全体を望んでいると朝廷に訴えており（『兼仲卿記《かねなかきょうき》』紙背文書）、少なくともこの頃まで、一楊御厨の本体（神宮方）は神宮領であった。ところが応安四年（一三七一）の「勘解由小路《かでのこうじ》兼綱《かねつな》譲状草案」をみると、その神宮方すら本主が南朝についたため、北朝によって没収され、文和年中（一三五二～五六）、近江国石灰《いしはい》本荘の替地として広橋（勘解由小路）兼綱に与えられている（『広橋家記録』）。ここでいう「本主」は南朝方祭主大中臣為連《ためつら》であろうか。しかしその後も、大永六年（一五二六）の「大永庁宣」や天文四年（一五三五）の「天文庁宣」に「一柳」の名はみえ、これが一楊御厨とすれば、戦国期まで神宮領でありつづけたことになる。

なお三河国には、伊勢・志摩・尾張に次ぐ三八ヵ所の神領が確認できるが、そのうち二三ヵ所が渥美郡に集中し、北方の賀茂郡・設楽郡・額田郡にはまったく認められない（『愛知県史』）。渥美郡は伊賀国伊賀郡や尾張国中島郡と同様、本神戸・新神戸（愛知県田原市）が置かれたので、そのことによるとも考えられるが、むしろ伊勢の神郡や志摩国に匹敵するその密集度を勘案すると、伊勢湾をはさんで神宮と隣接していた立地によるものと理解した方がよいだろう。

遠江・駿河・伊豆の神宮領

現在の静岡県域にあたる遠江・駿河・伊豆には、御厨・御園・神戸をあわせて三三ヵ所の神領が確認できるが、なかでも圧倒的に多いのは遠江国の二三ヵ所で、駿河国には八ヵ所、伊豆国には二ヵ所しか確認できない（『神鳳鈔』）。前節で述べた他の寺社本所領と同様、神宮領においても、遠江と駿河の間には大きな断絶があったことになる。

遠江国では、本神戸（浜名神戸）・新神戸（中田神戸）の置かれた浜名郡（中世には敷智《ふち》郡域となる）に、尾奈《おな》御厨・大墓《おおつか》御園・大崎《おおさき》御園・宇治乃《うじの》御厨・佐久目《さくめ》御園（いずれも静岡県浜松市）と七ヵ所が集中していた。なかでも浜名神戸については、その故地である浜松市北区三ヶ日町《みっかびちょう》にある大福寺所蔵文書の検討、とりわけ近年の朝比奈新による積極的な研究により、その詳しい様相が明らかにされつつある（朝比奈新 二〇二四）。ここではそれらの研究成果によりつつ、主に中世後期の様相をみておくことにしよう。

浜名神戸は、寛徳二年（一〇四五）以前には立荘されていたことの知られる神宮領で、承元元年（一二〇七）、大中臣時定《ときさだ》によって神戸内に大福寺が建立されると、鎌倉後期以降、神戸内の広い階層から大福寺に田畠の寄進が行なわれるようになった。その内、正安二年（一三〇〇）に行なわれた実阿《じつあ》の寄進では、神戸司・惣公文の了承が必要とされており（「大福寺文書」）、神戸司を頂点とする管理が機能していたことが知られる。中世後期にも神宮の支配はつづき、永享九年と嘉吉二年（一四四二）には神宮から六年に一度の検畠使《けんばたし》が派遣され、長禄二年（一四五八）には生絁絹一六疋・荷前《のさき》御綿一〇九屯・木綿三斤・麻箐一三枚の年貢が備進されている（『宮司《ぐうじ》公文抄《くもんしょう》』）。文明七年になると浜名神戸代官堀江小猿丸《こさるまる》による押領がみられるようになるが（「政所賦銘引付《まんどころくばりめいひきつけ》」）、その後も神宮領と意識されていたらしく、天正十年（一五八二）には正親町《おおぎまち》天皇が徳川家康《とくがわいえやす》に「太神宮領遠江国浜名庄公用」の回復を命じている（「夏目《なつめ》文書」）。この「浜名庄」は浜名神戸であろう。中世末まで存続した遠隔地神宮領として注目される。

ちなみに南北朝期ごろ成立とされる『諸国御厨御園帳』をみると、駿河国大津御厨（静岡県島田市）から「白布三十端・雑紙三百卅帖」、大沼鮎沢御厨《おおぬまあゆざわ》（静岡県御殿場市・小山町）から「布六端」、小楊津《おやいづ》御厨（静岡県焼津市）から米「三石」、伊豆国蒲屋《かばや》御厨（静岡県下田市）から「鍬《くわ》五十勾」の年貢が神宮に納められているものの、その後の神宮との関係は判然としなくなる。やはり駿河以東の神宮領を中世後期まで維持することは困難であったのだろう。

美濃・飛騨の神宮領

現在の岐阜県域にあたる美濃・飛騨では、美濃国に八ヵ所、飛騨国に一ヵ所の神宮領が確認できる（『神鳳鈔』）。ここでは比較的その詳細を知りうる安《あん》八《ぱち》郡の中河《なかがわ》御厨について、中世後期を中心にみていこう。

中河御厨は現在の大垣市中川町周辺にあった御厨で、『神鳳鈔』によれば三五六町の広さをもち、内宮に米五〇石と長絹二〇疋、外宮に米二五石と絹一〇疋を納める「二宮領」であったが、もとよりそれは本家職で、その下に公家の二条《にじょう》家が領家職、北条得宗《とくそう》家が地頭職を有していた。元弘三年（一三三三）、鎌倉幕府が滅びると後醍醐天皇は同御厨（恐らくは得宗跡の地頭職）を小笠原貞宗《さだむね》に与え、建武政権瓦解後の建武四年（一三三七）には、足利尊氏が貞宗の子政長に「美濃国中河御厨地頭職（得宗領）」を安堵している（「小笠原文書」）。一方、領家職は二条家から月輪尹賢《つきのわただかた》の手をへて明徳年間（一三九〇〜九四）、万里小路時房《までのこうじときふさ》に与えられたが、正長元年（一四二八）、領家得分二〇〇石はすでに不知行となっている（『建内記』同年五月三十日条裏書）。むしろ本家職の方が後まで機能したらしく、享徳三年十月、内宮庁は「美濃国中河御厨本宮神税上分事」が「当年に限りその謂われなく難渋」しているとして、厳密に「催促沙汰」をするよう命じ（「氏経卿引付」）、翌乙亥年（一四五五）には八月・十月の二度にわたって大宮司が中河御厨地頭に書状を送り、神税徴納のため神木と牒状を帯した代官を御厨に入部させている（『宮司公文抄』）。さらに寛正五年九月、内宮は当御厨の「上分当年分」を「先例の員数に任せ」て納付するよう飯尾彦衛門尉《いのおひこえもんのじょう》に求めているが、同年十一月には、その飯尾彦衛門尉が「神税を押留」していると幕府に訴えている（「氏経卿引付」）。その前年の九月、当御厨は往古より「守護不入」であったにもかかわらず、近年新儀課役や徳銭の譴責《けんせき》、段銭の賦課などがあって「神役の沙汰」ができなくなっていると内宮が幕府に訴えていることからすれば（「氏経卿引付」）、飯尾彦衛門尉は美濃守護土岐氏の被官であろうか。その後、大永六年の「大永庁宣」には「中河」、天文四年の「天文庁宣」には「中川」の名が認められるものの、神税納付の徴証は見当たらない。おそらくは応仁の乱をへて、神宮領としての実態は失われていったに違いない。

なお南北朝期以降、美濃国白河山《しらかわやま》（岐阜県白川町）や同国北山《きたやま》（岐阜県中津川市）が、神宮御杣山《みそまやま》として式年遷宮《しきねんせんぐう》用材の調達を担うようになることも注目される（木村政生 二〇〇一）。また飛驒国唯一の神宮領である穴野御厨は、『神鳳鈔』に内宮領としてその名が確認できるものの、その詳細はまったくわからない。

以上述べてきたとおり、中世の東海地方、ことに伊勢・志摩・伊賀・尾張・三河・遠江・美濃の各地には、数多くの御厨・御園・神戸・御杣山などが設定され、伊勢神宮の鎮座する宇治山田《うじやまた》とのあいだに深い結びつきが形成されていた。中世東海地方の経済は、まずそのことを前提として理解されなければならない。

3　室町期東海の中世都市

権門都市から門前町へ

現代、東海四県で「都市」といえばまず名古屋、次に浜松・静岡あたりが想起されようか。しかし中世にさかのぼると、人口の密集、物流の集散、商業の発達などあらゆる意味において、ほかのいかなる東海地方をも圧倒する都市機能を有していたのは伊勢国の宇治山田、なかんずく山田の町であった。そもそも中世荘園制は、荘園領主（権門）の集住する京都・鎌倉などの政治都市に富が集まる仕組みとなっていたが、宇治山田に鎮座する伊勢神宮もまた、全国に膨大な神領を有していたことは、前節で詳述したとおりである。宇治山田は、京都・鎌倉などにならぶ「権門都市」であったといえる（岡野友彦 二〇二一）。東海地方に伊勢神宮を超える権門は存在しない。室町時代になり、各国に守護領が増えたとしても、室町期東海の守護は在京を原則としたため、その富は京都に運ばれ（伊藤俊一 二〇一〇）、各国の守護所が都市化することは容易ではなかった。十六世紀、戦国大名が城下町建設に乗り出すまで、東海地方に宇治山田を超える都市が現れなかった所以《ゆえん》である。

とはいえ上古以来、「人民等を居住せしめざる」ことを原則としていた神宮周辺に、「神宮奉仕の兵士・仕丁・百姓等」が居住し始めたのは平安中期以降のことで、寛平五年（八九三）、神宮は彼らを強制退去させたが、それでも延長・承平年中（九二三〜九三七）には「来住の人民」が多くなり、「死穢及産穢色々汚穢」が発生するのみならず、彼らが「宮河辺の草木を伐掃」するため「洪水崩頽の危」があると、天慶九年（九四六）、外宮神主らが訴えている（『皇字沙汰文《こうのじさたぶみ》』）。よって山田の都市化の始まりは十世紀中ごろと考えてよいだろう。次いで十一〜十二世紀になると、全国に神宮領の御厨・御園が立てられていくのと軌を一にして、宇治・山田の地名を苗字とする神官層が増え始める。これは宇治・山田が、全国から運び込まれる御厨・御園年貢の集積地として、その領主である神官層の集住する「権門都市」へと成長していった現れにほかならない（岡野友彦　二〇一一）。

さらに十四世紀に入ると、『古老口実伝《ころうくじつでん》』正和二年（一三一三）写本紙背文書（天理大学附属天理図書館所蔵）五月十二日付「外宮禰宜度会某書状」に、「宮市庭須崎」「中河原古市庭《ふるいちば》」とあるのを初見として、商業施設としての市場が山田の町に現れる。それからまもなく、一三三〇年代までに「下市庭」と「上市庭」が現れ、やがて前者が三日市場、後者が八日市場と呼ばれるようになっていくことから、南北朝初期の山田の町には、二つの三斎市（月三回開かれる定期市）をセットにした六斎市が成立していたことがわかる（西山克　一九八七）。

ちょうどその頃、神領からの税収は武士の押領などにより途絶し始めるが、あたかもそれと反比例するかのように、今度は諸国から神宮への参詣者が増え始める。文保二年（一三一八）、外宮神主らは「美濃・尾張等国」に対して「太神宮参詣精進法」の周知徹底を伝えているが（『文保記《ぶんぽうき》』）、これは外宮が、美濃・尾張など東海各地から、多数の参詣者を受け入れ始めていたことを示していよう。さらに元弘二年（一三三二）、内宮神官は、外宮神官らが「諸国参詣貴賤幣物《へいもつ》」を独り占めしたため「銭帛蔵《せんぱくぐら》に充ち、酒果案に堆《うずたか》し」として、その均等な配分を求めている（『詔刀師沙汰文《のりとしさたぶみ》』）。鎌倉末期、外宮周辺の山田の町は、すでに多くの参詣人により膨大な富のもたらされる「門前町」となっていた。

南北朝時代の康永元年（一三四二）、伊勢神宮に参詣した連歌師坂十仏《さかじゅうぶつ》は、山田の町を「誠にひとみやこなり」と絶賛している（『伊勢太神宮参詣記《いせだいじんぐうさんけいき》』）。実際、室町時代の山田の人口は約三万人と推計されているが、戦国以前の日本でこれを超える都市は、京都の三〇万人、鎌倉の一〇万人、山口の六万人、堺・博多の五万人、天王寺の三万五〇〇〇人くらいしか見当たらない（斎藤修・高島正憲 二〇一七）。中世後期の山田は、間違いなく全国有数の都市であった。

伊勢国山田をめぐる都市と列島の東西

一方、内宮門前の宇治の町はどうだろうか。右にあげた坂十仏は、内宮参拝後に訪れた五十鈴《いすず》川沿いの町を「祠官の軒をならべたるすまひ、都めきてにぎやかに、民庶のかきほつゞきの家居の、よのひなには似ず」と評しており、一定の都市的様相を呈していたことは確認できる。しかし、交通の便に恵まれた宮川平野に位置する山田の町に比べ、五十鈴川中流域の谷間に位置する宇治の町は参詣者の受け入れなどで不便な面が多く、右にあげた『詔刀師沙汰文』のなかで内宮神官は、幣物の差により外宮神官と「貧富雲泥」の状態にあると嘆いている。さらに文明十八年（一四八六）に起きた宇治山田合戦においても、山田神人榎倉武則《えのきぐらたけのり》が宇治山田間の通路を封鎖した結果、宇治の人々は「兵粮以下萬迷惑」におよんだとされている（『内宮子良館記《ないくうこらかんき》』）。宇治の経済は山田に握られていたといってよい。

同様のことは、中世東海を代表する港町として知られる大湊・安濃津についてもいえる。伊勢・志摩関係の中世史料から「射和屋《いざわや》」「今一色屋《いまいっしきや》」などの商職人屋号を抽出し、その分析を通じて中世伊勢の地域間構造を探った伊藤裕偉の研究によれば、大湊が中核的湊津として成長するのは十六世紀後半を待たなければならず、それ以前の物流は基本的に山田を中核として展開していたという（伊藤裕偉 二〇〇七）。また安濃津にも、神宮領からの神税を集荷して神宮へと搬送する中継地という性格が認められ（『安東郡専当《せんとう》沙汰文』）、その経営もまた神宮神人らに握られていた（岡野友彦 二〇一二）。中世伊勢国の経済は、伊勢神宮周辺地域を中心に回っていたと評価することが許されよう。

このように考えてくると、ことは列島規模にまで波及する。戦国時代、およそ美濃・伊勢を西側の境界線とする東国（関東・東海）では、畿内・西国においてその他の銅銭に比べやや低い評価しか与えられてこなかった永楽銭《えいらくせん》を、むしろ基準通貨として使用する傾向がみられた。これを「永楽銭基準通貨圏」と呼んでおり、その経済圏を支えた背景には、当該期の東国における伊勢商人たちの幅広い活動があったと考えられている（永原慶二 一九九七）。とすると、その「扇のカナメ」の位置は、大湊を含む伊勢神宮周辺地域、とりわけ山田を中心とした経済的先進地域に想定することができよう。実際、中近世移行期、山田近隣の商人宿である河崎《かわさき》の町には、首都経済圏と東国経済圏の通貨調整機能を果たす河崎相場が存在した（千枝大志 二〇一一）。これをより広い目で眺めれば、中世の伊勢神宮周辺地域は、列島の東西を結ぶ結節点としての役割を果たしていたとすらいうことができる。

室町時代の東海地方には、伝統的先進地域である畿内近国と、中世以降に急成長した関東地方という二つの大きな経済圏のはざまにあって、両者を結びつけ、かつその相違点を調整する機能が求められていた。伊勢神宮という巨大権門が引き寄せるヒト・モノ・カネの求心力は、その両者を調整する基礎体力として機能したのである。東海地方の経済を「東西交流の場」として評価することも、「伊勢神宮の求心力」から評価することも大切だが、どちらも一面的に過ぎない。当該期東海地方の経済は、その両者の連立方程式によってしか解明できないことを、私たちは肝に銘じておく必要がある。

〔参考文献〕

朝比奈新『荘園制的領域支配と中世村落』吉川弘文館、二〇二四年
伊藤俊一『室町期荘園制の研究』塙書房、二〇一〇年
伊藤裕偉『中世伊勢湾岸の湊津と地域構造』岩田書院、二〇〇七年
岡野友彦『中世久我家と久我家領荘園』続群書類従完成会、二〇〇二年
同『中世伊勢神宮の信仰と社会』皇學館大学出版部、二〇二一年
木村政生『神宮御杣山の変遷に関する研究』国書刊行会、二〇〇一年
工藤敬一『荘園制社会の基本構造』校倉書房、二〇〇二年
斎藤修・高島正憲「人口と都市化と就業構造」『岩波講座　日本経済の歴史1』岩波書店、二〇一七年
千枝大志『中近世伊勢神宮地域の貨幣と商業組織』岩田書院、二〇一一年
荘園絵図研究会編『絵引荘園絵図』東京堂出版、一九九一年

永原慶二『戦国期の政治経済構造』岩波書店、一九九七年
西山　克『道者と地下人―中世末期の伊勢―』吉川弘文館、一九八七年
萩原龍夫『中世祭祀組織の研究』吉川弘文館、一九六二年
松島周一「観応の擾乱と東海地域」『年報中世史研究』三八、二〇一三年
村井章介『中世の国家と在地社会』校倉書房、二〇〇五年
湯浅治久「室町期駿河・遠江の政治的位置と荘園制」阿部猛編『中世政治史の研究』日本史史料研究会、二〇一〇年
『愛知県史　通史編2　中世1』愛知県、二〇一八年
『岐阜県史　通史編　中世』岐阜県、一九六九年
『静岡県史　通史編2　中世』静岡県、一九九七年
『三重県史　通史編　中世』三重県、二〇二〇年

五　東海の神祇と信仰

山田雄司

1　伊勢信仰

神宮の成立と私幣禁断

神宮は三重県伊勢市に鎮座し、天照大神《あまてらすおおみかみ》を祀る皇大神宮《こうたい》（内宮）と、衣食住をはじめ産業の守り神である豊受大神《とようけ》を祀る豊受大神宮（外宮）をはじめ、別宮・摂社・末社・所管社合わせて現在一二五社からなる神社である。創建時期については諸説あるが、遅くとも七世紀末の天武持統《てんむじとう》朝には現在地に社殿が建立され、二〇年に一度の式年遷宮が行なわれるようになった。

神宮の特徴として、天皇以外が幣帛《へいはく》を捧げるのを禁じる「私幣禁断」の制がある。『延喜式《えんぎしき》』に記されているように、庶民はおろか、皇后や皇太子であっても天皇の許可なく幣帛を捧げることはできなかったのである。そうしたことから、天皇一人のための神社だったといえよう。しかし、次第に神宮は天皇一人のための神社というあり方から、国家神、さらには国家の宗廟、国民全体の祖神のように、時代をへるごとに認識が変化し、参拝のあり方も変わっていった。

また、鎌倉時代の伊勢神道や神国思想の広がり、さらには神宮の経済的窮乏といった状況により、私幣禁断の制は次第に守られなくなった。平安時代には貴族の参宮がみられるようになり、平安末になると武士たちによる私幣が捧げられ、鎌倉時代には僧尼の参宮もみられるようになった。

そして、東大寺が仏教界の頂点にあるのに対し、神宮は神祇の頂点であることから、大仏造営の時に東大寺僧が神宮に詣でて護持を願った。しかし、神宮は表向き仏教を遠ざける神社であったため、一時に多数の僧尼が参拝することや、神前で読経することは忌避され、周辺の寺院で法楽《ほうらく》が行なわれた。神仏習合が当時の一般的なあり方であるのに対し、道鏡《どうきょう》が政権を握っていた一時期に神宮寺が置かれたことはあるものの、神宮は仏教を排除していたことは特異な例だといえる。さらには、穢《けがれ》を忌避するという点において、日本で最も清浄であることを重視した神社であった。

室町殿の伊勢参宮

室町時代になって足利将軍家の当主として室町殿の伊勢参宮が行なわれるようになると、それにともなって民衆にいたるまで、数多くの人々が参宮して幣帛を捧げるようになった。足利尊氏も参宮を計画したようだが、まだ社会が混乱の状態にあったので叶わなかった。

室町殿による参宮は、明徳四年（一三九三）九月の三代義満の時から文正元年（一四六六）三月の八代義政の時まで確認できる。とりわけ、義満・義持は、将軍在位時ならびに退位後もほぼ毎年のように参宮した。これは、あつい崇敬心という側面もあるが、伊勢参宮を行なって天下静謐《せいひつ》・武運長久を願うことが日本国の統治者たることを意味し、数多くの従者を連れて参宮してそれを民衆にみせることによって、統治者としての権力を誇示することにつながっていたからと思われる。また、室町殿の伊勢参宮とあわせて殿舎などの整備が行なわれたことも注意しておく必要がある。そして室町幕府の衰退とともに室町殿による参宮や式年遷宮も途絶えることとなった。

図 5-1　伊勢神宮内宮

さまざまな人の伊勢参宮

参宮する人々はどのような思いで神宮に向かったのだろうか。西行《さいぎょう》が「なにごとのおわしますかは知らねども　かたじけなさに涙こぼるる」と詠んだように、御神体をみることができないのはもちろんのこと、御祭神が何なのかもわからずとも、神宮の独特の雰囲気に引きつけられる人々は数知れなかったことが想像される。やはり、他の神社とは違うという意識がもたれていたのだろう。

室町時代の参宮記が少なからず残されているので、その記述をみてみる。応永二十五年（一四一八）九月、将軍足利義持に供奉して参宮した花山院長親《かざんいんながちか》の『耕雲紀行』には、脚気《かっけ》を患い容易に歩ける状態ではないなかで参宮できることを、「神慮の感通するにや」と喜び、「幾度も詣でまほしき」とあるように、参宮は何ごとにもかえがたい特別な体験と認識されていた。

そして、文安三年（一四四六）成立とされる類書『壒嚢鈔《あいのうしょう》』に、「和国に生を受くる人、太神宮へ参詣すべき事は勿論」とか、天正十三年（一五八五）ルイス・フロイスが、「日本諸国より巡礼としてこの主なる神のもとに集る者の非常に多いことは、信ずべからざる程である。而してこのことは下賤なる平民のみでなく、誓を立てた高貴なる男女もあり、同所（神宮）に行かざる者は、人間の数に加へられぬと思つてゐるやうである」（『イエズス会日本年報』下）と記されるほど、神宮は他の神社と異なっていて、一生に一度は参宮したいと考えられていたようである。この記述からは、国家神への崇敬というより、日本に暮らす人々全体の祖神として認識されていたことが庶民をも神宮に向かわせたのだろう。

御師の活動

こうした伊勢信仰の全国的拡大に大きな役割を果たしたのが御師《おんし》である。この頃の御師は、度会・荒木田といった神宮の禰宜・権禰宜層とは別の異姓地下人層が主体だったと考えられている。彼らは宇治・山田という神宮前に広がる都市に館を構え、参宮者に宿を提供して宿泊者の求めに応じて神楽《かぐら》を奉納したりする一方、全国各地に広がる檀那と師檀関係を結び、毎年神宮大麻や伊勢土産として、伊勢暦・熨斗鮑《のしあわび》・鰹節・扇・白粉などをもって配って廻った。また、御師は特定の戦国大名と師檀関係を結んで武運長久を祈禱した。例えば織田・豊臣《とよとみ》氏は上部大夫《うわべだゆう》、徳川氏は春木大夫《はるきだゆう》といった具合である。そしてその豊富な資金調達力から、なかには戦場で兵糧調達を行なう御師もいた。

その結果、日本のすみずみまで伊勢信仰が広がることとなり、御師の館のある内宮の宇治、外宮の山田は「鳥居前町」として栄え、それぞれ宇治六郷・山田三方という組織による自治が行なわれた。神宮自体は仏教を忌避するが、宇治・山田には仏教寺院が多数建立され、米・魚・瀬戸物・酒などの座が多数存在してにぎわいをみせていた。そのため、商業利権問題のために対立して、文明十八年（一四八六）には外宮と内宮のあいだで合戦が起こり、外宮正殿が焼失するにいたった。そしてその三年後の延徳元年（一四八九）には、宇治に対して山田三方が猛反撃し、『内宮子良館記』には、数百万の勢が四方八方から十重二十重に取り巻いて攻めかかったと記されている。

こうした戦いが起きるのは、宇治・山田が経済的発展を遂げていたことによる。宇治・山田は当時日本でも有数の都市として成長を遂げ、多くの人と物資が集まって活況を呈していたのである。

伊勢参詣曼荼羅

さらに、伊勢信仰を全国的に広める上で有効だったのが、神宮の神域を描いた伊勢参詣曼荼羅《まんだら》である。室町時代から江戸時代のはじめにかけて、熊野の那智《なち》参詣曼荼羅をはじめとして社寺の境内を宇宙に見立てた参詣曼荼羅が相次いで描かれ、勧進聖《かんじんひじり》や比丘尼《びくに》たちがそれを持参して各地で絵解きをすることによって参詣を促すのとともに、訪れることのできない人には神仏と結縁してその功徳を説いて廻った。

伊勢参詣曼荼羅は現在、神宮徴古館本・三井文庫本・高津古文化会館本のほか、アメリカのパワーズコレクション本の四例が知られている。伊勢参詣曼荼羅は、庶民にわかりやすくするため、視覚的に理解できるように神宮神域の様子を描いている。伊勢神宮という聖域の景観内に、貴族から庶民に

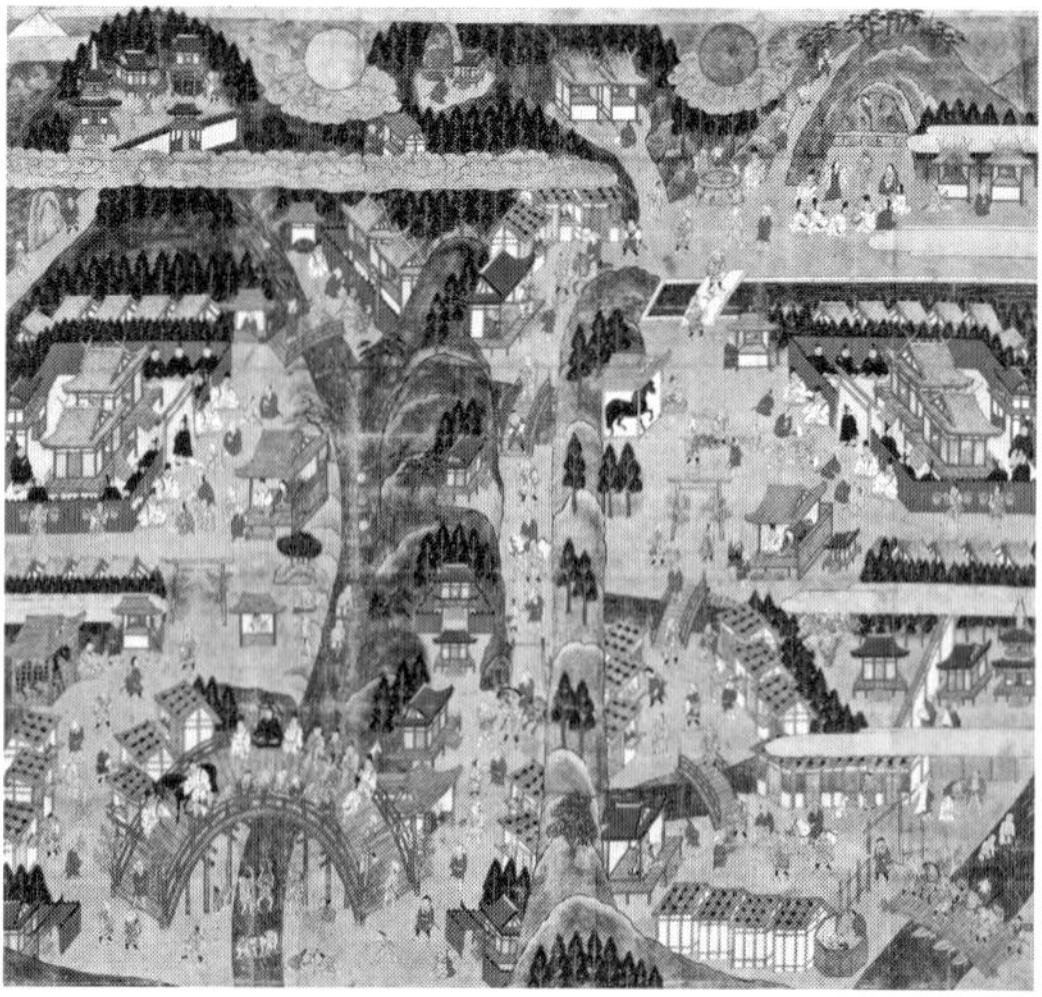

図 5-2　両宮曼荼羅（神宮徴古館所蔵）

いたるまで大勢の信者たちが参詣している様を描き、諸国を巡る御師や勧進聖が、これを携えて各地を遍歴して神宮の説明を施し、神宮のありがたさを説いて廻ることによって伊勢信仰を庶民にまで広めていった。

絵は右半分が外宮、中央部分が山田と宇治の間にある間の山にある歓楽街である古市、左半分が内宮を描く。そこに描かれる神宮の社殿が唯一神明造になっていないなど、実際に神宮をみていない可能性が高いが、宇治橋の網受けの様子や、外宮と内宮で厩《うまや》の描き方が違っているなど、注目すべき点は数多くある。また、そこに描かれる人物もさまざまな人が描かれていて興味深い。

江戸時代の伊勢信仰の拡大

こうした中世の神宮の状況をへて、近世になると街道の整備や名所図会や道中記の出版、旅の日常化、御師の積極的活動がすすむことにより、六〇年周期に起こった集団参拝おかげ参りをはじめ、親や主人の許しを得ないでこっそり出かける抜参りなども行なわれ、多数の人々が神宮を訪れることとなった。

中世においては熊野詣が盛んだったが次第に衰退し、それにかわって伊勢参宮が活溌に行なわれた。さらには、江戸幕府の保護もあり、二〇年に一度の式年遷宮も滞りなく行なわれていき、神宮の安定的時代を迎えるのである。

2 熱田信仰

熱田宮の創建

熱田宮（現在は熱田神宮）は愛知県名古屋市南部に鎮座し、素戔嗚尊《すさのおのみこと》がヤマタノオロチを退治した時にその尾から生まれたとされる三種の神器の一つ、草薙剣《くさなぎのつるぎ》（天叢雲剣《あめのむらくものつるぎ》）が祀られている。景行《けいこう》天皇の御代、日本武尊《やまとたける》は東夷征伐祈願のため伊勢神宮に詣でた時に、斎宮《さいくう》の倭姫命《やまとひめのみこと》からこの神剣を賜った。そして、この剣を使って敵が放火した草をなぎ払って難を免れたことにより、草薙剣という名に改められた。東国を平定した日本武尊は、尾張に滞在して宮簀媛《みやずひめ》を妃とし、草薙剣を妃のもとに預けて、近江伊吹《いぶき》山の妖賊征伐を行なったが、病にかかって、伊勢国能褒野《のぼの》で亡くなった。亡骸は能褒野陵に埋葬されるが、日本武尊は白鳥となって飛び立ったという。一方、宮簀媛が日本武尊から預けられていた神剣を祀るために建立したのが熱田宮だという起源神話をもつ。そして、熱田宮の御神体として草薙剣が祀られている。

康保三年（九六六）三月二十二日に熱田神は正一位となり、『延喜式』神名帳《じんみょうちょう》では熱田宮は名神大社に列されている。平安末期には尾張国三宮とされ、源頼朝は母が熱田大宮司藤原季範《すえのり》の女であることから、大宮司家は源氏棟梁の外戚として公武双方と親縁関係を結んで発展を遂げた。

中世神道説の発展

思想面に目を向けてみると、平安末から鎌倉時代はじめにかけて神道書がつくられるようになり、本地については、観音《かんのん》であるとか大日如来《だいにちにょらい》であるとか説かれたが、次第に大日如来であるとされるようになった。熱田宮の特徴として、神仏習合がすすみ、神宮寺を中心として天台真言《てんだいしんごん》の諸寺院が建ち並び、社僧らが仏教による神祇祭祀をつかさどり、中世神道説が発展したことがあげられる。

院政期には神祇の講式としては最古の高野山金剛三昧院《こんごうざんまいいん》蔵『熱田大明神講式』が成立し、鎌倉時代には神道説が体系化された。南北朝時代中期成立の『神道集』巻三「熱田大神宮事」では、「一説に熱田の本地は大日なり。この仏はこれ三世常住の教主、十方遍満の如来なり」と記されている。

南北朝時代の真福寺《しんぷくじ》蔵『熱田宮秘釈見聞《ひしゃくけんもん》』では、熱田神の本地を五智《ごち》大日如来であるとして、衆生《しゅじょう》救済のために尾張国愛智郡に垂迹《すいじゃく》したとしている。そして、熱田宮のある場所について、東方は阿閦《あしゅく》仏《ぶつ》＝ソサノヲノ尊、南方は宝生仏《ほうしょうぶつ》＝宮酢姫（氷上ノ宮・聖観音）、西方は弥陀＝イサナミ、北方は釈《しゃ》迦《か》＝稲種尊《いなだねのみこと》であるとし、中央の大日は天照大神であって天叢雲剱として現れ、熱田大明神・熊野権現・伊勢太神宮は同体だとする。

そして、熱田宮の地下には金の亀が住んでいて、この亀の背中に大宮が、頸には八剱宮《はっけんぐう》、頭には源《げん》大夫《だゆう》殿、尾には高蔵宮《たかくらぐう》が立っていて、ここの御池には九穴《きゅうけつ》の蚫《あわび》がいて、熱田宮は蓬莱《ほうらい》の島であるとする。

さらには、白鳥塚《しらとりづか》は熱田大明神の御墓で、塚のなかには八葉九尊《はちようくそん》が住む九穴があり、その内の中穴は大宮御殿の下を通って駿河国富士山頂にある人穴につながり、その他八つの穴も伊勢大神宮・高野山奥の院・白山《はくさん》山頂・諏訪の南宮・浅間《あさま》山など、各地の霊地につながっていることを記す。そのなかでも、中央の穴が富士山頂とつながっているとするのは、具体的に熱田と富士との関連が強かったことを示していよう。こうしたあり方は、『神道雑々集《しんとうざつざつしゅう》』上巻二十三「熱田大神」や中世日本紀私注である『熱田の深秘』にも引き継がれていく。

浄土・蓬莱としての熱田宮

熱田宮が蓬莱山であるという説は、比叡山《ひえいざん》の僧光宗《こうしゅう》により文保二年（一三一八）にまとめられた、中世仏教教学の代表的な書『渓嵐拾葉集《けいらんしゅうようしゅう》』「山王御事」にも記され、さらには、熱田神は金剛界の大日で、五智如来を本地とし、大海のなかに金亀がいて、金亀の上に宝山があり、宝山の上に宝塔が立っているとする。このように真言密教と蓬莱山説が結びつくことによって神道説が形成され、富士山との関係も説かれたのだろう。境内摂社として、富士の神を祀る浅間社もあった。

こうしたあり方は、室町時代から戦国時代にかけてさらに展開していく。この時期、『熱田太神宮秘密百録』や『神祇秘記』などが相次いでまとめられた。そして、十六世紀初頭成立の熱田神宮寺如法院《にょほういん》座主《ざす》良信《りようしん》による真福寺蔵『熱田講式』では、「諸社瑞籬、則厳浄仏土也」のように、熱田宮は浄土とみなされている。中世には、本地垂迹の神が鎮座する場所は此岸の浄土とされ、そうした神社に参詣することによって極楽往生できるという「社壇浄土説」が広がり、そのため、極楽往生を求めて

図5-3　堀尾跡公園裁断橋

神社に詣でることがしばしば行なわれた。熱田宮もそうした場の一つとなっていたのである。とくに東海道の交通の要衝にある熱田宮は多数の参詣者を集めた。

　また、熱田宮は蓬萊不死宮で、竜宮城でもあり、八葉九尊蓮台《れんだい》、九穴金亀の住むところで、九品《くほん》浄土であるとする。そのため、一切衆生は精進川にかかっている、のちに堀尾《ほりお》金助《きんすけ》の母が亡き子を偲んで書いた和文の擬宝珠《ぎぼし》で有名になる裁談橋《さいだんばし》（裁断橋）を渡って下品下生《げぼんげしょう》の鳥居にきて集まれば、神の冥助《みょうじょ》をこうむって正路に赴くことができるとする。ゆえに貴賤問わず熱田宮に群参し、出家者は道を争って参詣するのだという。大永六年（一五二六）四月二十二日の熱田宮への参詣方法とその秘伝を説いた『熱田神参宮大事』でも同様のことが記される。『熱田講式』ではさらに、日本国中の諸神はみな熱田神の眷属《けんぞく》であり、熱田の神はすべての神の頂点に立っていると示している。もちろんこうした理解には誇張はあるが、実際に身分を問わず多くの人々が熱田宮に詣でていたことの反映としてこうした記述がなされているのだろう。

さらに興味深いのは、室町時代には熱田神と第六天魔王《だいろくてんまおう》との関係が説かれていることである。神国である日本に仏法を広め、衆生を化度《けど》しようとしたところ、第六天魔王が妨げようとして夷となって人民を悩まし、国を乱そうとした。仏はそれを知って如来法界《ほうかい》体性智《たいじようち》の剣を投げて垂迹として現れ、これで払うことによって東夷南蛮西戎北狄を鎮めた。第六天魔王とは、衆生が本来もっている無明煩悩《むみようぼんのう》のことであり、熱田の剣はこれを払うことのできる存在だとする。

第六天魔王信仰

鎌倉時代末期から室町時代にかけて、第六天魔王と天照大神との契約により、神宮では仏法僧の三宝を忌む契約をしたという中世神話の第六天魔王譚が流布するが、それを熱田でも取り入れたといえる。同様の内容は、『熱田の深秘』『神祇官』などにもみることができる。

このような中世神道説は学問的に唱えられただけではなく、周辺地域に信仰とともに広がっていった。愛知県豊川市に鎮座する菟足《うたり》神社に残る史料からは、中世後期に菟足神社の神主が熱田宮の社参作法や口伝を伝えて祭祀を行なう一方、氏子の人々が富士の先達《せんだつ》を介して富士山信仰とも結びついていたことがわかる。菟足神社は東海道にあって、熱田と富士という霊地とつながり、重要な役割を果たしていたと考えられている。

熱田社参詣曼荼羅

そうした熱田宮のあり方を視覚的に理解できるよう描かれたのが参詣曼荼羅である。熱田宮を描いた参詣曼荼羅としては、「田島家文書」の内「熱田神宮古絵図残闕《ざんけつ》」と、徳川美術館蔵享禄二年（一五二九）「熱田社古図屏風」がよく知られている。本社・

廻廊・摂末社・五重塔・神宮寺・橋などが描かれ、蓬萊の宮としてのたたずまいをみせているのととともに、境内外には僧侶や神官、多くの参詣者、海浜では漁をしている漁民の姿が描かれ、繁栄している様子がうかがえる。こうした曼荼羅は絵解きされ、熱田信仰を広げるのに役立つとともに、多くの人が熱田宮を参拝するきっかけともなっただろう。

また、宗祇の高弟で各地を旅した宗長（一四四八〜一五三二）の『宗長手記』には、大永六年（一五二六）熱田に参宮した時の様子が次のように記されている。

熱田宮社参。宮めくりやしつるに、松風神さひて、誠に神代おほゆる社内、此御神は東海道の鎮護の神とかや。宮の家々、くきぬきまて、汐の満干、鳴海《なるみ》・星崎《ほしざき》、松のこのまく、伊勢海みわたされ、こゝの眺望、たかことのはもたるましくなむ。旅宿瀧の坊興行。筑前守来あはれて、

ほとゝきすまつの葉こしの遠干潟

神官人所望に、

うす紅葉松にあつたのわか葉かな

海が近く、風光明媚な熱田宮の様子がうかがえよう。東海道の交通の要所であったため、さまざまな人々が参宮し、それにともない宿場が整備されていった。

武将と熱田宮

尾張・三河ゆかりの戦国武将も熱田宮への信仰が篤かった。織田信長《のぶなが》は桶狭間《おけはざま》出陣のさいに熱田宮に詣でて願文を捧げ、必勝祈願を行なっている。その結果勝利を得ることができたため築地塀《ついじべい》を奉納した。これが「信長塀」と呼ばれる、土と石灰を油で練り固めて瓦

を挟んで厚く積み重ねた築地塀である。

豊臣秀吉《とよとみひでよし》は天正十八年（一五九〇）八月十七日、熱田宮門前での伝馬《てんま》役の停止、売買物の諸役免除、押売狼藉・喧嘩口論の停止を命じる禁制を出し保護を行なった。また、翌年には秀吉の母大政所《おおまんどころ》が参拝して社殿造営を命じ、大宮司家に領地を与えるなど、熱田宮の支援を行なっている。

図5-4　熱田神宮信長塀

徳川家康は幼少期に熱田の加藤図書《かとうずしょ》宅に織田方の人質として幽閉されていたことから、熱田宮には特別な思いがあったとされ、米の寄進のほか、慶長五年（一六〇〇）本宮・八剱宮などの社殿の修復造営を命じるなど、熱田宮を保護している。

旅の増加

このように、室町・戦国期において熱田宮はさまざまな階層の人々から崇敬をうけて信仰を広めていたことが確認できる。そして江戸時代になると、「東海道五十三次」第四一番目の宿場である宮宿が設けられ、桑名宿への七里の渡しが行なわれるなど、交通の要衝となり、名所図会にも描かれて参詣者が非常に増え繁栄した。

江戸から伊勢参宮するさいには熱田宮を拝み、また、東海道を江戸に向かうさいには、熱田で休んでいくことによって、熱田宮はさらに栄え、信仰が拡大していった。

3　白山信仰

白山とは

白山は福井・石川・岐阜三県にまたがる山々の総称で、御前峰《ごぜんがみね》（二七〇二メートル）・大汝峰《おおなんじみね》（二六八四メートル）・別山《べつざん》（二三九九メートル）から形成されている。ここを水源とする加賀の手取《てどり》川、越前の九頭竜《くずりゅう》川、美濃の長良川流域を中心に信仰が展開している。麓の石川県白山市に鎮座する白山比咩《しらやまひめ》神社には菊理媛神《くくりひめのかみ》・伊弉諾尊《いざなきのみこと》・伊弉冉尊《いざなみのみこと》を御祭神とすることが『神社明細帳』に記され、全国の白山神社の総本社となっており、御前峰には白山比咩神社の奥宮がある。白山の名がはじめて史書にみられるのは、『日本文徳《もんとく》天皇実録』仁寿三年（八五三）十月の加賀国白山比咩神に従三位を加えるという記事である。この年には富士の浅間大神が官社に列しており、この前後、朝廷において山岳神を崇める風潮が高まっていたようである。その後、白山比咩神は天安三年（八五九）正月、正三位に加階されており、『延喜式』神名帳では加賀国石川郡十座の内に載せられている。この白山比咩神は、水神としての性格をもっていたものと考えられている。

泰澄による開山

『泰澄和尚伝《たいちょうおしょうでん》』によれば、養老元年（七一七）泰澄がはじめて白山に登拝して山を開いたとされる。泰澄はもと越前国の人物で、丹生《にう》郡の越知山《おちさん》で修行していたところ、白山の女神が現れて、平泉寺《へいせんじ》（福井市勝山市）内の平清水《ひらしみず》の池をへて白山へ登ったとされる。泰澄は白山で修行を重ね、都で流行った疱瘡を収束させたことにより聖武《しょうむ》天皇から正一位大僧正《だいそうじょう》という位を授かったという。

図5-5　平泉寺白山神社

こうした泰澄の伝承は、平安前期に天台系の僧侶が白山に登るようになり白山周辺の寺院が比叡山の末寺になる過程で形成されたと考えられている。そして、長寛元年（一一六三）に原本が成立したとされる白山宮最古の縁起『白山之記』によると、菊理媛神を祀る御前峰山頂を修行の到達点である「禅定《ぜんじょう》」と呼び、正一位白山妙理大菩薩《みょうりだいぼさつ》と号し、本地が十一面観音菩薩であること、大汝峰は大己貴《おおなむちの》神《かみ》で阿弥陀如来、別山は大山祇神《おおやまずみのかみ》で聖観音というように本地が確立していたことがわかる。

禅定道

『泰澄和尚伝』や『元亨釈書《げんこうしゃくしょ》』巻十八所収「白山明神」では、伊弉諾尊が山頂の妙理大菩薩だとする。『白山之記』ではさらに、白山妙理権現が出生した翠池《みどりがいけ》の水を飲めば延命長寿を得られることも記されている。そして、天長九年（八三二）には、加賀・越前・美濃に登拝路が開かれ、御山に参詣する道俗が多数であることを記している。そして、それぞれに馬場と呼ばれる拠点が設けられ、登拝路は「禅定道」として発展した。

白山本宮白山寺（石川県）を起点とする加賀馬場禅定道は、本宮から別宮を通り、佐羅大明神《さらだいみようじん》・笥笠中宮《けがさちゆうぐう》に詣でる。笥笠中宮の本地は如意輪観音《によいりんかんのん》で、女人の参拝はここまでとされた。そして、虚空蔵菩薩《こくうぞうぼさつ》を祀る加宝宮《かほうぐう》、地蔵菩薩を本地とする新宮をへて、尾根道を通って大汝峰・御前峰にいたった。

越前馬場平泉寺（福井県）を起点とする禅定道は、北東にそびえる三頭山《みつがしらやま》に登り、泰澄が白山開闢《かいびやく》の折、白山権現の使者三足の白雉《はくち》が山頂の方角を教えた所と伝える雉子《きじ》神の地をへて、白山禅定の人々の一の垢離《こり》をとる所という平岩《ひらいわ》を通って、室堂《むろどう》から頂上にいたった。越前馬場の平泉寺では、戦国時代の最盛期には広大な荘園と四八社三六堂六〇〇〇坊、僧兵八〇〇〇人の巨大な宗教都市が形成され、越前国の歴史を左右するほどの勢力を有していたが、天正二年（一五七四）に一向一揆による攻撃をうけて全山焼失した。

美濃馬場は長滝寺《ちようりゆうじ》を拠点に越前国の石徹白《いとしろ》を通って白山中居《ちゆうきよ》神社をへて、美濃馬場支配の別山にいたり、そこから尾根道で室堂平から御前峰に登拝した。鎌倉・室町期に全盛期を迎え「山に千人、麓に千人」といわれた。

加賀馬場は別当寺白山寺、越前馬場は別当寺平泉寺、美濃馬場は別当寺長滝寺が実権を握っていた。白山山内の主導権を握っていたのは加賀馬場で、『白山之記』には「加賀ノ馬場ハ本馬場也、三ヶ馬場ヨリ参合ノ時ハ加賀馬場先達御戸ヲ開ク也、御山ヲ進退シ諸事ヲ沙汰スルハ加賀馬場ノ沙汰也」と記されている。

古代から修験《しゆげん》の霊場として三馬場とも修行者の往来は盛んであったが、いずれも独自の白山修験の教団組織は発達せず、中世・近世における御師の活動は美濃馬場以外は著しくない。

白山への登山

平安末期になると白山に登って修行した行者がかなりいたと推測される。『本朝世紀《ほんちようせいき》』久安五年(一一四九)四月十六日条には、末代《まつだい》という僧が富士上人《ふじしようにん》と号して富士山に数百度登って山頂に大日寺《だいにちじ》という仏閣を構え、また越前国白山に詣でて龍池《りゆうち》の水を酌んだことが記されており、天喜年中にも日泰《につたい》上人が白山に登って龍池の水を酌んだという。この水は病気治しに用いられたと考えられる。日泰は池で三七日参籠して白山権現に祈って供養法を行ない、その水を酌んで病人につけたところ、病が癒えたという。末代も日泰にならうとともに、御前峰・大汝峰・別山の三峯に設けられた宝殿に一尺八寸の鰐口《わにぐち》を懸け、一丈の錫杖《しやくじよう》を立てていることから、この時期に富士山・白山などの霊山をつないで山岳信仰にもとづく行者の活動が行なわれていたことがわかる。

『白山之記』によれば、「凡《およ》ソ官位福寿ヲ求メ、智恵弁才ヲ願フニ、願ヒニ随ヒ望ミニ任セ、一々ニ円満ナラザルハナシ」のように、登山することによって現世利益を得ることができ、さらには、「或ハ空中ニ仏頭ノ光顕レ、或ハ谷ニ地獄ノ相ヲ現ス、是レ十界《じつかい》互ニ顕シ、善悪並ビニ現ズルカ」のように、死後に赴く十界を説き、滅罪による後生菩提を説いている。つまり、白山に登れば現当二世の安穏が得られるとする。

山頂と里宮を結ぶ禅定道の途中には、宿泊施設を兼ねた信仰の拠点である「宿」や「室堂」が整備された。白山へは死に装束である白装束で登ることは、一度儀礼的に死に、再び生を得て生まれ変わる「擬死再生」を意味していた。そのため山頂の旧火口を地獄に見立てて周遊する「地獄巡り」も行なわれ、六地蔵堂跡がそれを語っている。

白山信仰の展開

白山のことを記した旅行記も書かれるようになる。文明十八年（一四八六）六月京都を出発した聖護院道興《しょうごいんどうこう》は『廻国雑記《かいこくざっき》』のなかで、「白山禅定し侍りて三の室にいたり侍るに雪いとふかく侍りければ、おもひつゞけ侍りける」として、「しら山の名に顕れてみこしちや峰なる雪の消る日もなし」という歌を詠んでいるが、『梁塵秘抄《りょうじんひしょう》』に比叡山と並んで「勝れて高き山」として記されるなど、都でも知られるようになった。

室町後期になると白山に関する新しい教説が登場する。永正五年（一五〇八）勝慶《しょうけい》が著した『白山《しらやま》禅頂御本地《ぜんじょうごほんじ》垂迹由来私《すいじゃくゆらいし》伝《でん》』（『白山禅頂私記』）では、伊弉諾尊・伊弉冊尊が国造りをしたさい、そのなかに大山があり、それが白山禅頂で、観音の浄土補《ふ》陀落山《だらくせん》蓬萊神仙洞であるという。そして、煩悩女犯肉食の身であっても、わずかに二、三日、長くても七日の精進をしてひとたび白山禅頂に参詣したならば、ただちに仏土にいたり極楽世界の聖衆となることができ、即身成仏できると唱えている。白山信仰を広めるにあたっては、白比丘尼（八百比丘尼）の影響も大きい。白比丘尼は法華経の説経祭文を歌って集団で移動する勧進《かんじん》比丘尼だったと考えられているが、各地を廻国するなかで、白山の縁起を説いて登山することを勧めていったのだろう。

白山曼荼羅

また、白山信仰を広げていくにあたって、白山曼荼羅がはたした役割も大きい。白山曼荼羅は、白山および社殿を描いた風景画的な曼荼羅と、本地仏と垂迹神を描いた垂迹曼荼羅の二種類に大別される。前者には福井県坂井市国神《くにがみ》神社所蔵紙本着色白山曼荼羅図がある。本曼荼羅は室町末期のものと比定されており、上部に白山三社と登山道、下段に越前白山中宮平泉寺が描かれ、その神殿にあたる位置に白山諸神が姿を現している。画中には参詣する人が、禊《みそぎ》、境内での礼拝、登山している様子が描かれており、絵解きに用いられたと考えられる。

後者の垂迹曼荼羅の代表作としては、遊行寺《ゆぎょうじ》蔵絹本着色白山曼荼羅がある。垂迹曼荼羅の特徴としては、上部中央に白山の御前峰、右に別山、左に大汝峰を描き、その下にはそれぞれ垂迹として大宮権現（白山妙理大権現）、別山大行事、大己貴を配する。その下に眷属を描き、社殿などは描かない。しかし、近年発見された富山県南砺市個人蔵紙本着色白山本迹曼荼羅図は、その中間的曼荼羅である。本曼荼羅図は室町後期に制作され、美濃馬場長滝寺に伝えられてきたと考えられる。白山連峰を背景に十一面観音と白山の女神・白山姫神、そして美濃馬場の山麓まで描かれている。この曼荼羅図は、神仏と山麓の風景が一緒に描かれていて、他に類例がない。

こうして白山信仰は御師や諸坊の活動により広範囲に広がっていき、加賀・美濃・越前はもちろんのこと、東国から奥州にかけて多く分布がみられる。西は若狭・山城・大和・伊勢あたりまでが信仰圏だったといえよう。そして、十八世紀になると、富士・白山・立山《たてやま》に登ることが三山禅定と呼ばれ、この三山を巡歴することも行なわれるなど、さらに信仰を拡大していった。

4　富士信仰

富士信仰の起源

富士山は静岡・山梨県境にそびえる標高三七七六メートル《メートル》の日本の最高峰である。その美しい姿は、富士宮市上条《かみじょう》の千居《せんご》遺跡からうかがえるように、縄文時代から遙拝して讃えられていたことがわかる。そして、『常陸国風土記《ふどき》』や『万葉集《まんようしゅう》』にも描かれるように、神の住む高い山であり、日本国鎮護の山として認識されていたようである。

一方、噴火する恐ろしい山としても認識されており、『富士本宮浅間社記』には、孝霊《こうれい》天皇の御代、富士山が大噴火をしたため、住民は離散し国も荒廃したので、垂仁《すいにん》天皇三年八月、噴火を鎮めるために山麓に大神を奉賽したと記されている。富士神は浅間神として祀られ、富士山周辺に広がっている。『延喜式』神名帳には、富士郡三座の内の一つとして浅間神社が記されており、「名神大」とされている。富士宮市に鎮座する富士山本宮浅間神社は浅間神社の総本宮であり、駿河国一宮とされた。

富士登山

富士に登山する人は古代からあったことが想定されるが、前述の『本朝世紀』久安五年（一一四九）四月十六日条によると、末代という僧が富士上人と号して富士山に登ること数百度におよび、山頂に仏閣を構え、大日寺と号したという。また、五月十三日条には、末代が富士山に埋納するための如法経を賜ったことが記されている。

末代は東海道と東山道の人々に作善のための一切経書写を試み、さらには鳥羽《とば》上皇および皇后の書写も加えて富士山頂に埋納した。昭和四・五年に山頂で経典・経筒の破片が採取されたが、これは末代と関係ある遺物と考えられている。

大日寺の本尊は富士山の本地仏として大日如来が安置されたようで、以降富士山は神仏習合の霊山として崇められることとなった。

図5-6　富士山本宮浅間大社

富士山遊覧　浅間神社は時の権力者からの庇護をうけ、北条泰時《やすとき》・義時《よしとき》、後醍醐天皇、足利尊氏、今川氏との関係がみられる。また、室町時代には富士山について書いた紀行文がいくつも残されている。永享四年（一四三二）九月、将軍足利義教一行が富士遊覧と称して大挙して駿河に赴いた時には、これに随行した飛鳥井雅世は『富士紀行』を、堯孝は『覧富士記』という紀行文を草した。義教の富士遊覧には作者未詳の『富士御覧日記』のほかに、明応八年（一四九九）に飛鳥井雅康《まさやす》が『富士歴覧記』を、永禄十年（一五六七）に里村紹巴《さとむらじょうは》が『紹巴富士見道記』を著わしている。そこでは、富士の眺望を賛美し、和歌・連歌が詠まれているように、都の人にとって、富士山は憧れの場所となっていた。

富士山縁起

富士山に関する縁起は、古代では『本朝文粋』所収「富士山記」があるが、中世になるとさまざままとめられていく。称名寺《しょうみょうじ》蔵金沢文庫《かなざわぶんこ》保管『浅間大菩薩縁起』や尊経閣《そんけいかく》文庫《ぶんこ》蔵『古文状』所収縁起などのほか、『神道集』「富士浅間大菩薩事」や真名本『曽我物語』「富士浅間大菩薩縁起」などが知られている。これらには、赫夜《かぐや》姫《ひめ》（赫野姫）物語が記されるが、その概要は以下のとおりである。

子どものなかった翁《おきな》と嫗《おうな》は、ある日竹林の竹のなかから小さな赤ちゃんをみつけ、赫野姫と名づけて大切に育てた。姫は国司に寵愛され夫婦となるが、自らは富士山の仙女であることを明かし、富士山の頂上にいるので、恋しくなったらきてください、また、時々この箱の蓋を開けてご覧くださいといって反魂香《はんごんこう》が入った箱を与えて姿を消した。男が箱を開けてみると、煙のなかに姫の姿がみえ、ますます姫が恋しくなった男は富士山に登った。すると、山頂の池から煙がたちのぼり、そのなかに姫の姿がほのかにみえた。男は悲しみのあまり箱を懐に入れて池に身を投げた。その時あたりにたちのぼった煙は、長い年月を過ぎて今日まで絶えずにたちつづけている。そして、赫野姫と国司は神として現れて富士浅間大菩薩と呼ばれた。男体と女体があり、その後、富士浅間大菩薩は衆生利益のために山頂から下りて麓の村にたてられた。恋に迷っている人は大菩薩に祈れば必ず願いが叶えられるという。

この縁起はさまざまな要素を取り入れてまとめられていったことがわかるが、富士の神が衆生利益のために山から下りてきて、信仰を集めているということが注目されよう。すなわち、修験者に限定される修行の山としてのあり方から、誰でも参詣して祈願できる神への変化である。登山できる人は登って祈願し、できなくても麓で拝むことができるのである。

これは中世後期に富士登山が盛んになったことと連動している。『妙法寺記《みょうほうじき》』明応九年（一五〇〇）六月条には、富士道者が数多くみられることが記されている。それにともなって登山道が整備されていった。登山口は駿河側には表口（大宮《おおみや》・村山口《むらやまぐち》）・須《す》山口《やまぐち》・須走《すばしり》口《ぐち》が、甲斐国側には吉田《よしだ》口《ぐち》・船津《ふなつ》口《ぐち》があり、それぞれに参詣者の宿坊である道者坊が設けられ、周辺に町場が形成された。

登山道の整備

数ある登山口のうち、村山の修験が今川氏の庇護を得て強大な勢力を誇った。富士山の姿は鎌倉時代の『聖徳太子絵《しょうとくたいしえ》伝《でん》』や『一遍聖絵《いっぺんひじりえ》』などに描かれたが、登拝習俗は室町時代の富士参詣曼荼羅に詳しく描写された。十六世紀から十八世紀にかけて描かれた富士参詣曼荼羅では、登山道は駿河国側の表口のみを記す。それは、東海道に面していて西国方面から訪れる参詣者が中心だったことから「表口」と称され、勧進活動に利用されたからだと考えられる。

応永五年（一三九八）の伊豆走湯山密厳院《そうとうさんみつごんいん》領関東知行地注文案には、「一、駿州　富士村山寺」と書かれていることから、村山が伊豆走湯山密厳院の末寺として位置づけられていたことがわかり、先に記した末代は伊豆山で修行していたとされるので、村山修験は伊豆山と関連深かったのではないかと考えられている。また、『地蔵菩薩霊現記』には、末代は村山に寺院を建立し、そこで即身仏となり、大棟梁と号して富士山の守護神になったことが記されている。

図5-7　富士参詣曼荼羅（富士山本宮浅間大社所蔵）

富士参詣曼荼羅

現存する富士参詣曼荼羅は、絹本としては三点ある。そのうちの富士山本宮浅間大社所蔵重要文化財絹本富士参詣曼荼羅は、画中に駿河湾、三保《みほ》の松原、東海道を下部に描き、清見ヶ関そして富士川を渡って神域に入る。その上には本宮社殿、垢離を取った湧玉《わくたま》池《いけ》、本宮道者坊が描かれるが、『大宮道者坊記聞』によると、享禄・天文年間（一五二八〜五五）ころには、このあたりには三十余の坊があったとされ、数多くの人々が富士登山に赴いていたことがわかる。

その上部には興法寺《こうぼうじ》、修験道の拠点だった村山、登山道の御堂群、さらにその上には散華《さんげ》が舞い、富士禅定として三峯に分かれた山頂と大日如来・阿弥陀如来・薬師如来の本地仏を描く。各御堂群は「すやり霞」によって分割され、山に登っていくにしたがって神聖性が高まっていく。人物については、松明《たいまつ》を手にした白衣の道者や黒衣の僧侶が列をなして登っていく姿が描かれている。

この参詣曼荼羅は、富士登山信仰を絵解き勧進することに主目的があった。また、風景や建物だけでなく、そこに描かれる人物からは、女人は「剱王子《つるぎおうじ》」と呼ばれた限界地点までしか登ることができなかったことや、大日堂に泊まって深夜から登山を始めて山頂でご来光を拝むというあり方や、そのほか装束・作法など当時のさまざまな状況を知ることができる。

富士の人穴

富士山西北麓にある「富士の人穴」は、『吾妻鏡』建仁三年(一二〇三)六月四日条に、将軍源頼家から命じられて仁田《にった》(新田)忠常《ただつね》一行がこの人穴に入って不思議な体験をし、人穴は「浅間大菩薩御在所」であると畏怖されて人穴信仰が盛んになったことを記す。胎内穴は浅間大菩薩誕生地とされ、胎内巡りが行なわれたほか、その伝説はお伽草子《とぎぞうし》『富士の人穴草子』となって世間に流布した。富士山周辺には噴火によってつくられた溶岩洞穴が広く分布しており、洞穴が人の胎内を想起させ、洞穴巡りをすることで「父と母の胎内」に帰り、ふたたび地上に戻ることによって「擬死再生」を実現できる修験の修行の場とされた。

その一つが「富士の人穴」で、戦国末期から江戸初期の行者長谷川角行《はせがわかくぎょう》の修行場としても知られている。角行は人穴で四寸五分角の角材の上に一〇〇〇日間立ちつづける苦行をし、その後九州、中国、北陸、関東など各地で修行を重ね、江戸や北関東で護符を配ったり病気治しをし、ふたたび人穴に戻って正保三年（一六四六）六月三日一〇六歳で亡くなったという。伝説的部分が大きいが、江戸時代に隆盛する富士講の開祖とされた。

富士山頂

富士山頂には仏像類が奉納された。そのことについては、文化十一年（一八一四）完成の地誌『甲斐国志』や、天保五年（一八三四）完成の『駿河国新風土記』などに記されている。それによると、剣ヶ峰《けんがみね》の下に「延徳二稔庚戌仲夏十二日」（一四九〇）の年紀と「真壁久朝白川弾正少弼政朝」ら奉納者の銘が記された鉄造大日如来像や、剣ヶ峰の坂には「天文十二年五月十六日、濃州可鼻郡上任戸右衛門、金谷村人形九郎治郎」（一五四三）と銘のある大日如来像があったことが記されている。

また、山頂の三島岳付近からは昭和五十三年、「文明十四年壬寅六月日」に「総州菅生庄木佐良津郷」の「源春」が奉納した銅像虚空菩薩像懸仏が発見された。こうしたことから、富士信仰の広範囲への浸潤がうかがえる。

江戸時代の隆盛

このような中世での富士信仰の高まりをうけて、江戸時代になると富士講が組織されて富士登拝が盛んに行なわれた。各地に富士塚もつくられて、富士山に登山できない人は地域の富士塚に登ることによって富士山を体験した。

江戸からよく富士山を拝むことができたため、江戸を中心として富士信仰がさらに拡大していった。そして、浮世絵などにもさまざまな場所からの富士山の姿が描かれ、日本人の心のなかに浸透していくことになったのである。

〔参考文献〕
阿部美香・大高康正・井上卓哉・阿部泰郎・伊藤聡・三好俊徳・猪瀬千尋「莵足神社所蔵　富士山・熱田信仰史資料調査報告」『学苑』九四九、二〇一九年
阿部泰郎『中世日本の宗教テクスト体系』名古屋大学出版会、二〇一三年
大高康正『参詣曼荼羅の研究』岩田書院、二〇一二年
同『富士山信仰と修験道』岩田書院、二〇一三年
大西源一『大神宮史要』平凡社、一九六〇年
岡野友彦『中世伊勢神宮の信仰と社会』皇學館大学出版部、二〇二一年
勝山市編『白山平泉寺』吉川弘文館、二〇一七年
久田松和則『伊勢御師と旦那―伊勢信仰の開拓者たち―』弘文堂、二〇〇四年
静岡県富士山世界遺産センター・富士宮市教育委員会編『富士山表口の歴史と信仰―浅間神社と興法寺―』静岡県富士山世界遺産センター、二〇二一年
下出積與編『白山信仰』雄山閣、一九八五年
白山本宮神社史編纂委員会編『白山信仰史年表』白山比咩神社、二〇〇八年
新城常三『新稿社寺参詣の社会経済史的研究』塙書房、一九八二年
高瀬重雄編『白山・立山と北陸修験道』名著出版、一九七七年
高瀬重雄『立山信仰の歴史と文化』名著出版、一九八一年
土器屋由紀子・梶山沙織・八木洋行『日本一の高所・富士山頂は宝の山』公益財団法人静岡県文化財団、二〇一六年

西山　克『道者と地下人―中世末期の伊勢―』吉川弘文館、一九八七年
同　『聖地の創造力―参詣曼荼羅を読む―』法蔵館、一九九八年
平野榮次編『富士浅間信仰』雄山閣、一九八七年
富士市立博物館編『富士山縁起の世界』富士市立博物館、二〇一〇年
藤本元啓『中世熱田社の構造と展開』続群書類従完成会、二〇〇三年
星　優也「中世熱田信仰の展開と講式―真福寺蔵『熱田講式』をめぐって―」『鷹陵史学』四七、二〇二一年
山田雄司「足利義持の伊勢参宮」『皇學館大学神道研究所紀要』二〇、二〇〇四年
吉田幸平『伊勢白山信仰の研究』三重県郷土資料刊行会、一九八六年

コラム3

大宮司富士氏と富士山信仰

高橋 菜月

大宮司富士《ふじ》氏は、明治初年まで駿河国一宮であった浅間宮（現富士《ふじ》山本宮浅間大社《さんほんぐうせんげんたいしゃ》、以下浅間大社）の最高職である大宮司職を世襲した一族である。富士氏は室町期には国人であるとともに室町幕府の在国奉公衆を勤め、折からの幕府と鎌倉府《かまくらふ》の関係が悪化するなか、幕府から軍事力として重視されていた（木下聡 二〇〇五）。

しかし明応五年（一四九六）十二月二十一日、富士中務大輔《なかつかさのたいふ》は駿東《すんとう》郡の国人である葛山《かずらやま》氏とともに新将軍足利義高《あしかがよしたか》（のち義澄《よしずみ》）の代始めの挨拶をしなかったため、幕府から叱責されている（『静』二―一三七六）。有光友學は葛山氏の行動を、幕府奉公衆から国衆へ変貌しつつあったことを物語ると評価しており、富士氏もまた同様であったと考えてよいだろう。その後富士氏は大永元年（一五二一）ごろには、駿河国の戦国大名今川《いまがわ》氏に従属したようである（黒田基樹 二〇一九）。

さて、富士氏が大宮司を勤める浅間宮は、古代、富士山を遥拝し、その噴火を鎮めることを目的として創建された神社である。十八世紀後半ごろに編纂された社伝には、九世紀初頭に富士山麓の祭祀の場である「山宮《やまみや》」から大宮の地（浅間宮）へ遷座したとある。この山宮は現在、浅間大社から五キロほど北東に鎮座している「山宮浅間神社」と考えられている。ただし発掘調査からは、浅間大社は十一世紀後半、山宮浅間神社は十二世紀前半に創建されたと考えられており、社伝はあくまで編纂されたものと考えておかなければならない。

山宮浅間神社の境内には本殿に相当する建物はなく、代わりに境内の北側石段上に溶岩礫《ようがんれき》を積み上げた石塁《せきるい》と呼ばれる石積みで区画された斎場が存在する。斎場は富士山を前面にみることができることから近年は「遥拝所」と呼ばれているが、一貫して遥拝所と捉えるのは正確ではない。ここでは浅間宮によって富士山に関わる祭祀が行なわれたと考えられているが、具体的なことは明らかではない。発掘調査によれば、山宮では十五世紀後半ごろまでは、浅間宮と連動して大量の土師器《はじき》（素焼きの土器）を使用する祭祀が行なわれていたようである。しかしその後浅間宮で祭祀の再編があったようで、浅間宮・山宮の両方であまり土師器は使用されなくなるようである（渡井英誉 二〇一二）。祭祀の変化に呼応して何段階かの変遷をたどっているようである（勝又直人 二〇〇九）。

十六世紀前半ごろの浅間宮の年間祭祀を示したとされる『富士大宮神事帳』（『静』四―一〇五九、合田尚樹 二〇〇四）をみると、特定の月に浅間宮と山宮のみで行なわれる祭祀があったり、五月の流鏑馬《やぶさめ》神事のさいに山宮が浅間宮と共に他の末社には奉納されない特殊神饌である甘葛《あまづら》銭を奉納されたりしており、他の末社よりも重要な位置づけにあるようにみえる。ただし浅間宮と山宮のみで行なわれる祭祀は、江戸時代に入ると減少していく（『浅間文書纂』本宮記録三）。徐々に浅間宮の年間祭祀における山宮の重要性が低下していると考えられる。

その一方で十五世紀後半以降、富士氏は富士山中で修業する「富士山興法寺《こうほうじ》」（現村山《むらやま》浅間神社）の修験者と協力して大日如来《だいにちにょらい》坐像を造立したり、檀那《だんな》となって富士山頂へ観音菩薩《かんのんぼさつ》像を奉納したりしている（渡井英誉 二〇二二）。また十六世紀前半までに浅間宮は、浅間宮・興法寺を通り富士山頂を目指す登山道の整備に関与したり、そこを通る富士参詣者を受け入れる宿坊を整備

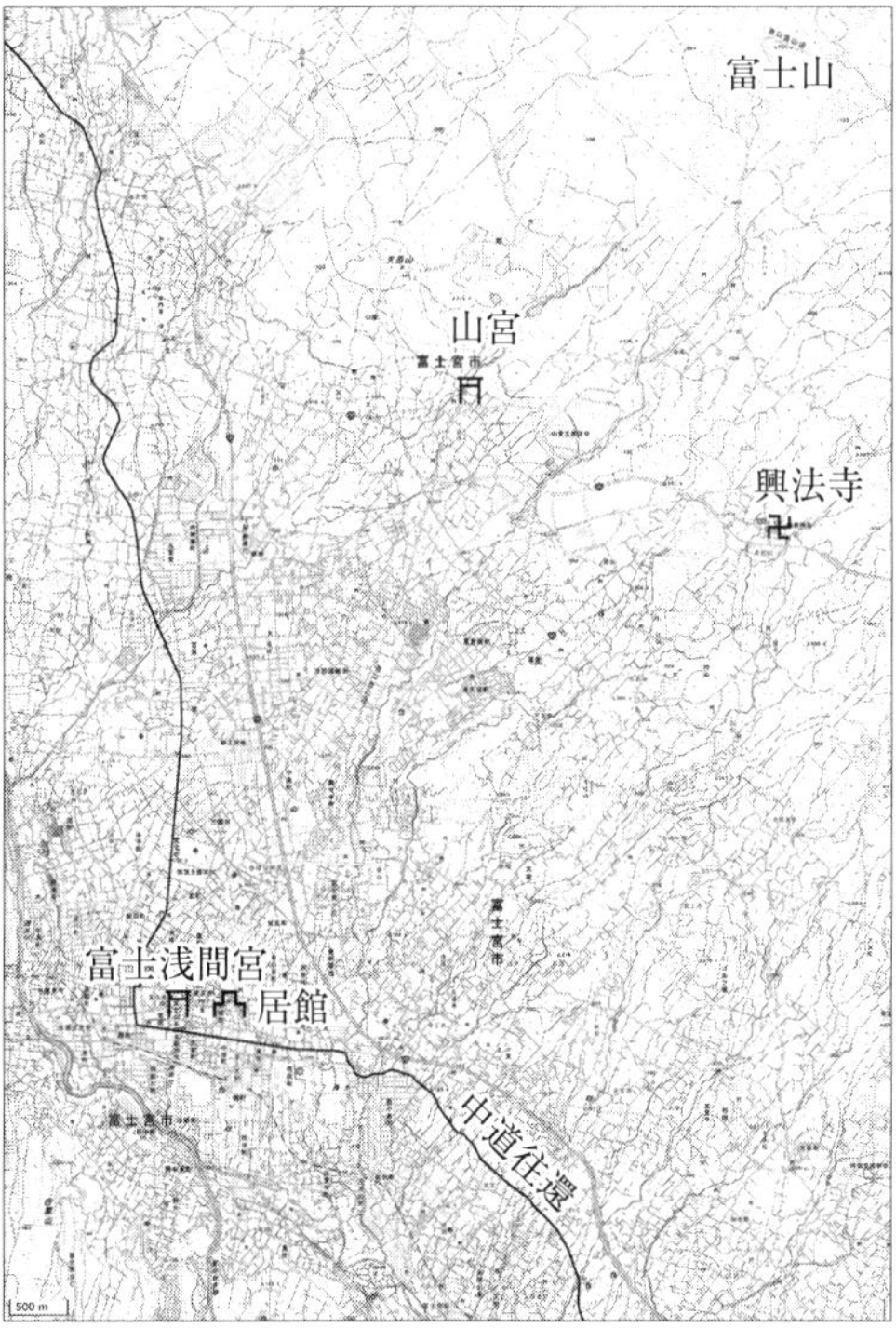

図　富士氏関係地図

したりしている（大高康正 二〇一二）。すなわち麓から富士山を遥拝していた浅間宮が、直接富士山へ関わるようになるのである（渡井英誉 二〇一二）。

このように十五世紀後半は富士氏と浅間宮の富士山信仰において画期といえる。この時期は寺社参詣が盛んに行なわれるようになっており、浅間宮にも多くの参詣者が訪れるようになっていたと考えられる。参詣者は浅間宮に利益をもたらすだけでなく、地域の交通・流通の活性化に寄与しただろう。国衆化する富士氏がそれに注目するのは自然なことである。富士氏が浅間宮と支配領域の活性化を望んだ結果、浅間宮の富士山信仰が変化していくのだろう。もちろん浅間宮ではそれまで同様富士山を祀り、それによって富士氏の支配領域の安定を祈ったのだろう。しかしそれが重要祭祀でないことは山宮の変化から明らかである。

以上、富士氏・富士山信仰について、文献・考古学の成果をふまえて追ってみた。現在、富士宮市では富士山信仰に関わる諸施設において発掘調査が積み重ねられ、遺構・出土遺物の変化についてさまざまな意味づけがされてきているが、文献と合わせて十分に検討されていない。今後の課題としておく。

〔参考文献〕

有光友學「第四節 葛山氏と室町幕府」『裾野市史 第八巻通史編Ⅰ』裾野市、二〇〇〇年
合田尚樹「戦国期における富士大宮浅間神社の地域的ネットワーク―「富士大宮神事帳」の史料的分析

から—」『武田氏研究』三〇、二〇〇四年
遠藤圭一「附論二　大社と山宮を結ぶ御神幸道」『浅間大社遺跡・山宮浅間神社遺跡』財団法人静岡県埋蔵文化財研究所、二〇〇九年
大高康正「富士参詣曼荼羅試論—富士山本宮浅間大社所蔵・国指定本を対象に—」『参詣曼荼羅の研究』岩田書院、二〇一二年（初出は『山岳修験』三四、二〇〇四年）
勝又直人「第Ⅲ章第三節　山宮浅間神社遺跡の調査成果」『浅間大社遺跡・山宮浅間神社遺跡』財団法人静岡県埋蔵文化財研究所、二〇〇九年
木下　聡「室町殿袖判口宣案について」『古文書研究』六〇、二〇〇五年
黒田基樹『今川氏親と伊勢宗瑞—戦国大名誕生の条件—』平凡社、二〇一九年
同　「享徳の乱における今川氏」戦国史研究会編『論集戦国大名今川氏』岩田書院、二〇二〇年
渡井英誉「富士大宮司館・大宮城と富士浅間宮」小野正敏・藤沢良祐編『中世の伊豆・駿河・遠江—出土遺物が語る社会—』高志書院、二〇〇五年
同　「黎明期の富士山信仰」『富士学研究』一二—一、二〇一四年
※『静岡県史　資料編中世』の巻数・文書番号については、『静』巻数—文書番号と記載した。

六　東海の生業と流通

山本智子

1　東海地方の陶器生産

東海の中世窯概要

室町時代に入ると、鍛冶師や鋳物師、塗師、番匠《ばんしょう》（大工）などさまざまな職人が活躍するようになる。このなかには陶器工人たちも含まれるものとみられ、現在まで続く陶磁器生産地、いわゆる「六古窯《ろっこよう》」が成立する時代でもある。瀬戸窯・常滑窯を擁する東海地方における陶器生産の始まりは五世紀前半にさかのぼり、愛知県豊田市と瀬戸市にまたがる猿投山の西南麓にあたる、尾張南部から三河の一部にかけて広がる猿投山西南麓古窯跡群（以下猿投窯）に須恵器《すえき》生産の技術がもたらされたことから始まる。その後八世紀にかけて、尾北《びほく》窯（愛知県春日井市・小牧市・犬山市）や湖西《こさい》窯（静岡県湖西市）・美濃須衛《すえ》窯（岐阜県各務原市）・東濃窯（岐阜県多治見市・土岐市・可児市と愛知県瀬戸市北部・犬山市東部）の一部などでも須恵器生産が行なわれる。九世紀に入ると、猿投窯で国内で初めて植物の灰を主原料とする釉薬《ゆうやく》を人工的に施した灰釉《かいゆう》陶器の生産に成功するのである。東海地方の窯業地では九世紀前半以降、主に富裕層に向けて十一世紀後葉まで灰釉陶器生産を継続するが、十一世紀末になると人工施釉の技術をほぼいっせいに放棄し、在地の庶民層に向けた無釉の山茶碗《やまぢゃわん》生産へと転換する。山茶碗は、小碗ないし小皿がセットで焼成され、合わせて「山茶碗類」とも呼ばれる。「行基焼《ぎょうきやき》」や「藤四郎焼《とうしろうやき》」、「山坏《やまつき》・小坏《こつき》」、「白瓷系《しらしけい》陶器」などの名称もあるが、現在は「山茶碗」という名称が一般的である。山茶碗は原則として無釉であるが、唯一渥美・湖西窯の山茶碗には十三世紀初頭まで口縁部に灰釉の漬け掛けが施される。また、山茶碗の祖型はすでに十一世紀後半に登場しており、末期の灰釉陶器と併行して生産されている（藤澤良祐 二〇〇七）。この段階では釉薬が施されることから「灰釉山茶碗」（第1型式・第2型式）として区別し、無釉化する第3型式を山茶碗生産の成立期とする見方が支持されている。東海地方の窯業史においては、この山茶碗の登場をもって古代と中世を区別している。

　東海地方の主要な中世窯は以下のとおりで、このほかにも単独の窯業地が各地に築かれる。①愛知県名古屋市（千種区・名東区・昭和区・緑区）・みよし市・豊田市西部・長久手市南部・大府市北部・刈谷市北部など広範囲に展開する猿投窯、②愛知県瀬戸市を中心に尾張旭市・名古屋市守山区東部・長久手市北部・豊田市北西端部に展開する瀬戸窯、③愛知県常滑市を中心に知多市・東海市南部・大府市南部・半田市・知多郡南知多町北部・東浦町・武豊町・阿久比町・美浜町など知多半島全域の丘陵部に展開する常滑（知多）窯、④愛知県田原市を中心に豊橋市南西部など渥美半島に展開する渥美窯、⑤静岡県湖西市西部の湖西窯、⑥岐阜県多治見市を中心に土岐市・可児市と愛知県瀬戸市北部・

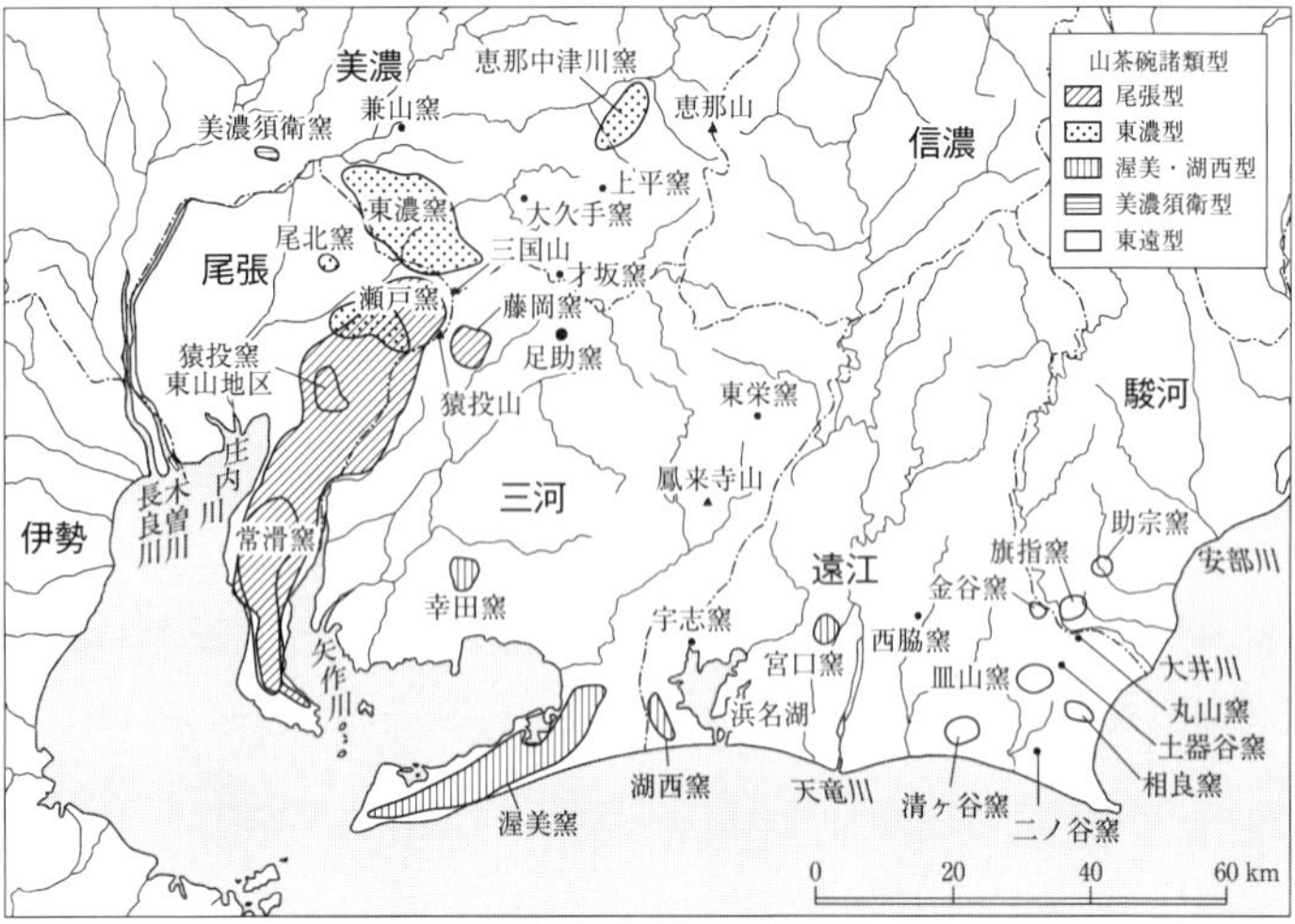

図6-1　東海の中世窯位置図（藤澤良祐 2018より一部改変）

犬山市北東部などに展開する東濃窯（美濃窯）、⑦岐阜県各務原市の美濃須衛窯、⑧岐阜県恵那市・中津川市に展開する恵那中津川窯、⑨愛知県豊田市西南部の藤岡《ふじおか》窯などがあげられる（図6−1）。

山茶碗は、東海地方で確認されている三〇ヵ所以上の中世窯のすべてで生産されている。一九八〇年代以降、各窯業地で精力的に編年研究が行なわれてきた山茶碗は、その形状や胎土から猿投窯・瀬戸窯・常滑窯で主に生産された「尾張型」、東濃窯・恵那中津川窯・瀬戸窯などで主に生産された「東濃型」、渥美窯・湖西窯などで主に生産された「渥美・湖西型」、美濃須衛窯で生産された「美濃須衛型」、東遠諸窯《とうえんしょよう》で生産された「東遠型」の大きく五つの系統に大別される。現在では第3型式から第11型式までの各類型の併行関係も明らかにされている（藤澤良祐　一九九四、山本智

子 二〇二二)。

この山茶碗生産を基盤として、瀬戸窯では十二世紀末に中世の国産施釉《せゆう》陶器である古瀬戸様式が成立する。同様に、常滑窯では十二世紀に入ると貯蔵具である大形壺・甕類の生産が開始される。瀬戸窯と常滑窯は鎌倉政権とも密接に結びつきながら、それぞれ全国に製品を流通させる一大生産地として急成長を遂げるのである。

瀬戸窯の生産状況

まず、日本の陶器生産の歴史を語るには欠かせない窯業地の一つである瀬戸窯からみていこう。瀬戸窯は、愛知県瀬戸市を中心に、尾張旭市のほぼ全域、名古屋市守山区東部、長久手市北部、豊田市北西端部を含む東西約一五キロ、南北一〇キロにおよぶ。このうち古瀬戸焼成窯が集中する瀬戸市域は、合併前の旧町村名によって瀬戸区・赤津《あかづ》区・幡山《はたやま》区・今《いま》区・水野《みずの》区・品野《しなの》区の六区に区分され、狭義の瀬戸窯として認識されている(『愛知県史 別編窯業2』)。幡山区では、十一世紀末に古代灰釉陶器生産から連続して山茶碗生産に移行することが確認されており、十二世紀末には古瀬戸が登場する。

現在広く受け入れられている藤澤良祐の編年によれば、古瀬戸様式は、灰釉のみが使用され四耳《しじ》壺《こ》・瓶子《へいし》・水注《すいちゅう》などが主体となる前期(十二世紀末~十三世紀後半)、鉄釉の使用が始まり文様装飾の最盛期となる中期(十四世紀前・中葉)、文様が衰退し日常雑器の生産が主体となる後期(十四世紀後葉~十五世紀後葉)の大きく三段階に分けられ、それぞれⅠ期からⅣ期に区分される(『愛知県史 別編窯業2』、藤澤良祐 二〇〇八)。また、後期様式に関してはⅣ期が古段階・新段階に細分されている。

図6-2　古瀬戸（後期，瀬戸市所蔵）

図6-3　無釉陶器（山茶碗・小皿・片口鉢，瀬戸市所蔵）

本巻の主題となる十五世紀は古瀬戸後期様式に該当し、後Ⅳ期古段階を除く各時期で、瀬戸市赤津区を中心に瀬戸区や品野区などで生産が行なわれる。碗・皿・調理具などの日用品の量産に加え、縁《えん》釉《ゆう》小皿・尊式花瓶《そんしきけびょう》・筒形容器・直縁大皿など後期にのみ生産される器種が登場する段階である。その年代観は、後Ⅰ期が十四世紀後葉、後Ⅱ期が十四世紀末〜十五世紀第1四半期、Ⅲ期が十五世紀第1四半期を除く前葉、後Ⅳ期古段階が十五世紀中葉、後Ⅳ期新段階が十五世紀後葉に位置づけられている（藤澤良祐 二〇〇四・図6－4～6）。また、古瀬戸後Ⅰ期は山茶碗編年の第9型式（十四世紀中葉から後葉）、後Ⅱ・Ⅲ期は同第10型式（十四世紀末から十五世紀前葉）、後Ⅳ期古段階は同第11型式（十五世紀中葉）と併行関係にあることが明らかにされている。なお、中世瀬戸窯には窯の分布状況や窯跡での遺構検出・遺物出土状況などから、三つの工人集団が存在した可能性が指摘されており、古瀬戸前期様式・中期様式・後期様式の各時期で窯場の経営形態も変化している（『愛知県史 別編窯業2』）。

なお、古瀬戸後Ⅳ期古段階（十五世紀中葉）に属する窯跡は瀬戸窯には認められず、隣接する美濃窯の土岐市域や藤岡窯、静岡県島田市の志戸呂《しどろ》窯に築かれている。これらの窯業地で成立した古瀬戸焼成窯は、瀬戸窯以外で施釉陶器を生産したことから「古瀬戸系施釉陶器窯」と呼ばれる。古瀬戸系施釉陶器窯は、陶工たちが直接移動することで、それまで瀬戸窯において独占されてきた施釉陶器生産技術が拡散し成立したものとされ、美濃窯や藤岡窯の製品は瀬戸窯のものとほとんど区別がつかない。また、藤岡窯では古瀬戸工人と在地の山茶碗工人が共同経営していた痕跡が認められるが、美濃窯（土岐市域）と志戸呂窯ではかつて山茶碗専焼窯が築かれていた場所に古瀬戸系施釉陶器窯が分布していることから、その土地には原料となる陶土や燃料となる薪が存在するという情報が工人間で共有されていたものと考えられる。

そして、直後の後Ⅳ期新段階にはほとんどの古瀬戸系施釉陶器窯が廃絶し、瀬戸窯の集落付近でふたたび窯が築かれるようになる。このように施釉陶器工人が国を跨いで移動し、移動先で一時的に陶器生産を行なう現象については、当時の尾張北東部で頻繁に起こっていた百姓らの逃散《ちょうさん》事件に関連づ

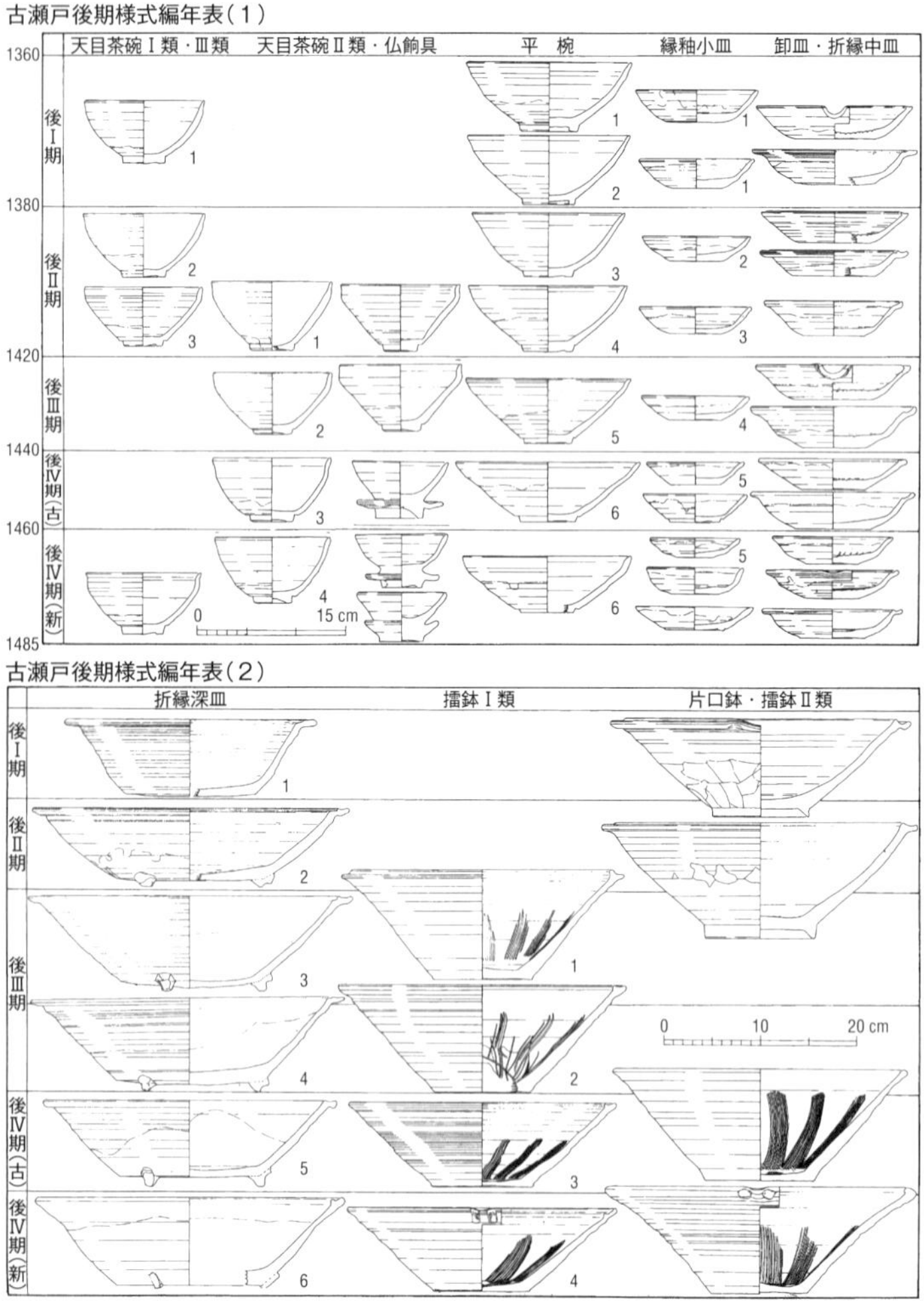

図 6-4　古瀬戸後期様式編年表（1）（藤澤良祐 2004）

古瀬戸後期様式編年表（3）

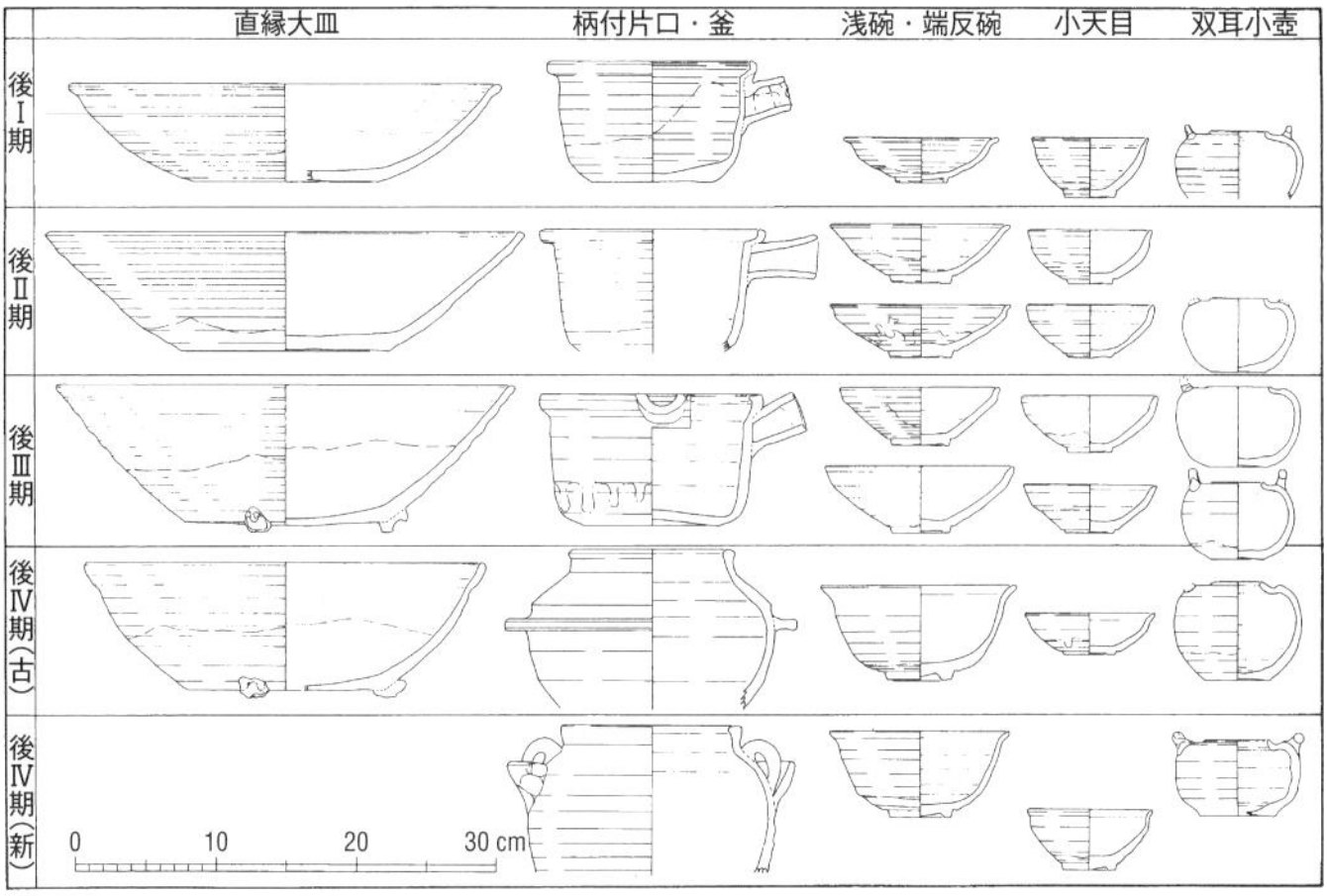

古瀬戸後期様式編年表（4）

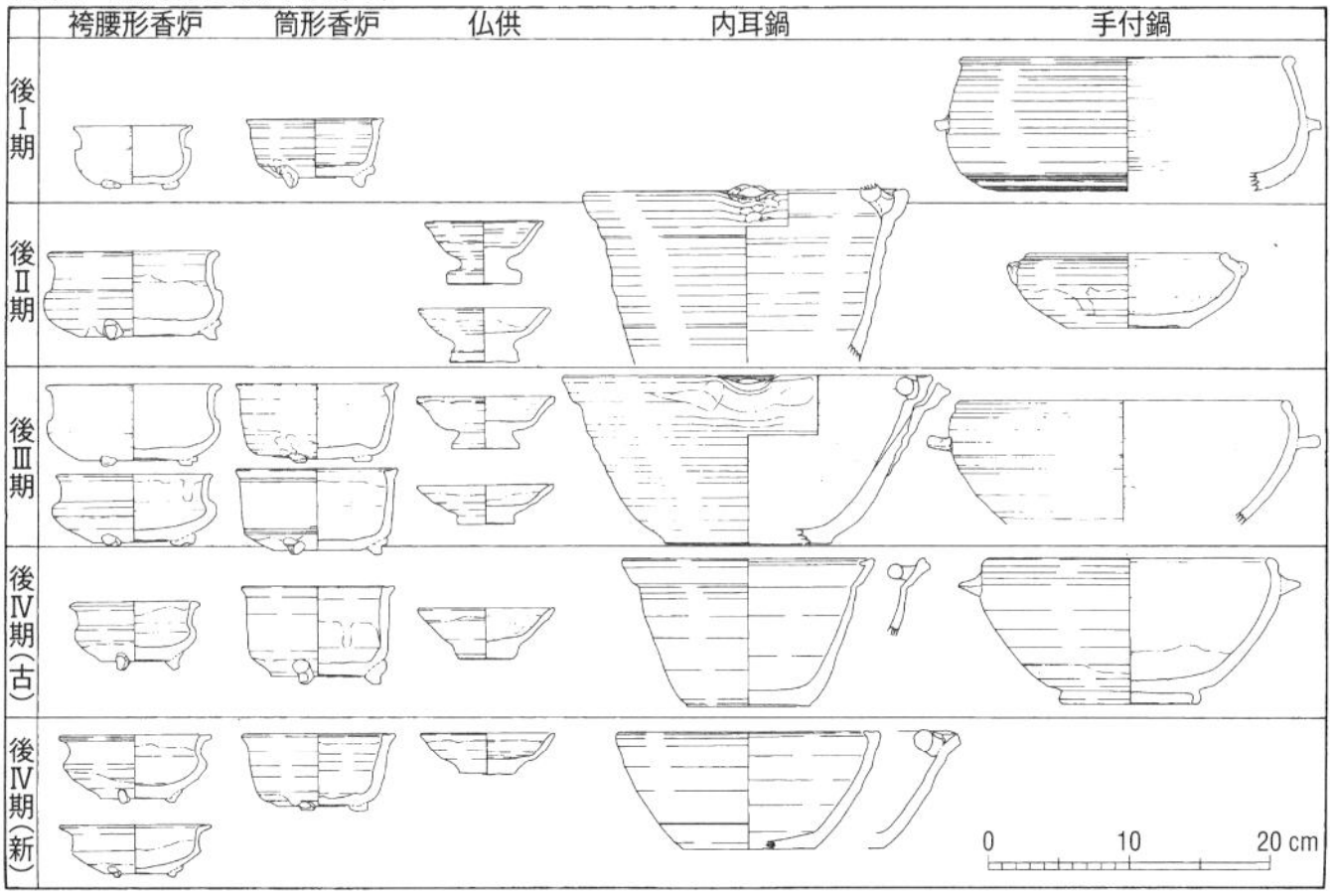

図 6-5　古瀬戸後期様式編年表（2）（藤澤良祐 2004）

けた論がある（藤澤良祐　二〇〇四）。中世の逃散については、百姓が領主権力に対して自らの要求を認めさせるために、環住することを前提とした集団抗議行動とされている（入間田宣夫　一九八六）。当該期は荘園公領制支配の弊害が、代官請負制と地域的市場経済の成熟を媒介としながら、在地の武士勢力と百姓との間の矛盾に転嫁されていった時期とされ、尾張北東部全体に進行した在地共通の動向として生み出された行動とみられる（村岡幹生　一九九八）。

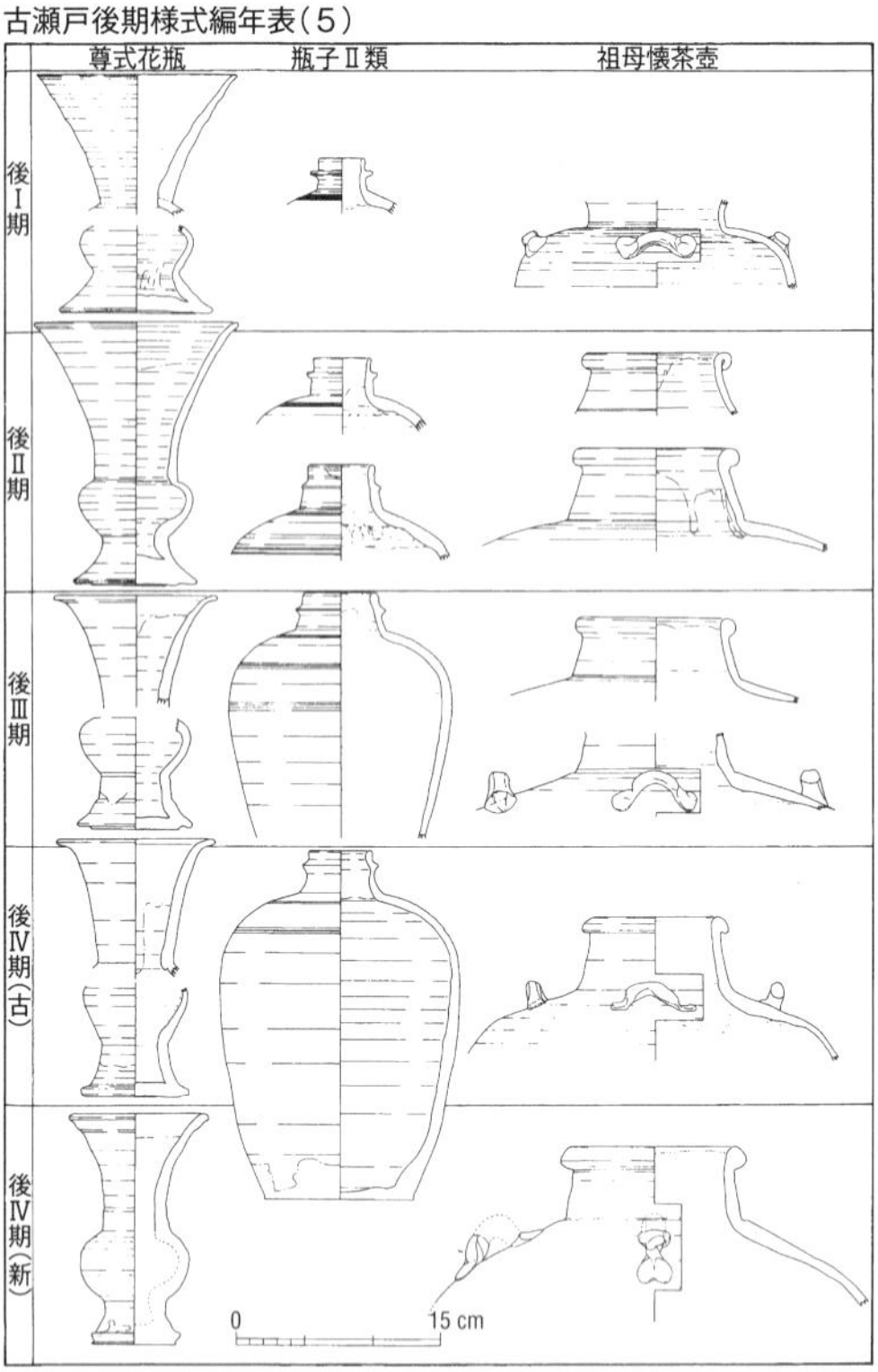

図6-6　古瀬戸後期様式編年表（3）（藤澤良祐　2004）

すなわち、各窯業地で古瀬戸系施釉陶器窯が成立した背景として、尾張国衙領において守護代一族ら領主権力と窯業生産者との間の軋轢により、国衙領およびその周辺に散在していた古瀬戸工人が集団で逃散的な行動をとった結果として理解するものである。

常滑窯の生産状況

次に、瀬戸窯と並ぶわが国の一大窯業地である常滑窯をみていきたい。常滑窯は、愛知県常滑市を中心として知多半島全域の丘陵部に展開している。中世常滑窯は遅くとも十二世紀初頭には成立し、尾張型山茶碗と片口鉢Ⅰ類（有高台）の生産を基盤に、十二世紀中葉以降は大形の壺・甕類と片口鉢Ⅱ類（無高台）の生産を開始する。また、十三世紀後半以降は山茶碗の生産を放棄し、壺・甕《かめ》・片口鉢Ⅱ類の生産に専念するようになる。

図6-7　常滑甕（愛知県陶磁美術館所蔵，愛知県提供）

現在広く受け入れられている中野晴久の編年によれば、中世常滑窯は1型式から12型式に区分され、1型式と6型式はそれぞれa・b期に細分される（『愛知県史 別編 窯業3』）。また、1型式から4型式は常滑窯の成立から窯数が急増し全国規模の窯業地へと成長する第一段階（十二世紀前半〜十三世紀初頭）、5型式から7型式は鎌倉を中心とした都市への供給のため大量生産が行なわれ半島丘陵部に窯が築かれるようになる第二段階（十三世紀

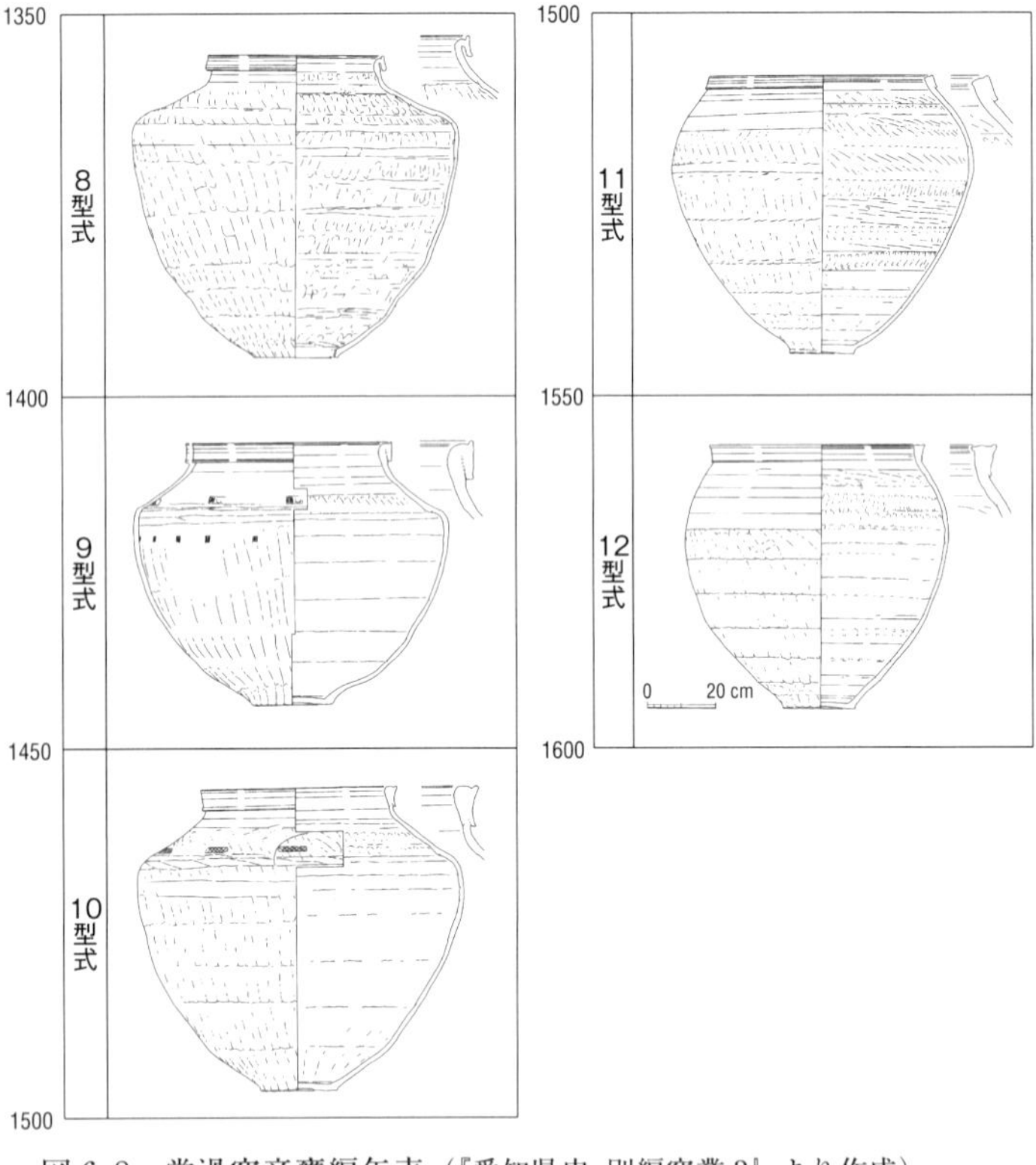

図6-8　常滑窯産甕編年表（『愛知県史 別編窯業3』より作成）

初頭を除く前半〜十四世紀前半)、8型式から12型式は窯が丘陵部ではなく沿岸部の集落付近へ移動する第三段階(十四世紀後半〜十六世紀後半)と区分されている(図6−8・10)。なお、常滑窯では瀬戸窯のように製品の製作技法上の変化を認めることが難しく、窯体構造についての資料もきわめて少ないことから、十二世紀から十六世紀までを中世常滑窯の範疇としている。

図6-9　常滑片口鉢Ⅱ類(知多市歴史民俗博物館所蔵,愛知県提供)

8型式期の窯跡分布をみると、近世常滑窯が展開した地域でもある半島中部のうち、沿岸部の集落周辺に窯が築かれるようになり、窯跡の立地における大きな画期とされている。これは旧常滑町の範囲におおよそ一致し、これ以降同じ地域に定着して窯業生産が行なわれている。古い窯を壊して同じ場所に新しく築窯されることもあり、この段階の考古学的資料は乏しい状況である。標式窯はいずれも旧常滑町域に所在し、8型式期は天神《てんじん》4号窯跡、9型式期は正法寺《しょうほうじ》窯跡、10型式期は平井口《ひらいぐち》1号窯跡、11型式期は野間口《のまぐち》窯跡が設定されている。最終末である12型式期は平井口1号窯跡の出土資料にわずかに認められる程度で、典型的な窯跡はみつかっていないことから、当該期に比定される遺物がまとまって出土している東京都八王子市の八王子城御主殿《ごしゅでん》跡の出土遺物が基準資料となっている。

なお、資料的制約がありながらもわずかな手がかりをもとにその動向を追った研究成果によれば、当段階は常滑窯の窯体構造や窯詰め技術の大きな転換期にあたるという（『愛知県史 別編窯業3』）。11型式の平井口1号窯では床面が複数面検出され、嵩上げされていることから、当該期の窯体は天井が地上に構築された大窯であった可能性が指摘されている。とくに、近世の常滑窯にいたっては発掘調査例が皆無であるが、尾張国の私撰地誌である『張州雑志《ちょうしゅうざつし》』の「甕竈之図」（『張州雑志 八』名古屋市蓬左《ほうさ》文庫《ぶんこ》所蔵）をみると、窖窯《あながま》の天井が地上に構築されたような形態で、天井高は人の背丈の倍ほどもある大型の窯が描かれている。9型式（十五世紀前半）に比定される正法寺窯跡は、発掘調査の成果から地下式の窖窯であることが判明しているため、『張州雑志』に描かれているような地上式

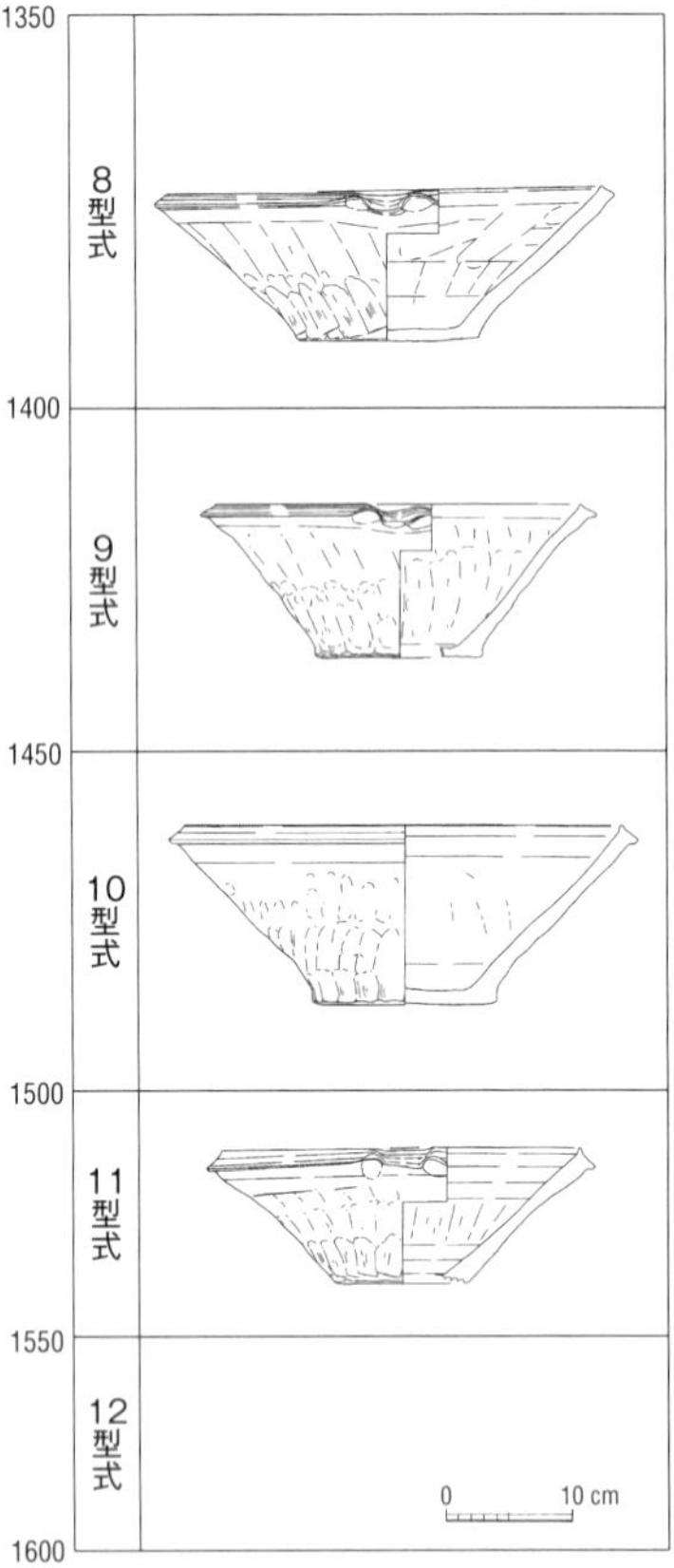

図6-10　常滑窯産片口鉢Ⅱ類編年表（『愛知県史 別編窯業3』より作成）

の窯体構造は10型式以降に成立した可能性が高く、平井口1号窯の調査成果とも符号する。

また、主要器種である甕の口縁形態をみると、内面の上端部分が内側に向かって盛り上がっており、窯のなかで甕を上下に重ねて焼くさい、下の甕の口縁部内面と上の甕の下胴部外面の接地面を極力少なくすることを意識したものであると考えられる。甕の重ね焼きは近世常滑窯では確実に行なわれており、甕の口縁形態はこれ以降さらに発展し、11型式には口縁内面の上端が角張り、12型式には口縁上端が内側に突出するようになる。良好な考古資料を得るまでは推測の域を出ないが、当該期に窯体構造を改良し甕の重ね焼きを実現することで量産化に成功したとみることもできる。また、この窯跡の資料には8型式の製品も含まれていることから、窯の長期使用も想定されており、集落周辺に定着し一つの窯炉で効率的に大量生産が行なわれたものと推測される。

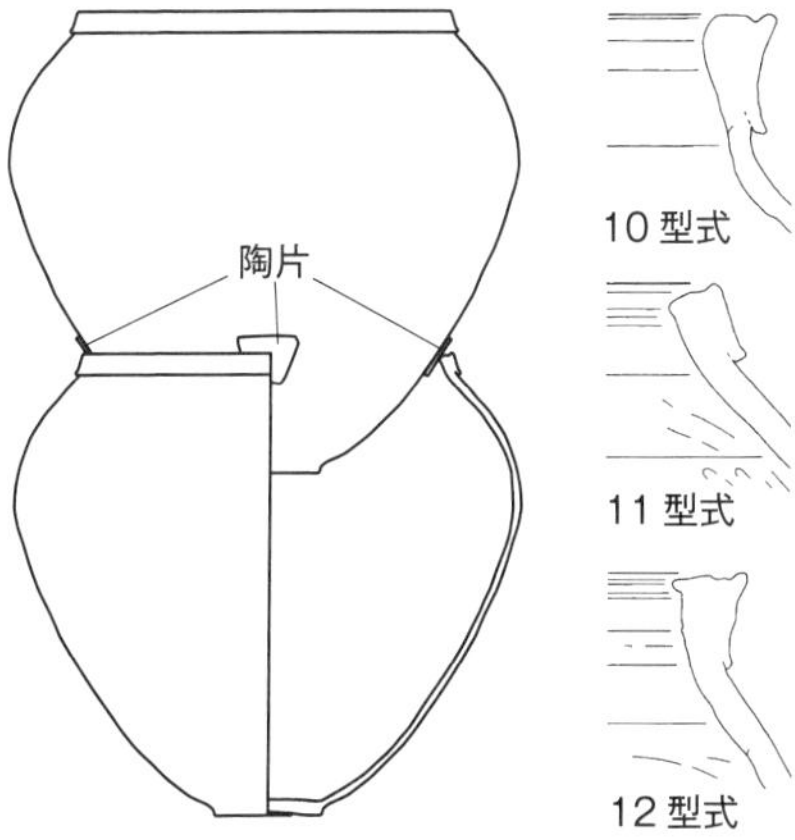

図6-11　甕の重ね焼き模式図と口縁部の変遷（『愛知県史 別編窯業3』より作成）

中世常滑窯の生産技術と瓷器系中世窯

常滑窯においても、山茶碗焼成窯と壺・甕焼成窯の生産内容および時期別分布状況などから山茶碗工人と壺・甕工人の職掌は分かれていたと考えられる。加えて、一部の山茶碗焼成窯で瓦を生産する瓦陶兼業窯の存在から、

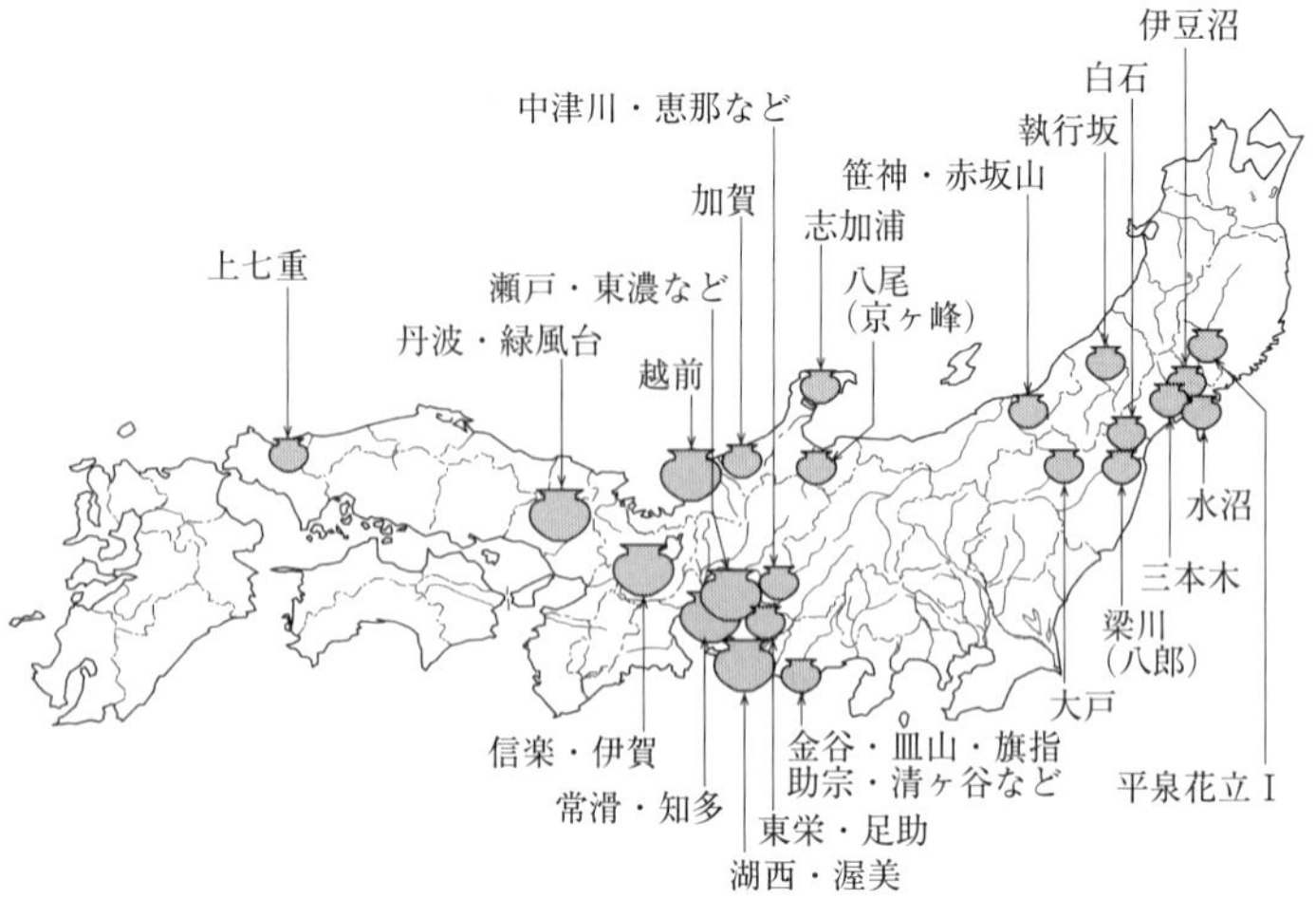

図6-12　日本の中世窯位置図（中野晴久 2013）

一時的ではあるが瓦工人も陶器生産の場に関わりをもっていたことが知られており、十二世紀から十三世紀にかけての常滑窯では山茶碗工人と壺・甕工人、瓦工人が時に協働しながら生産活動を行なっていた。その後、十三世紀第4四半期には尾張型山茶碗工人が瀬戸窯へ集約され、知多半島では壺・甕類を集中的に生産するようになる。

ところで、日本国内の中世陶器の系統に関する研究は、楢崎彰一・吉岡康暢・中野晴久らによって行なわれている。ここで、簡単ではあるが中世陶器の分類について触れておきたい。先学諸氏によれば、日本各地の中世窯は須恵器生産の技術を受け継ぐ「須恵器系中世窯」と、東海の中世窯の影響を強くうける「瓷器《しき》系《けい》中世窯」の二系統に大別される（楢崎彰一　一九七七、吉岡康暢　一九九四、中野晴久　一九九六）。後者は東海地方の窯業地に由来し、分炎柱《ぶんえんちゅう》をもつ窖窯で壺・甕・鉢を主体的に生産しており、その成立には常滑窯などの壺・甕工人が関わったものと考えられている。常滑窯からの直接的・間接的技術伝播をうけたとされる窯業地には、十二世紀後半代に成立・展開するものと、十三世紀中葉から後半にかけて成立・展開するものがあるが、このなかには現在まで窯業生産がつづく一大生産地へと成長した、「六古窯」のなかの越前窯・信楽《しがらき》窯・丹波窯も含まれている（図6―12）。国産の高級陶器である古瀬戸製品に対し、より実用的な瓷器系中世窯の焼締陶器は、須恵器系中世窯とならび日常雑器的性格が強いとされているが、これらは生産量も多く拠点的生産地を形成するという側面から、社会的分業体制の成立を表すものと捉えられている。日本社会の需要に応えるべく成立した瓷器系中世陶器の生産に対して、常滑窯の壺・甕工人が与えた影響は大きい。

2　東海産陶器の流通状況

古瀬戸後期段階の流通状況

愛知県をはじめ多くの地域では、古瀬戸前期・中期と比べて後期の製品の出土量が倍増する傾向が認められ、とくに近畿地方以東の地域では都市的な場を中心に天目茶碗《てんもくぢゃわん》・平碗《ひらわん》・縁釉《えんゆう》小皿・折縁《おりふち》深皿など碗・皿・盤類《ばんるい》がセットで出土することが多い。前期・中期の製品は、輸入陶磁を模倣した器種が主体である。とくに、四耳壺・瓶子・水注などは持ち主の権威を表す威信材としての性格が強く、鎌倉をはじめとする都市を中心に流通し中世墓の副葬品として埋納される例も多くみられる。これに対し、後期の主要器種である平碗や縁釉小皿・盤類などには輸入陶磁の影響はほとんど認められない。その背景として、明の海禁政策による中国陶磁の輸入量の減少が指摘されており、古瀬戸は中国陶磁に変わる高級施釉陶器としての地位を獲得したものと推察されている（小野正敏 一九九七、『愛知県史 別編窯業2』）。

各段階における古瀬戸製品の性格は、流通状況におおよそ反映されている。古瀬戸前期段階は、山茶碗生産の合間に中国陶磁をモデルとした壺・瓶類を生産し、武士・僧侶クラスの蔵骨器として出土することが多く、生活遺跡での出土は鎌倉にほぼ限られる。古瀬戸中期段階も引き続き鎌倉からは古瀬戸のあらゆる器種が出土していることから、主たる需要層は前期と同様に鎌倉の都市生活者であったとされる。ところが、鎌倉幕府崩壊後の中Ⅳ期になると壺・瓶類の生産が減少するとともに文様も衰退する。それと反比例するように碗・皿・鉢・盤類の生産量が増加し、日常雑器の生産へ転換する動きをみせはじめる。そして、当該期の古瀬戸製品の出土量は鎌倉では激減し、それ以外の港湾遺跡・城館跡・寺院跡などで増加し始め、中世墓から蔵骨器として出土する事例は東海地方周辺に限られるようになる。

古瀬戸後期段階ではさらに流通範囲を拡大させ、北は北海道から南は沖縄県まで全国的な流通をみせる。とくに近畿地方以東の地域では、都市的な場を中心に碗・皿・盤類がセットで出土し、なかでも北東日本海域における出土量の増大は著しい。ただし、古瀬戸後Ⅳ期古段階には遠隔地への流通量は減少し、東海から南関東にかけての地域では在地向けの擂鉢を中心に出土量が増加、村落部でも一定量出土が確認されるようになる。この傾向は後Ⅳ新段階まで継続し、これらの地域では新たに出現する城館で出土量が急増している。

常滑窯第三段階の出土状況

常滑窯で生産された壺・甕類の最大の消費地は、鎌倉や平泉《ひらいずみ》をはじめとする東日本であった。東北では平泉を中心に早い段階から常滑製品が流通しているが、平泉が滅亡する十二世紀代を境に常滑製品の流通量は激減し、その後第三段階まで確認されるが出土量は少量である。関東地方では鎌倉遺跡群での出土量が圧倒的で、特に十三世紀前半から出土量が激増し、十三世紀と十五世紀に出土量のピークをもつ。鎌倉を経由して関東地方へ流通させるための拠点的な側面ももっていたと考えられ、鎌倉幕府滅亡後も流通量は減少するが、当該地方は十六世紀後半まで安定して常滑製品の供給がつづいている。また、生産地を抱える東海地方では、十二世紀後半、十三世紀第3四半期、十五世紀後半に流通量のピークをもち、関東地方の状況とやや似た様相を示す。一方、関西地方では十二世紀後半と十三世紀第3四半期にそれぞれ流通量のピークをもち、その後は出土量を激減させつつ十六世紀前半まで少量搬入されている。中国・四国・九州地方は、流通量は少ないが中国地方は十三世紀前半、九州地方は十三世紀第3四半期に出土量のピークをもち、山陰地方では十四世紀以降ほとんど搬入されなくなる。また、山陽地方と九州地方についても十四世紀以降流通量は激減する。

十四世紀末以降の常滑窯産壺・甕類の主要流通圏は関東・東海地方におさまり、日本海沿岸部の北海道南部から島根県にかけては越前窯、西日本は備前窯の主要流通圏となってくる（浅野春樹 二〇〇二〇〇）。また、壺・甕類と共に生産され、関東・東海地方を中心に搬入されていた片口鉢Ⅱ類については、後期段階で生産量を増加させた古瀬戸擂鉢《すりばち》および瀬戸美濃系大窯の擂鉢にとって代わられる。なお、日本海沿岸部は北海道から山陰地方にかけては越前窯・珠洲《すず》窯の擂鉢、西日本は備前窯の擂鉢が主体的に流通しており、日本海沿岸部は珠洲窯の廃窯後は越前窯に占められるようになる。

3 十五世紀における窯業生産の管掌者

瀬戸窯と常滑窯の状況

さて、これまで各窯業地の生産・流通状況を整理することに専念してきたが、ここで瀬戸窯や常滑窯を掌握したであろう管掌者について触れていきたい。古瀬戸後Ⅰ期～後Ⅲ期（十四世紀後葉～十五世紀前葉）の瀬戸窯をみると、窯が集中する赤津区・瀬戸区東部には尾張国衙領が散在している状況が「醍醐寺文書」から読み取れる（『愛知県史 別編窯業2』）。知行者として、十四世紀末には管領畠山基国・南禅寺・大炊御門《おおいのみかど》といった室町幕府中枢部と関係の深い有力者が名を連ね、この段階には守護領国体制のもと安定的に古瀬戸の生産と流通がなされたと考えられている。ところが後Ⅳ期古段階になると、美濃窯・藤岡窯・志戸呂窯で古瀬戸系施釉陶器窯が成立し、施釉陶器の生産技術が拡散する。当該期には擂鉢・内耳鍋・釜などの在地向け器種の生産量が増加し、古瀬戸製品の日常雑器化への動きに拍車がかかる。また、東海地方から南関東地方にかけての地域では出土量が増加していることから、施釉陶器需要層の拡大への転換期となっている。後Ⅳ期新段階には、瀬戸窯の村落近くにふたたび窯が築かれるようになり、東海地方から南関東地方では新たに登場する城館跡を中心に出土量が急増している。この傾向はその後の大窯前半期（十五世紀末～十六世紀中葉）にかけて存続し、大窯期には中国陶磁と競合しつつふたたび全国的な流通をみせる。

一方、十四世紀後半の常滑窯の窯跡分布をみると、すでに近世常滑窯と同じ状況であり、甕の窯詰め方法からおそらく十五世紀後半には常滑大窯が成立したものと推測されることは先に記した。江戸時代の常滑窯では、周辺の森林は藩の支配下で厳重に管理されており、窯場で必要な燃料は他所からの供給によっていた。この体制の成立時期は不明であるが、十五世紀後半の窖窯から大窯へという近代的様相をみせる動きと連動していたと捉えることもできよう。

図 6-13　瀬戸天目（大徳寺孤篷庵所蔵）

知多半島における窯業生産活動に対して直接的・間接的に介入した支配層としては、一色氏の存在があげられている。当時の知多半島は、それ以前の荘園体制から一色氏を中心とする武家勢力による支配へと移行していると考えられ、この支配層が近世の尾張藩に先駆けて丘陵部の森林を保護した可能性も指摘されている（中野晴久 二〇一三）。

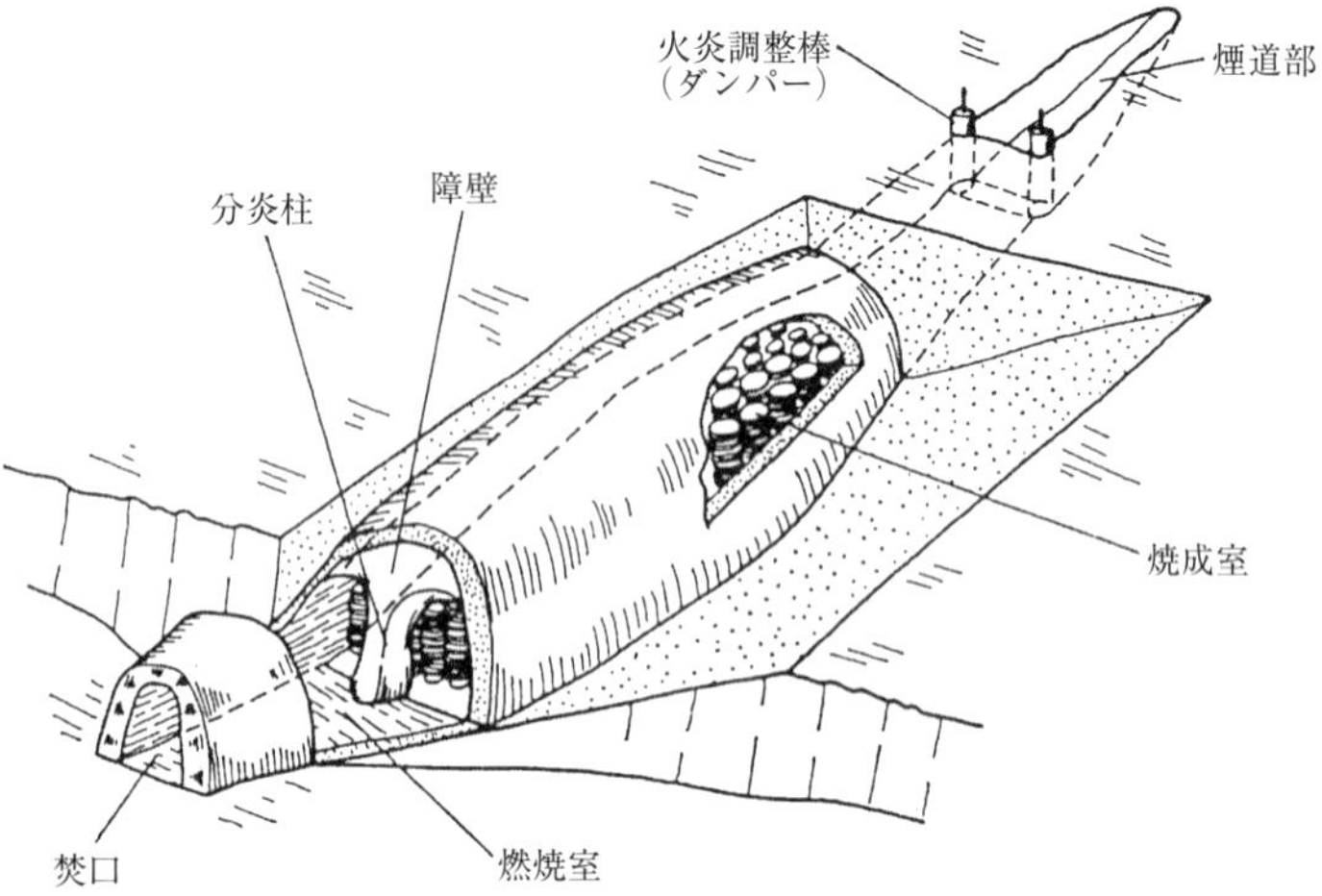

図 6-14　窖窯模式図

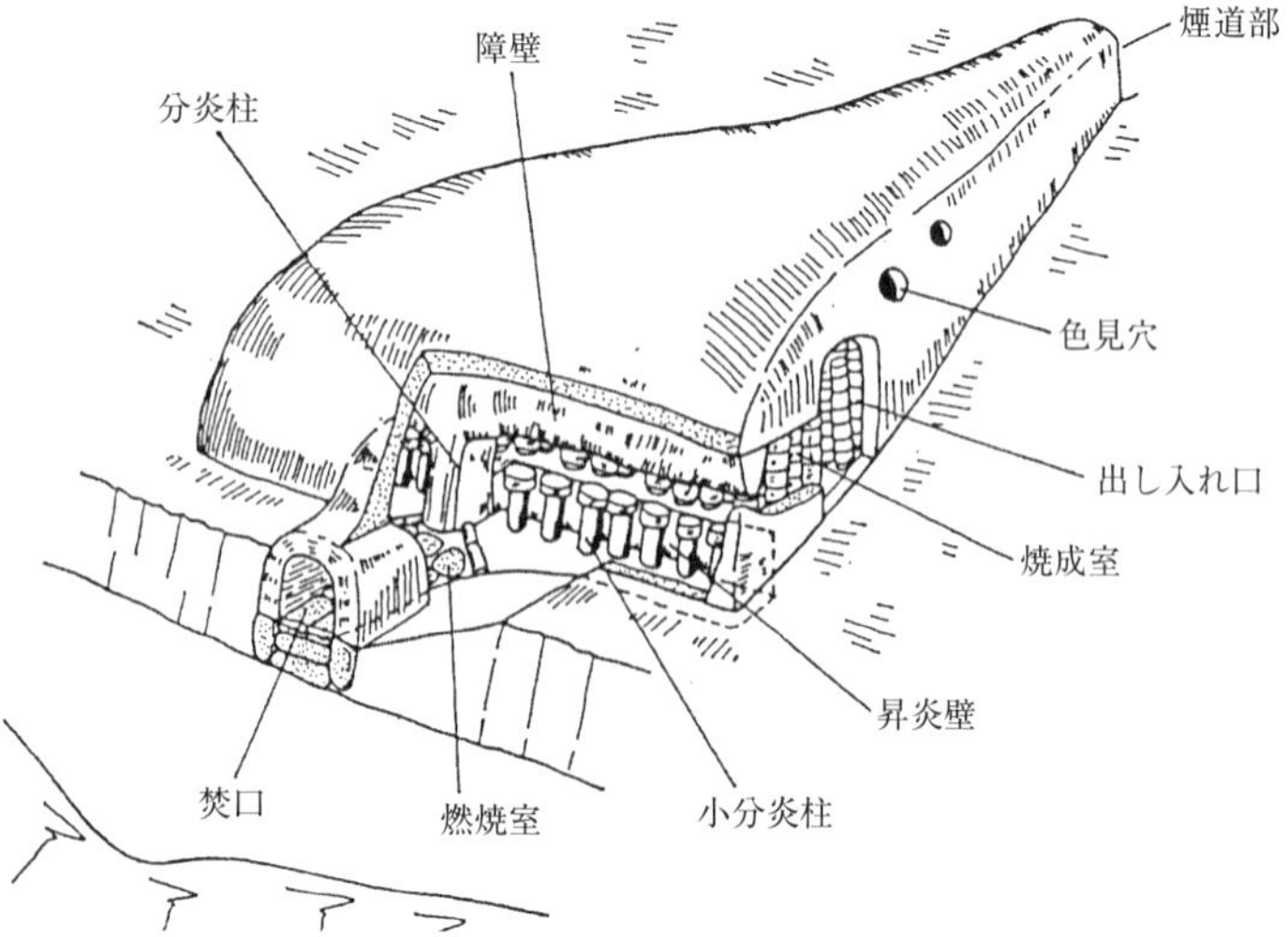

図 6-15　瀬戸美濃系大窯模式図

大窯の成立と茶陶生産

国産陶器の産地が六古窯に集約される頃、これらの窯業地では従来の窖窯から、主要製品の焼成に特化した構造の大窯へ発展させ、窯を地上化・大型化するとともに量産化を目的とした生産の合理化を図った（図6－14・15）。なお、古代・中世の窖窯や近世の連房式登窯《れんぼうしきのぼりがま》は窯業史研究上の用語であるが、「大窯」という名称は十七世紀後半の瀬戸・美濃地方の文献史料にも登場する。

瀬戸窯では十五世紀末ごろに瀬戸美濃系大窯が成立し、美濃窯と共に戦国期の施釉陶器生産へと移行していく。古瀬戸生産が多器種であったのに対し、瀬戸美濃系大窯製品は、基本器種を天目茶碗・口径一〇～一二センチ前後の小皿類・擂鉢の三種類に絞った量産体制をとる。瀬戸美濃系大窯は、第一段階から第四段階の編年が組まれ、第一・二・三段階は前後二期に、第四段階は前後末の三期に細分されている（藤澤良祐 二〇〇二）。窯跡の分布をみると、第三段階後半には瀬戸窯から美濃窯の土岐川以北地域へ生産の拠点が移動しており、大窯分布上の最大の画期とされている。ところで、同時期に静岡県の初山《しよさん》窯・志戸呂窯や富山県の越中瀬戸窯でも瀬戸美濃系大窯が成立しており、当該期の施釉陶器生産技術の移植は十五世紀中葉の古瀬戸系施釉陶器窯とは性質が異なる。

大窯期の国を越えた大規模な生産拠点の移動には、生産者の他の集落（村落）への移動を保証した為政者の存在が必要不可欠であり、「織田信長制札」（永禄六年〈一五六三〉）、「織田信長制札写」（天正元年〈一五七三〉）、「寺西藤左衛門昌吉達書写」「原田右衛門他一名連書状」（慶長十五年〈一六一〇〉）など十六世紀後半～十七世紀初頭の発給文書から、織田信長をはじめとする戦国大名が大窯生産の管掌者であったことが確実視されている。瀬戸・美濃窯の工人集団は、信長政権による領国の内外を含めた流通システムの掌握を主眼とする経済政策に直接組み込まれていったとみられる（藤澤良祐 一九九二）。さらに、瀬戸美濃系大窯では大窯第四段階には確実に黄瀬戸・瀬戸黒・志野《しの》などのいわゆる「桃山陶《ももやまとう》」の生産が行なわれるようになり、戦国大名や領主層の影響を思わせる器種が登場するのである。そしてこの様相は、直後に美濃窯に導入された連房式登窯の初期段階で生産される織部焼に発展し、これらは全国の戦国城館や都市へ搬入されている。

十五世紀の窯業生産

最新の研究によれば、東海の中世窯は大きく三段階に区分されている（藤澤良祐 二〇一八）。第一段階（十一世紀末〜十三世紀初頭）は、東海地方における中世窯の成立期であり、藤岡窯など一部を除きすべての窯業地で生産を開始する。古代灰釉陶器以来の器種である山茶碗類や片口鉢Ⅰ類に加え、渥美窯や常滑窯などで経筒外容器・大形壺・甕類、猿投窯や瀬戸窯などで小形壺・瓶類といった新たな中世陶器が登場する。第二段階（十三世紀中葉〜十四世紀前葉）は、東海地方のなかで中世窯の再編が行なわれる。前段階に新たに登場した中世陶器の特産化と同時に窯業地の再編成がすすめられ、瀬戸窯では小形壺瓶類の生産を、常滑窯では大形壺甕類の生産をほぼ独占していく。また、尾張型山茶碗類の生産は瀬戸窯と藤岡窯に集約され、東濃窯は東濃型山茶碗の生産に専念するようになる一方、これ以外の多くの窯業地が衰退、廃絶にいたる。

このような経緯をへて、東海地方の窯業生産は瀬戸窯・常滑窯・東濃窯・藤岡窯に集約されるのが第三段階（十四世紀中葉〜十五世紀後葉）である。このうち東濃窯は、東海地方の窯業地で唯一中世をとおして山茶碗生産を主体とし、十四世紀以降は減少する尾張型山茶碗の不足を補うように地域の需要に応えつづけた（山本智子 二〇二〇）。同様に、瀬戸窯からの工人移動によって十三世紀中葉に成立した藤岡窯も、生産量を減少させながら十五世紀後半まで継続するが、つづく大窯生産に転換したのち短期間で廃絶にいたる（『愛知県史 別編窯業2』）。

瀬戸窯以外の窯業地は日常雑器を主体に生産を行なってきたが、瀬戸窯においても十四世紀中葉に古瀬戸後期様式が成立し、主要器種も碗・皿・盤類など供膳具を中心とした日常雑器が中心となる。とくに後Ⅳ期古段階に古瀬戸系施釉陶器窯が成立するとその傾向に拍車がかかるが、一方でつづく後Ⅳ期新段階には瀬戸窯の瀬戸村・水野村・品野村の集落周辺に窯を築くようになり、生産体制の近代化への胎動をみせる。

常滑窯でも、十四世紀後半には壺・甕・片口鉢Ⅱ類を専焼しながら、関東から東海地方は常滑窯、日本海沿岸地域は越前窯、西日本は備前窯の製品が大形壺甕類の需要を満たすようになり、片口鉢Ⅱ類は古瀬戸の擂鉢が次第にとって代わっていく。また、窯の立地は沿岸部の集落周辺へ移動し、十五世紀後半には大窯構造に発展している可能性が指摘されるなど近代化の様相をうかがわせる。

第二段階以降、瀬戸窯では施釉陶器生産者と山茶碗生産者の協業体制をとり、常滑窯では山茶碗の生産を放棄して壺・甕・片口鉢Ⅱ類の生産に専念している。陶器生産の集約化が行なわれた第三段階に、在地向けの山茶碗生産を主体としていた東濃窯や藤岡窯はともかく、製品を全国流通させていた瀬戸窯と常滑窯はいずれも尾張国に属する。東海の窯業生産の主要部分は十四世紀中葉以降には尾張国内で行なわれていた状況である。その後、瀬戸美濃系大窯の生産・流通は織田信長などの戦国大名に掌握されていく。常滑窯は明確な史料は認められないが、管掌者となり得る一色氏などの存在は無視できず、程度の差はあれど領国経済の一環として管理下に置かれていたものとみられる。

〔参考文献〕

浅野春樹『中世考古〈やきもの〉ガイドブック』新泉社、二〇二〇年
入間田宣夫「逃散の作法」『百姓申状と起請文の世界』東京大学出版会、一九八六年
上村喜久子「尾張国衙領」『講座日本荘園史5　東北・関東・東海地方の荘園』吉川弘文館、一九九〇年
宇野隆夫「中世陶器の生産と流通について」『瀬戸市埋蔵文化財センター研究紀要』五、一九九七年
小野正敏『戦国時代の考古学』講談社、一九九七年
中野晴久「瓷器系中世陶器の生産」『古瀬戸をめぐる中世陶器の世界』瀬戸市埋蔵文化財センター、一九九六年
同　『中世常滑窯の研究』愛知学院大学博士論文、二〇一三年
楢崎彰一編『世界陶磁全集3　日本中世』小学館、一九七七年
同　『展示図録　東洋の陶磁』愛知県陶磁資料館、一九七九年
同　『原色日本の美術　第22巻　陶芸（一）』小学館、一九八〇年
同　「日本出土の宋元陶磁と日本陶磁」『国際シンポジウム新安海底引揚げ文物報告書』中日新聞社、一九八四年

藤澤良祐「古瀬戸中期様式の成立過程」『東洋陶磁』八、一九八二年
同「大窯期工人集団の史的考察─瀬戸・美濃系大窯を中心に─」『国立歴史民俗博物館研究報告』四六、一九九二年
同「山茶碗研究の現状と課題」『三重県埋蔵文化財センター研究紀要』三、一九九四年
同「瀬戸古窯跡群Ⅲ─古瀬戸前期様式の編年─」『瀬戸市埋蔵文化財センター研究紀要』三、一九九五年
同「瀬戸・美濃大窯編年の再検討」『瀬戸市埋蔵文化財センター研究紀要』一〇、二〇〇二年
同「「古瀬戸系施釉陶器窯」の成立過程」『下石西山窯跡発掘調査報告書』土岐市埋蔵文化財センター、二〇〇四年
同「中世瀬戸窯の乾燥場遺構」『吉岡康暢先生古希記念論集　陶磁器の社会史』桂書房、二〇〇六年
同『中世瀬戸窯の研究』高志書院、二〇〇八年
同「東海地方における中世窯の消長─中世前半代の様相を中心に─」『東海窯業史研究論集Ⅰ』東海窯業史研究会、二〇一八年
藤澤良祐・山本智子ほか「中世常滑窯編年の再検討─5型式期以降を中心に─」『上県2号窯跡第9次調査発掘調査概要報告書』愛知学院大学文学部歴史学科、二〇一五年
三宅唯美「室町幕府奉公衆土岐明智氏の基礎的整理」『マージナル』九、一九八八年
村岡幹生「守護領国制下の尾張」『新修名古屋市史　第二巻』名古屋市、一九九八年
山本智子『中世東濃窯の研究』愛知学院大学博士論文、二〇二〇年
同「山茶碗」『新版　中世の土器・陶磁器』真陽社、二〇二二年

吉岡康暢「一五・一六世紀の窯業生産」『東日本における中世窯業の基礎的研究』国立歴史民俗博物館、一九九三年
同　「中世陶器の分類」『中世須恵器の研究』吉川弘文館、一九九四年
『愛知県史　別編窯業2　中世・近世瀬戸系』愛知県、二〇〇七年
『愛知県史　別編窯業3中世・近世常滑系』愛知県、二〇一二年
『瀬戸市史　陶磁史篇二』瀬戸市、一九八一

コラム4

美濃紙

古田憲司

国産で年代のわかる最古の紙は、正倉院《しょうそういん》文書の大宝二年（七〇二）の戸籍であるが、それは六つあり、その内四つが美濃に関するものである。そのなかの味蜂間《あじはちま》郡（安八《あんぱち》郡）春日《かすが》部《べ》里《り》と本巣《もとす》郡栗栖《くるす》太《だ》里《り》の戸籍に使われた紙は、原料の処理・叩解《こうかい》・漉《す》きかたなどにおいてきわめて優秀であり、製紙技術の水準が高いと評価されている（寿岳文章 一九六七）。この時代の紙は官衙《かんが》の工房で漉いており、美濃の役所の技術がきわめて優れていたといえる。また『延喜式《えんぎしき》』巻十五には、内蔵寮《くらりょう》の年料色紙四六〇〇帳をつくるため、これに要する諸材料を美濃に交付し、とくに図書長《ずしょちょう》上《じょう》一人を派遣し、監督せしめたとあり、美濃は延喜年間（九〇一～九二三）に、官設の抄紙場《しょうしば》として唯一紙屋《かみや》が存在した特別な国でもあった（小野晃嗣 一九三六）。

鎌倉時代美濃における紙に関する史料としては『神鳳抄《じんぽうしょう》』をあげることができる。これは伊勢神宮が所有する諸国における領地の一覧表である。美濃では紙を納入する御厨《みくりや》として、下有知《しもうち》御厨（岐阜県関市）と池田《いけだ》御厨（岐阜県多治見市）を掲載しているが、いずれの御厨も五〇帖《じょう》の紙の納入義務があった。この紙をこれらの御厨ではどのように調達したのか。特定の農民を指定して紙を漉かせたのか、あるいは市場で購入したのか、よくわからない。美濃では、古代に官衙がもっていた優れた技術が、鎌倉時代にはどのように伝わり、どのように民間の技術となっていったのか。これは大事な点であるが、よくわからない。

中原師守《なかはらもろもり》は『師守記』のなかで、暦応四年（一三四一）正月三日の引出物に、「美乃紙一帖」を賜ったと書き記している。禅僧義堂周信《ぎどうしゅうしん》（一三二五〜八八）は、『空華集《くうげしゅう》』のなかに「濃州の龍《りゅう》門《もん》の故人に寄せる」と題した七言律詩を載せている。その七句目と八句目に、「嚢《ふくろ》の中の幾幅かの濃州紙、惜しむことなかれ、詩を書き記して、故人に寄する」と詠んでいる。龍門とは龍門寺のことで、美濃に存在した五山系禅宗寺院である。このように、南北朝時代になると、美濃紙という言葉が日記・文学作品に現れるようになるが、京都では商品として流通し始めていたと考えられる。

美濃紙の名称は、十五世紀に入ると、一気に公家や僧侶の日記に頻出する。美濃紙は「美濃紙」という名称のほかに、「濃紙《のうし》」「薄白《うすしろ》」「草子《そうし》紙」「森下《もりした》紙」「天久常《てんぐじょう》」「モロクチ」「中折《なかおり》紙」「地かみ」「薄紙」「くろ紙」「母体《もたい》紙」「白河《しらかわ》」「料紙《りょうし》」「礼紙《らいし》」「雑紙《ぞうし》」など、多様な名称として出てくるようになる。森下紙・草子紙は厚い紙、天久常は薄い紙、モロクチは書院紙のことであり、多様な紙が漉かれていた。また母体紙は岐阜県郡上市大和町母袋《やまとちょうもたい》、森下紙は山県市美山町森下《みやまちょうもりした》、白川紙は加茂郡白川《しらかわ》で漉かれた美濃紙であり、美濃のひろい範囲の山間部で漉かれていた。興福《こうふく》寺大乗院《じだいじょういん》では、大般若経《だいはんにゃきょう》の摺写《しょうしゃ》に播磨の大蔵紙《おおくらかみ》（兵庫県明石市大蔵谷産）と美濃紙を使用したが、それぞれ二種類あって、値段は大蔵紙に対して美濃紙は、七割・五割、母体紙にいたっては三割強となっていて、きわめて廉価であった（『大乗院寺社雑事記』『天文日記』）。

応仁三年（一四六九）三月十二日付け室町幕府奉行人連署《れんしょ》奉書案（「京都東山御文庫《ひがしやまごぶんこ》記録」）によると、「美濃国大屋田市紙荷公事物の事、毎月六度運送することになっている」とあって、美濃国の大屋田《おやだ》（岐阜県美濃市大矢田）では六斎市《ろくさいいち》が開かれていた。この六斎市は、常陸の国府に次いで古い時期に開かれていることから、大矢田の紙市の存在は、美濃紙がこの時代に、他所を抜きんで大量に生産され流通していたことを物語っている。

大矢田における六斎市の開設の時期は、応仁三年からいつまでさかのぼることができるだろうか、地元に残る史料をもとに検討してみたい。現在大矢田には、「ひんここ祭り」で有名な大矢田神社（牛頭《ごず》天王社《てんのうしゃ》）がある。この神社は、かつては市場に集う商人がその祭りをつづけてきた。このことから、次のことが容易に想像される。つまり、六斎市が成立し、この市が繁栄すると、人々が集住し町ができる。この町に住む人々は感染症を恐れ、疫病退散に効果のある牛頭天王社を勧請《かんじょう》した。神仏習合の時代であるから、神社が勧請されると同時に別当寺《べっとうじ》も創建されたであろう。その別当寺禅定寺《ぜんじょうじ》の塔頭《たっちゅう》の一つであった極楽坊《ごくらくぼう》の「極楽坊世代」と題する過去帳には、第一世は「法印宗運《そううん》　永享五癸丑年十月十九日」と記されており、初代の宗運は永享五年（一四三三）に死去している。このことから、極楽坊の創建、つまり禅定寺・牛頭天王社の創建は永享五年より前、さらに六斎市の開設はそれより少し前ということになる。先述した美濃紙の記事が、十五世紀のはじめから頻出するという事実を勘案すると、六斎市の開設の時期は十五世紀のはじめと考えられる。

大矢田に六斎市が開設されたのは、この時代に紙の需要が増大し、それに応えるためであったが、このような紙の需要はどうして起きたのだろうか。生活や文化のレベルが向上したからであるが、人口の増大がその背景にあったと考えられる。古代後半から鎌倉時代の段階までは日本の人口は停滞的であった。弘安三年(一二八〇)の人口の推計値は、多く見積もっても六二〇万人であったが、宝徳二年(一四五〇)の人口の推計値は、多く見積もって一〇五〇万人となっており、この間人口は一・七倍ほど増大したことになる。さらに慶長五年(一六〇〇)が一七〇〇万人と考えると、一四五〇年から一六〇〇年までには一・六倍ほど増大したことになる(斎藤修・高島正憲 二〇一七)。このことが、紙を含めて、諸生活用品の需要の増大をもたらす決定的な要因ではなかったか。

美濃は、八丈絹《はちじょうぎぬ》・美濃紙のほかに、十五世紀に入ると関の打刃物《うちはもの》業が発展し、また東濃ではそれより遅れて、大窯《おおかま》が稼働して陶器の大産業地となって豊かな国となっていた。桂庵玄樹《けいあんげんじゅ》(一四二七〜一五〇八)は『島隠集《とういんしゅう》』のなかで、「京より東の国で美濃ほど富華の国はない」として、そうなった理由は「上は太守に仁があり、下には権臣に威があるからである」と褒め称えている。桂庵玄樹が活動した時期の美濃は、権臣《けんしん》である守護《しゅご》代斎藤《だいさいとう》氏の強大な権力によって、国内は安定していた。経済を発展させるには、生産者や商人の安全と自由を保障し、安心して活動できる環境をつくることであると、桂庵玄樹はこの情況を捉えて褒めたのであろうか。

〔参考文献〕

小野晃嗣「中世に於ける製紙業と紙商業」『日本産業発達史の研究』岩波書店、一九三六年
斎藤修・高島正憲「人口と都市化と就業構造」『岩波講座日本経済の歴史1中世』岩波書店、二〇一七年
寿岳文章『日本の紙』吉川弘文館、一九六七年

七　東海の災害・環境と交通路

榎原雅治

1　室町時代の南海トラフ巨大地震

明応七年地震

東海地方は過去にいく度も南海トラフを震源とする巨大地震とそれにともなう津波の被害をうけたことが知られている。このタイプの巨大地震は一〇〇〜二〇〇年の間隔をおいて繰り返し発生してきたと考えられており、遠くない将来にも類似の巨大地震に襲われる可能性が指摘されている。本章では、室町時代に東海地方を襲った地震と津波の被害の様相を中心に、東海地方の災害の歴史をみてみたい。

明応七年（一四九八）八月二十五日朝に起きた地震については、京都から八丈島にいたる広い地域に関係史料が残っている。とくに伊勢・遠江・駿河には、地震とその後に海岸を襲った津波に関する複数の同時代史料が残されている。京都・奈良・鎌倉以外の地域での被害状況が具体的に記された中世の地震はほかにはきわめて少なく、この地震の衝撃の大きさがうかがえる。

この地震・津波について、京都・奈良では『後法興院記』『実隆公記』『言国卿記《ときくにきょうき》』『忠富王記《ただとみおうき》』『御《お》湯殿上《ゆどののうえ》日記』『大乗院寺社雑事記』などに記述がある。なかでも三条西実隆は「早朝地震が大動した。五十年来このようなことはなかったということだ。私は生まれて以来、いまだこのようなことを知らない」と記し、その揺れの大きさに驚いている。余震と思われる揺れは十一月末まで記されているが、とりわけ閏十月十八日未明の揺れについては、諸記主が一致して大きな揺れであったと表現している。もっとも八月の本震も京都での被害は記されておらず、公家社会の対応はもっぱら祈禱と陰陽道《おんみょうどう》による吉凶の占いだったようである。京都での震度は五程度であろう。

津波の襲来

地震のちょうど一ヵ月後、前関白近衛政家のもとに、八月の地震の日、伊勢から伊豆に「大浪」が打ち寄せ、海辺二、三〇町の民家が「溺水」して、多くの人や牛馬の命が失われたとの報が届いている（『後法興院記』）。地震にともなう津波であることはまちがいない。そして遠江・駿河・伊勢には、津波の被害を目の当たりにした人物の記録が残されている。

その一つは、遠江国原田荘（静岡県掛川市）に生まれ、明応七年にはその付近の禅寺の住持だった松堂高盛《しょうどうこうせい》の語録『円通松堂禅師語録《えんつうしょうどうぜんじごろく》』である。記述は具体的で、要約すると次のようになる。

八月二十五日辰《たつ》刻、突然の大震動があり、人々は歩くことができず、念仏を唱える年寄りや泣き叫んで親を呼ぶ幼児がいた。大地は割れて一メートル以上の水を噴き上げ、山は崩れた。八月上旬の台風ですでに傷んでいた家屋は潰れてしまった。まもなく大津波が襲い、海辺の家屋や寺社はすべて流された。商客や旅人、芸能民などでにぎわっていた港町の被害は殊に甚だしく、身分を問わず、どれだけの人や牛馬が失われたのかわからない。

ここには震動・液状化による噴砂・津波の様子が具体的に記されている。後述する伊勢の『皇代記《こうだいき》』には遠江の小川《こがわ》と「柿基」が壊滅的な被害をうけたことが記されているが、「柿基」はおそらく柿墓《かきづか》の誤記で、天竜《てんりゅう》川河口の港町掛塚《かけづか》（静岡県磐田市）のことであろう。松堂の記す港町の惨状は掛塚で取材されたものであろう。

もう一つの小川（静岡県焼津市）の被災状況は、駿河国清水の日蓮宗《にちれん》海長寺《かいちょうじ》の住持日海《にっかい》の残した『日海記』で知られる。大地震の日、日海自身は本山である甲斐の身延山《みのぶさん》に滞在していたが、この地震によって、再建されてまだ日の浅い身延山の堂舎は潰滅した。驚いて海長寺に戻ると、堂舎・僧房は潰滅、仏像は破壊され、経典・聖教は雨にも遭って餅のようになっていた。また、前日から説法のために小川に出かけていた前住持の日円《にちえん》は同地で被災し、堂舎ともども津波に巻き込まれて命を落としたという。日常の活動が突然に災害によって断ち切られた様子がうかがえよう。

津波による被害が生々しく記された史料としては、伊勢神宮で書き継がれた『皇代記』がある。それによれば、伊勢湾岸の港町大湊では、松の高い枝を越えるほどの津波が襲来して、多くの人命が失われたという。また興味深いことに、第一波のあとに大きな引き潮があったことが記録されている。すなわち、はじめの「高潮」（津波）のあと、広大な干潟が現れ、珍しがって人々が見に行っていたところに第二波が押し寄せ、驚いて逃げようとしたものの、ほとんどの人が命を落としたとされる。

伊勢湾の港町として、また伊勢参詣路の宿場として繁栄を誇った安濃津《あのつ》も津波による潰滅的な被害をうけた。大永二年（一五二二）にこの地を通過した連歌師宗長は、草地ばかりの荒野となった様子を嘆いている。考古調査によれば、実に十八世紀初頭にいたるまでの二〇〇年にわたって遺跡の空白期となるという（伊藤裕偉 二〇一三）。

このほか、江戸期の史料になるが、紀伊の熊野では、四二日間にわたって湯《ゆ》ノ峰《みね》温泉の湯が止まり、那智社では建物が崩れ、浦々が津波に襲われたとされる（『熊野年代記』）。伊豆半島西岸の仁《に》科《しな》郷（静岡県西伊豆町）では、海から「十八九町」まで津波があがり、田園が水に浸かったという（『豆州誌《ずしゅうし》稿《こう》』）。また八丈島では、八月二十五日に出港しようとしていた船が津波に襲われ、船荷と船頭一人が流されたという（『八丈島小島青ヶ島年代記』）。

浜名湖に残る明応地震の痕跡

明応地震の痕跡を、意識しないうちに目にしている現代人は少なくないはずである。東海道新幹線からみえる浜名湖の湖口部の眺めは沿線でも屈指の景勝であるが、この浜名湖と太平洋を結ぶ水路こそ、明応地震の津波によってできたものである。現在、この水路は「今切《いまぎれ》」と呼ばれているが、中世日本語の「今」とは「現在」ではなく、「新しい」という意味である。つまり太古からあった湖口ではなく、人々の知る時間のなかで誕生した湖口であることを、この呼称は示している。この地は平安時代以来、都人にも知られた東海道交通の要衝であり、かつ景勝地であった。その光景を称えた紀行文や和歌も多い。それらを注意深く読むと、明応地震以前と以後では、浜名湖の湖口部の景観が異なっていることがわかる。

その景観をうかがわせる最古の史料は『日本三代実録《にほんさんだいじつろく》』元慶八年（八八四）九月一日条である。それによれば、浜名湖の湖口部には長さ五六丈（約一七〇メートル）、広さ一丈三尺（約四メートル）の橋が架けられており、貞観四年（八六二）に修造されたが、すでに損壊が進んでいたという。ついで寛仁四年（一〇二〇）、父菅原孝標《すがわらのたかすえ》の任地上総より上洛中の『更級《さらしな》日記』の作者は、ここを舟で渡っているが、以前、上総に向かったさいには橋で渡ったと記している。鎌倉期になると『海道記《かいどうき》』（貞応二年〈一二二三〉）、『東関紀行《とうかんきこう》』（仁治三年〈一二四二〉）、『十六夜《いざよい》日記』（弘安二年〈一二七九〉）、『済北集《さいほくしゅう》』（応長元年〈一三一一〉）に「浜名橋」での光景が記される。それらからは「浜名橋」のたもとには橋本宿《はしもと》があり、そこは湖と海をともに見渡すことのできる風光明媚の地であったことがわかる。

なかでも禅僧虎関師錬《こかんしれん》の詩文集『済北集』に収められた「遠州橋下《えんしゅうはしもと》」と題する七言絶句の転句と結句には「左の海、右の湖は同一の碧《みどり》、長虹《ちょうこう》合わせ飲む両波瀾《はらん》」という貴重な描写がある。このとき虎関は鎌倉から西に向かっていたので、「左の海」は遠州灘、「右の湖」は浜名湖をさす。「長虹」は橋のことであるから、この表現は遠州灘と浜名湖がまさに浜名橋の下でつながっていた様子を描写したものと解釈できよう。

橋本は東海道交通の要衝でもあった。鎌倉～室町期の東海道の旅行記録をみれば、橋本宿は必ず宿泊地となっている。歌人たちだけでなく、『吾妻鏡』からは、源頼朝・藤原頼経《よりつね》らの関東―京都往復のさいに宿泊地とされていたことが知られる。建武二年（一三三五）末、後醍醐政権に反旗を翻した足利尊氏の進軍記録である「足利尊氏宿次注文《しゅくつぎちゅうもん》」には、橋本宿で足利軍と政権軍の合戦が行なわれていたことが記されている。

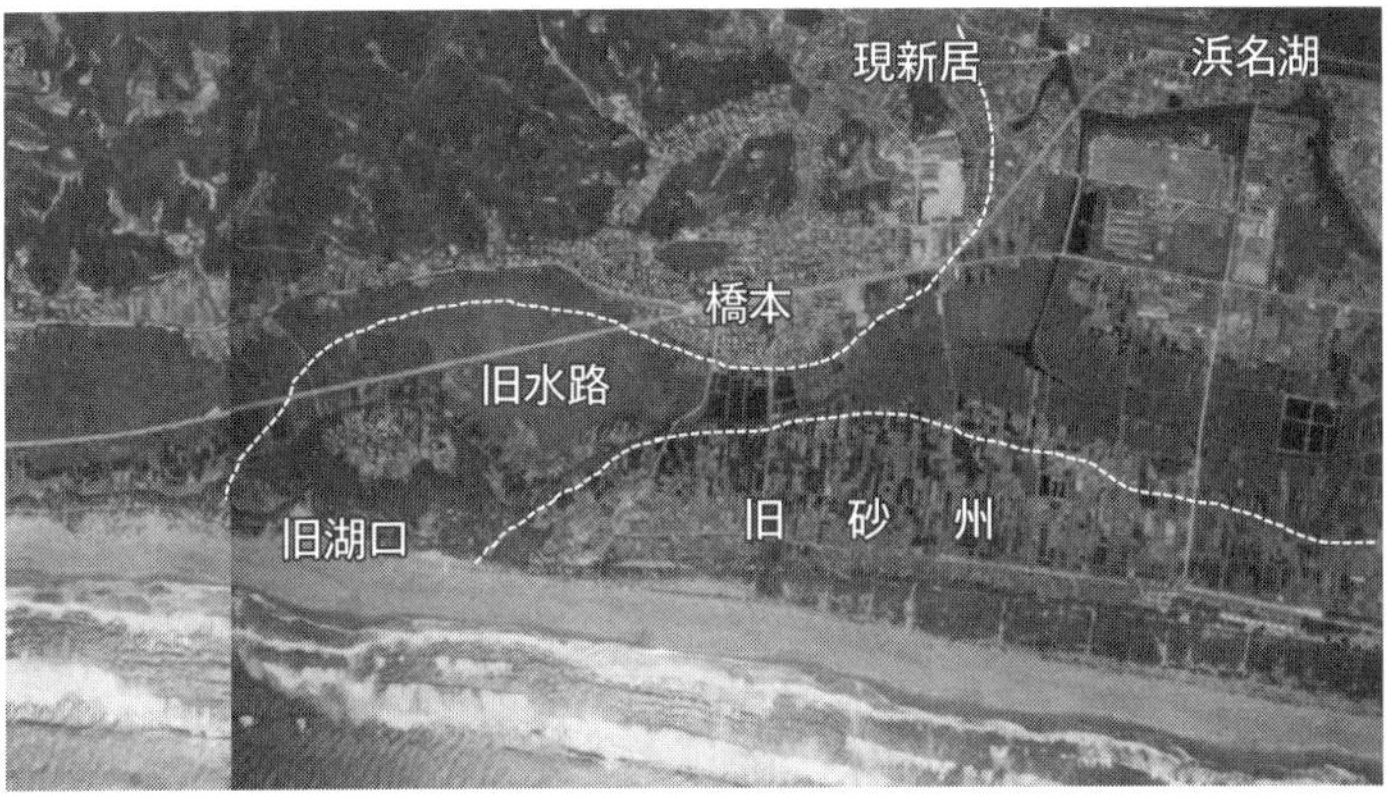

図 7-1　橋本付近の航空写真（国土地理院地図・空中写真閲覧サービス，1959 年撮影）

橋本という地名は静岡県湖西市新居《あらい》町浜名の通称地名として現存する。現在では浜名湖からは最短で一・五キロ、今切からは三キロ以上も隔たった場所であるが、一九五九年撮影の国土地理院航空写真（図7－1）をみると、橋本の地先に、浜名湖から遠州灘につづく低地帯を明瞭に認めることができる。これがかつての水路の跡であることは容易に推測できるだろう。橋本付近で水路跡が最も狭くなり、対岸の砂州との距離が近づいていることもわかるだろう。ここが平安・鎌倉期には浜名湖の湖口であり、浜名橋が架けられていた場所だったのである。

この橋本宿と浜名橋の景観を一変させたのが明応地震にともなう津波である。この地震ののち、東海道の紀行文から橋本と浜名橋の名は消える。大永六年（一五二六）にここを通過した連歌師宗長は、「先年の高潮によって、恐ろしい荒海を渡ることになった」（『宗長手記』）と記している。浜名橋は橋本宿もろともに流失し、新たな湖口、今切が出現したことを述べているのであろう。

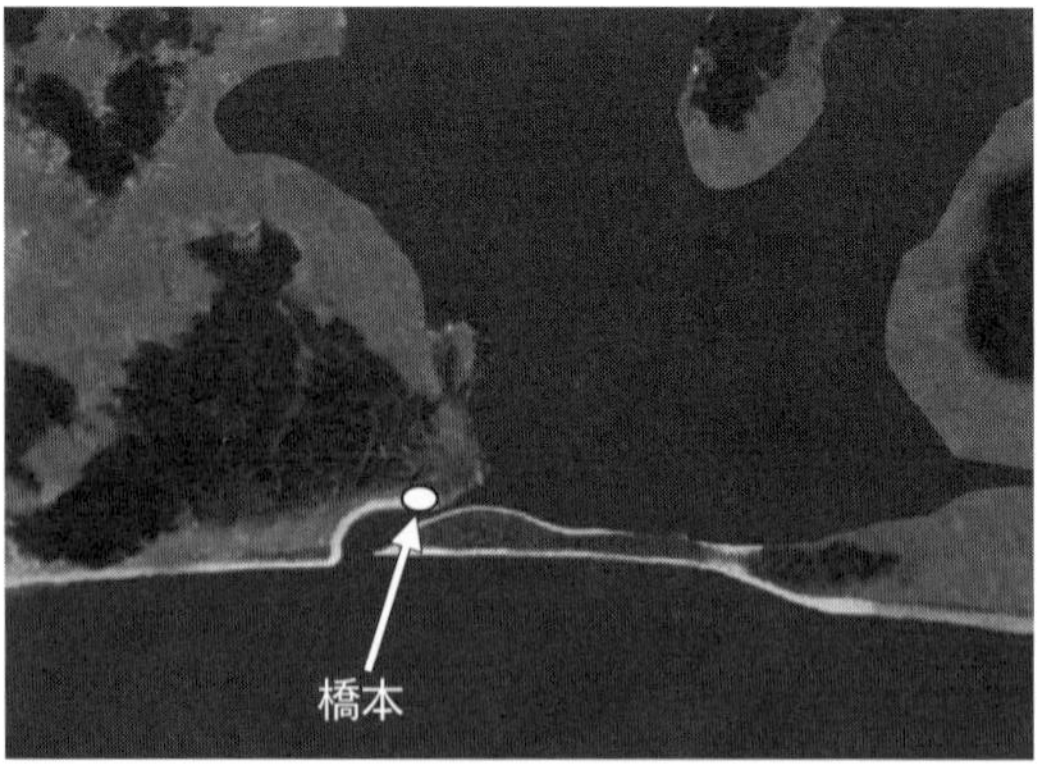

図 7-2　平安後期〜室町中期の浜名湖（ABC テレビ提供）

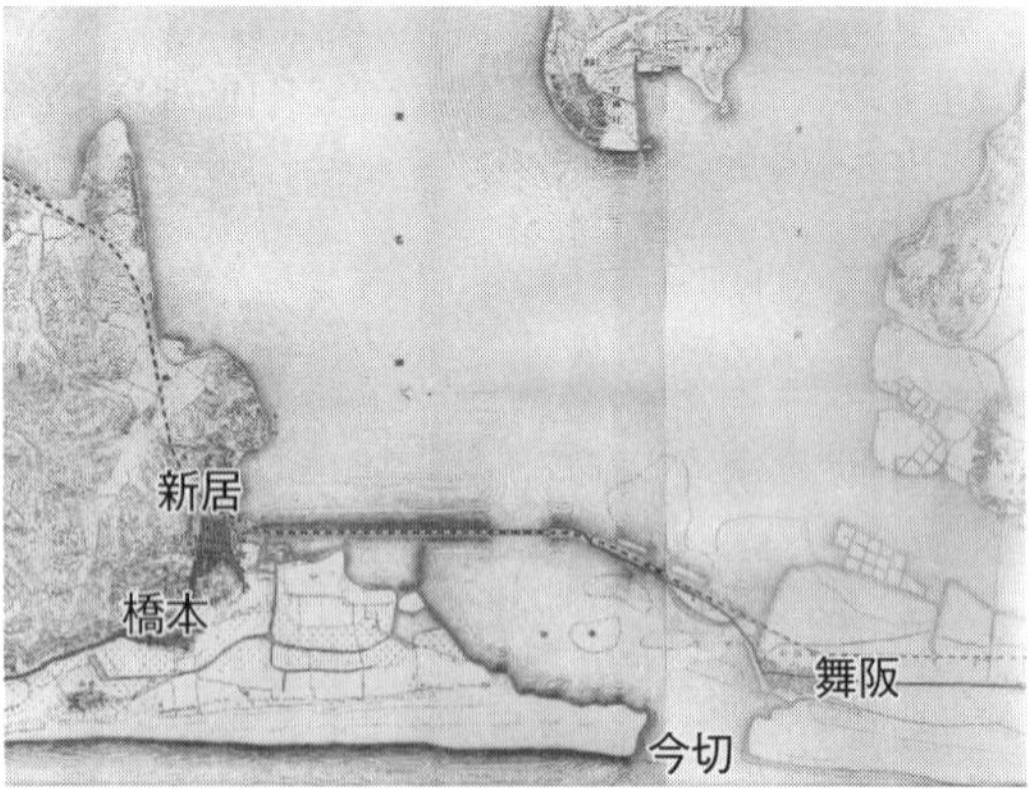

図 7-3　明治初年の浜名湖（迅速図）

紀行文の種々の記述や航空写真などを総合して推定される明応地震以前の浜名湖口部の地形は、図7－2のようになる。これを明治初年の地図（図7－3）と比べてみると、両者をつなぐ水路の位置が大きく違うことがわかる。今切の出現によって旧水路は干上がるだけでなく、旧湖口には沿岸流による流砂が流れ込んで堆積し、橋本は海から遠ざかった場所になったのである。この変化が明応地震による津波によるものなのである。

浜名湖は沈下したか

明応地震が浜名湖におよぼした影響として、浜名湖口部の広範な沈下があったという説が流布している。これは遠江の地誌『遠江風土記伝』（寛政十一年〈一七九九〉刊）に引用された宝永四年（一七〇七）の新居関司富永政愈の書に「明応八年六月十日、甚雨大風、潮海と湖水の間の駅路没す（中略）、是《これ》より以来、湖水変じて潮海と為《な》る」という記述によって、明応以前には浜名湖は淡水湖であり、海水は遡上していなかったと考え、現在、浜名湖が汽《き》水《すい》湖であるのは明応地震で浜名湖一帯が沈降したためであると推定したものである（都司嘉宣 一九八〇）。さらに、浜名湖南部の湖底遺跡から縄文～鎌倉期の遺物が採集されたこと、および八世紀の「浜名郡輸租帳」に載る新居郷の田数総数が一一二八町にのぼることを根拠に、明応地震以前の浜名湖南部は広い陸地であったとする説も唱えられている（矢田俊文 二〇〇九）。しかし、これは鎌倉時代の紀行文や和歌に記された橋本の景観とは合致しない。またそれらを読めば、当時、海水が浜名湖の側に遡上していたことは明らかで、明応以前には淡水湖であったという前提が成り立たない。さらに湖底遺跡から採集された鎌倉期の遺物とは陶錘《とうすい》（地曳網か定置網に使われた陶器製品）であることは発掘調査報告書に明記されているから、この遺物の出土は、逆に鎌倉期の浜名湖南部一帯は海であったことを示している。

八世紀の田数については、一九八五・八六年に実施された湖底の堆積層の分析結果が参考になる。すなわち堆積層に含まれる淡水性の植物種の比率とその増減から、浜名湖付近では、二八〇〇～一〇〇〇年前には海水面が下がって湖口部が陸化し、浜名湖は完全に淡水化したこと、一〇〇〇年前以降になるとふたたび海水が湖内に流入するようになったこと、ただし、この時期でもその前半には海生の生物遺体は確認できず、後半になって急激に増加することが明らかにされている（池谷仙之 一九九三）。八世紀は海水面の低下期にあたり、この頃には確かに浜名湖南部一帯の田数は広かったのであろうが、その状態がそのまま中世にまでつづくわけではなく、海水面は再度上昇していたのである。そして一〇〇〇年前以降の時期の後半に、急激に海生の生物遺体が増えるというのは、まさに明応津波による今切の出現と対応しているだろう。

明応地震によって浜名湖南部一帯で沈降が起きていたという説は、現在でも刊行物やウェブ検索で多くみられるが、数々の誤認にもとづいたものであり、成り立つ余地のない誤説である。

被災からの復興

地震・津波によって被災した地域でも、まもなく復興に着手されたところもあった。駿河国清水の海長寺では地震で全壊した堂舎の跡は早々に片づけられ、九月一日には寺域の四方の墻《かき》がつくられた。そして地震から五年をへた文亀三年（一五〇三）に庫裏《くり》が再建されたのを皮切りに、永正十年（一五一三）までに客殿・本堂・本仏堂が再建されている。『静岡県史 資料編七』に収録された棟札などの史料をみると、同じ頃、伊豆や遠江では諸方の寺社で造営・再興が相次いでいたことがわかる。伊豆半島西岸の仁科荘田子《たご》郷の哆胡《たご》神社は、郷内住人の助成によって文亀三年に再興されているが、棟札には「津波以後」の再興を成就した旨の記載がある。津波に襲われたとの記録の残る仁科郷では佐波《さわ》神社が、その隣の道部（静岡県松崎町）では熊野神社が文亀二年に社殿が修造されている。浜名湖岸の宇布見《うぶみ》でも息《おき》大明神が文亀元年に村人たちの奉加によって、また日吉《ひよし》神社が永正七年に長宝寺衆徒らによって修造されている。被災との関係は明記されないが、いずれも海辺の低地であり、津波被災からの復興であろう。一方で、青谷《あおや》村天照大神宮（静岡県浜松市天竜区）が明応七年十一月にその地の有力者や住人の奉加によって造立され、長間《ながんま》郷牛頭天王社（掛川市）が文亀元年に「衆力」によって造営されるのをはじめ、遠江の山間部の神社の造営もめだっている。また伊豆半島では、文亀二年十一月の熊野権現（松崎町）、永正三年三月の白山神社（西伊豆町）、同年九月の小野郷三島神社（静岡県南伊豆町）、永正九年十二月の法雲寺観音殿（静岡県下田市）など、とくに半島南西部の山間部に寺社修造の棟札が集中して残されている。震動、山崩れ、倒木などによる建物被害からの再建である可能性があるだろう。

こうした造営の多くは住人たちも加わる奉加によって行なわれている。被災者への鎮魂と未来の災害の消除への祈りによるものであろう。それは生き延びた者にとっては切実な願いであっただろう。しかし海長寺の再建過程をみてもうかがえるように、片づけは早々に行なわれたものの、本格的な復興が始まるのは五年後である。そのほかの造営が行なわれたのも地震から数年へたのちである。最優先の生活と生産の場を再建するにはそれくらいは要したのであろう。また、安濃津のように沈降のあった海岸部では長期にわたって人の住まない状況がつづいたし、橋本は浜名湖の形の変化によって交通の要衝としての機能を失い、その再建は新居に場所を移して行なわれることになったのである。

2　繰り返される南海トラフ巨大地震

南海トラフ巨大地震は日本史上でいく度も起きている。文献史料に書き残された最も古い南海トラフ地震は、天武十三年（六八四）の地震である。美術史の時代区分名称によって白鳳《はくほう》地震と呼ばれることが多い。

白鳳地震で東海は揺れたか

この地震については『日本書紀』天武天皇十三年十月十四日・十一月三日、十四年四月四日条に記載されている。それらから諸国で大地震があり、山崩れ・建物被害が甚だしかったこと、伊予・紀伊で温泉が止まり、土佐の海岸では沈降があったことが知られる。伊予・紀伊の温泉の停止や高知平野の沈降は南海トラフで発生する巨大地震の特徴とされており、白鳳地震がその一つと評価されているゆえんである。ただ、南海トラフ巨大地震は東海地震と南海地震の連動するものと考えられているが、『日本書紀』の記す地震被害は紀伊以西のもののみである。わずかに十月十四日条に伊豆島の西と北の二面が「増益」したことが記されており、巨大地震と関連して伊豆諸島のいずれかで火山活動が活発になった可能性は指摘できるが、地震や津波について文献史料から新たな情報を得ることはほぼ不可能である。いかにして白鳳東海地震の証拠をみつけるかが、歴史上の南海トラフ地震研究の一つの課題であるが、近年、地質学の調査によって注目される結果が報告されている。

二〇一三年、磐田市を流れる太田川下流の河川改修現場の地層から南海トラフ地震の痕跡と思われる砂層が発見されたことが報告された（藤原治ほか 二〇一三）。概要は次のようなものである。

太田川の河川改修工事現場では十五世紀以前の地層の断面が現れたが（図7－4）、そこには四つの砂層を認めることができる。それぞれの層に含まれる植物遺体の放射性炭素年代測定によって、砂層は下から七世紀・九世紀・十一世紀・十五世紀ごろに形成されたものと推定された。いずれも海側から陸側に向かって細粒化・薄層化している。

図7-4　太田川河川改修工事現場で現れた津波堆積物
（Fujiwara, O. et.al.〈2020〉）

このうち白鳳地震に関連して注目されるのは一番下の層である。研究グループが、この層に含まれる礫《れき》の円磨率（小石の角の取れ方）を調査し、これを太田川の上流から運ばれて川床に堆積している一般的な礫、および遠州灘の海岸の礫の円磨率と比べると、前者よりはるかに高く、後者にきわめて近い率であった。また砂層に含まれるザクロ石（カルシウム・マグネシウム・鉄・アルミニウムなどを主成分とする硬い石）の組成率を分析したところ、やはり太田川上流のものよりも遠州灘海岸のものの方が近いことがわかった。つまり太田川下流域に七世紀に堆積した砂層は、遠州灘の海岸から運ばれてきたものであることは確実である。

太田川でみつかったほかの三つの層、すなわち九世紀・十一世紀・十五世紀の層については、後述するように対応する東海地震を文献史料にみつけることができるから、七世紀の砂層もまた東海地震にともなう津波の痕跡である可能性が高い。文献史料によって確認できる白鳳地震は南海側だけであるが、この地質学の研究成果によって、東海側でも連動した地震が起きていた可能性がきわめて高くなったといえるだろう。

平安〜南北朝時代の南海トラフ地震

太田川でみつかった九世紀の砂層に対応すると考えられる地震は、仁和三年（八八七）七月三十日の地震である。『日本三代実録』同日条には、この日の夕刻、京都で数刻におよぶ大きく長い地震があり、倒壊する建物や圧死する者があったことが記されている。また諸国でも大きく揺れ、「海潮が陸にみなぎって、溺死する者が数え切れない」という状況で、とくに摂津の状況がひどかったとされる。これは南海側の地震を示すものであるが、『類聚三代格《るいじゅうさんだいきゃく》』に引用される翌年五月の詔には、同月八日、信濃で山が崩れ、川が溢れ、「六郡」で役所や家屋が流されたことが述べられている。実際、八ヶ《やつが》岳《たけ》西麓の松原《まつばら》湖付近には天狗《てんぐ》岳《だけ》が崩落してできたと考えられる流山《ながれやま》地形が認められ、長野県千曲市屋《や》代《しろ》の地之目遺跡では厚さ一・八メートルにおよぶ平安期の砂層がみつかっている。これは、前年の地震によって山が崩落してできた堰止《せきとめ》湖が、翌年の梅雨時に決壊したことによる洪水被害ではないかと考えられている（石橋克彦 二〇一四）。千曲川水系の郡は佐久《さく》・小県《ちいさがた》・埴科《はにしな》・更級《さらしな》・高井《たかい》・水内《みのち》の六郡なので、『類聚三代格』の記述とも合致している。摂津の海岸に津波をもたらした地震と同じ年に、信濃で大規模な山の崩壊を起こす地震が発生していたとすれば、東海側でもトラフ地震が起きていた可能性が高い。京都での数刻におよぶ強く長い震動との記録から、東海と南海で同時に発生した地震である可能性も指摘されている（石橋克彦 二〇一四）。

十一世紀の砂層に対応するのは嘉保三年（永長元、一〇九六）十一月二十四日の地震である。『中右記《ちゆうゆうき》』同日条には、この日辰の刻、京都では一時（二時間）にわたる大きな地震があり、大極殿《だいごくでん》の西楼が傾いたこと、近江の瀬田《せた》橋が落ちたこと、奈良の東大寺や薬師寺《やくしじ》でも被害があったことが記されている。この地震で注目されるのは東海地方の被害が明記されていることで、同記の十二月九日条には、伊勢の阿乃津《あのつ》（安濃津）で民戸が大波浪によって多く被災したことが記されている。また『長秋記《ちようしゆうき》』十二月二十三日条には駿河国解《げ》が引用され、十一月二十四日の大地震で「仏神舎屋・百姓四百」が流失したことが述べられている。

さらに、宝治二年（一二四八）十一月日の近衛家領伊勢国益田荘住人の訴状のなかに、嘉保年中（一〇九四〜九六）の地震によって、木曽川の河口付近にあった真目賀島と今島が「空しく海塵に変じた」ことを述べた一節がある（「近衛家文書」）。地震による液状化・沈降・津波などによって河口洲が失われたことを表していると推測される。京都・奈良の被害、伊勢と駿河の津波被害の記事から、これは南海トラフの東海側の地震であろうと考えられる。また、この地震の三年後の承徳三年（康和元、一〇九九）正月二十四日にも京都・奈良で大きな揺れがあり、土佐では田千余町が海底となったとされる。東海側の地震から三年をおいて、南海側でも大地震が起きていた可能性が高い（石橋克彦 二〇一四）。

一番上の十五世紀の砂層はいうまでもなく明応七年の東海地震に対応した津波堆積物である。このように、太田川の河川改修現場でみつかった海由来の三つの砂層は、いずれも南海トラフで発生した東海地震の痕跡であると考えられる。この地域が繰り返し巨大津波に襲われてきたことの目にみえる証拠である。明応地震の南海側の地震に関する明確な文献史料はないが、地質調査では、高知県や徳島県で十五世紀末の噴砂の痕跡がみつかっており、東海地震と近い時期に南海側でも地震が起きていたことは確実と考えられている（寒川旭 二〇一一）。

中世に発生した南海トラフ地震としては、ほかに康安元年（一三六一）六月の地震が知られている。しかし文献史料から知られる地震・津波被害は、現在のところ南海側に限られており、東海側の被害を明記した文献はみつかっていない。地質調査でも明確に対応した津波痕跡は今のところ報告されていない。東海側で地震が起きたのか否か、この点は今後の調査の進展が待たれるところである。

江戸時代の巨大地震と東海地方

東海地方は江戸時代にも二度の巨大地震に襲われている。一つめは宝永四年（一七〇七）十月四日の地震である。これは南海トラフの東海側と南海側が同時に動いたものとされ、陸奥八戸《はちのへ》から中国浙江《せっこう》省までで揺れが感じられたという日本史上最大級の巨大地震である。津波の被害も大きく、土佐では一〇《メートル》を超える津波が押し寄せたと推定されている。大坂では堀を船が遡上し、多数の橋が落ち、一万六〇〇〇人以上の溺死者が報告されている（矢田俊文 二〇一三）。

東海地域では、明応七年の津波で出現した浜名湖の今切がさらに一〇町余広がり、橋本に代わる渡し場となっていた新居では家屋の四分の一、舟の三分の一が流失し、さらに高台への移転を余儀なくされた。湖南部の宇布見では沈下があり、多数の耕地が水没した。御前崎《おまえざき》周辺では逆に一～二メートルの隆起があり、それまでの遠州灘海運の重要な港であった横須賀《よこすか》（掛川市）は港としての機能を失った。渥美半島の外海側や知多半島も津波に襲われて多数の家屋が失われた（石橋克彦 二〇一四）。

再度の巨大地震は幕末の嘉永七年（安政元、一八五四）十一月三日の安政東海地震である。この時は二日後に南海側でも地震が発生している。この地震では東海地域での被害がとくに大きく、駿河・遠江の東海道筋の宿場は地震とその後の火災によって甚大な被害をうけた。津波は房総半島から紀伊半島まで襲い、熊野灘沿岸では一〇メートルに達したとされる。折からの開港交渉で伊豆下田《しもだ》に停泊していたロシア船ディアナ号が津波に襲われて帆柱が折れ、日本側が修理に尽力したことでも知られている。この津波は太平洋を越え、カリフォルニアにまで達している。また駿河湾西岸では一～三メートル隆起した（石橋克彦 二〇一四）。

このように東海地域では古代から近世末まで、いく度も南海トラフで起こる地震に見舞われている。近代にも昭和十八年（一九四三）の三河地震・東南海地震が発生している。繰り返し起こる地震であり、そのたびに大きな災害に見舞われてきた。その間隔は八〇年から二百数十年までの開きがある。古代に関しては文献史料の欠落ではないかという見方もあるが、現在報告されている地質調査の結果からはその可能性は低く、現状では周期は明確でないといわざるを得ない。確実なのは、今後も確実に巨大地震は起こるということである。

3　中世東海地域の自然環境と交通

大河と東海道

東海地域を特徴づける自然環境は大河と内水面である。この環境が災害のあり方を決定づける要因の一つとなっている。十一世紀の南海トラフ地震では木曽川河口部の島が水没しているが、これも大河の堆積作用とこの地域に特有の沈下運動が関係していると考えられる。また内水面の存在もこの地域の災害のあり方に影響を与えていた（榎原雅治 二〇二一）。災害だけでなく、この地域の交通のあり方もこの二つの地形上の特徴に規定されている。本節ではこの点についてみてみたい。

東海地域には木曽三川《さんせん》のほか、矢作《やはぎ》川・天竜川・大井《おおい》川・富士川などの大河が流れている。よく知られているように、中世の東海道は鈴鹿峠を越える伊勢廻りではなく、不破《ふわ》関を越える美濃廻りが主要なルートであったが、京都と鎌倉という中世日本の二つの政治的中心を結ぶこの道は、これらの大河を越えなければならなかった。大河は交通上の障害であると同時に交通の要衝でもあった。東海道の渡河点にあたる場所には宿が設けられ、宿屋や寺院の立ち並ぶ景観が形づくられていたと思われる。河川を利用した交通の結節点であったことも予想される。また合戦の時には大河は天然の要塞となり、軍団の宿営地ともなった。南北朝期にはたびたび大河に面した宿を舞台に合戦が繰り広げられている（榎原雅治 二〇二一）。

東海の大河のなかでも揖斐《いび》川・長良《ながら》川・木曽川の木曽三川はとりわけ東海道やこの地域のあり方に大きな影響を与えた。この三つの川の下流の流路は複雑に分岐・合流し、さらにそれは変化を繰り返している。

大河は水害ももたらす。木曽三川の洪水を記した確実な中世史料は知られていないが、鎌倉中期に東海道を旅した飛鳥井雅有《まさあり》の紀行文『春の深山路《みやまじ》』に、木曽三川を渡る美濃国墨俣《すのまた》付近の情景として「この所の様子は、河よりははるかに里は下がっている。前に堤を高く築いているので山のようだ。窪みに家々がある。里の人が言うには、水が出たときは、舟がこの堤の上を行くそうだ」とあるのは、中世のこの地域の状況を知る重要な手掛かりである。この一節はまちがいなく輪中《わじゅう》の居住形態を表現している。現在もこの地域で築かれている輪中が、いつから構築されるようになったかについての定説はないが、この雅有の記述は鎌倉中期にはすでに輪中が存在していたことを示す貴重な証言である。また輪中を構築していたということは、この地域が洪水との戦いにさらされていたことの証でもある。

古代・中世の木曽川流路

ここでは木曽川の古い流路とその変化の様子をみておきたい。

『日本三代実録』貞観七年（八六五）十二月二十七日条によれば、この年、朝廷には尾張国からの訴えが届いた。曰く、「広野河（木曽川）はかつては美濃に向かって流れていたが、近年は河口がふさがり、ほとんど尾張に落ちるようになっている。そのため雨のたびに尾張は巨害を受けている。河口を掘り開いて元の流れのように戻したい」。朝廷はこれを認めたが、翌年七月にはふたたび尾張国から訴えがあった。曰く、「河口を掘り開いていたところ、美濃国各務《かがみ》郡・厚見《あつみ》郡の郡司らが現場に兵を率いて襲来し、工事の役夫らを射殺した」。朝廷は尾張国の訴えを認め、各務郡司らの厳罰を命じている。この一件から、九世紀、木曽川の流路が美濃の各務・厚見郡に向かう方向から尾張に向かう方向へと変更が始まっていたことがうかがえる。流路の分岐点は現在の愛知県犬山市の西方、各務原台地の南縁付近と想定される（山田昭彦 二〇一四）。

鎌倉期になると、いくつかの記録や紀行文にこの付近の木曽川の様子が記されている。承久の乱の最中の『吾妻鏡』承久三年（一二二一）六月三日・十二日条には、京都に向けてすすむ幕府軍に対応するため、朝廷は軍勢を美濃の「食渡《じきのわたし》」に差し向けたことが記されている。「食渡」は『太平記』巻一九にも登場する。同書には、建武五年（一三三八）、奥州から京都へ進軍する南朝方の北畠顕家軍を迎え撃つため、北朝・足利方は軍勢を「志貴ノ渡」「墨俣」「阿字賀《あじか》」に向かわせたとあるが、この「志貴ノ渡」が「食渡」で、現在の境《さかい》川の河畔の印食《じき》（岐阜県岐南町。現在はインジキと読んでいる）に比定できよう。この境川が九世紀に各務原台地の南縁からを厚見郡方向に向っていた流路にあたると考えられる。九世紀に塞がりかけた流路であるが、南北朝期にも軍事上の要所となる大河として機能していたのだろう。

また京都から鎌倉へ向かう飛鳥井雅有は、墨俣で「美濃と尾張の中の川」を渡ったのちの眺めを記しているが（『春の深山路』）、それは明らかに現在の境川沿いの景観である。この流路が木曽川の主要な流れであったことを示しているが、注意しておきたいのは、この流路が墨俣に通じ、さらに「美濃と尾張の中の川」と呼ばれていることである。現在、墨俣は長良川沿いであって、木曽川には面していないが、この時代、二つの川が墨俣で合流していたこと、そしてこれが美濃と尾張の国境であったことが雅有の記述で確認できよう。現在でも大河である二つの川が内陸で合流していたのだから、室町中期の歌人尭孝が「海辺にいるような心地がする」（『覧富士記』）と表現したのもうなずける。そして、豊臣秀吉の時代まで、これが美濃と尾張の国境となっていた。以上の各務原台地南縁—境川—墨俣をへて、長良川と合流する流れを古木曽川と呼んでおきたい。

現木曽川の誕生

木曽川の流路が以上のような流路から現在の流路に変化したのは天正十四年（一五八六）の洪水によるという説が、濃尾地方を中心に広く流布している。しかしこの洪水に関する史料は江戸後期に成立したものばかりで、洪水をうかがわせる同時代史料は一つもみつかっていない。むしろ逆に、現在の流路が天正十四年以前から大きな流れとして存在していたことを史料から知ることができる。

天正十年の本能寺《ほんのうじ》の変ののち、織田信長の子信雄《のぶかつ》は尾張、信孝《のぶたか》は美濃を継承することになったが、両者の間で領分の境をめぐって争いが生じる。信雄が従来の国境を境とする「国切《くにぎり》」、すなわち古木曽川での分割を主張するのに対し、信孝は「大河切《おおかわぎり》」を主張した（「徳川記念財団所蔵文書」）。信孝の主張はより美濃分をより広く主張するもののはずだから、古木曽川より尾張寄りに「大河」が流れていることになる。この「大河」がどこかという問題になるが、天正十二年の小牧長久手《こまきながくて》の戦いの最中、羽柴秀吉は徳川家康の陣取る尾張中心部への攻撃準備のため、家臣を大浦《おおら》と三柳《みつやなぎ》に布陣させている（『譜牒余録《ふちょうよろく》後編』）。大浦・三柳共に現在の木曽川沿いであることをふまえれば、秀吉は現木曽川の岸に布陣させたものであり、信孝の主張する「大河切」とは現木曽川を境としようというものだったと考えられる。つまり、天正十四年以前にすでに現在の木曽川は「大河」と呼ばれる流路として存在していたことになろう。

さかのぼれば、永禄九年（一五六六）の尾張の織田軍と美濃の斎藤軍の戦いのさなか、斎藤氏の家臣は、両者の戦いは「堺川」（古木曽川）とそれより尾張近くを流れる「川」にはさまれた「河野《こうの》島《しま》」で展開されたことを、甲斐武田氏の家臣に書き送っている（「中島文書」）。この「川」も現木曽川のことであろう。さらにさかのぼれば、応永二十五年（一四一八）に尾張を訪れた歌人正徹は、墨俣川（長良川）につづいて「あしか・をよひ」も同じように越えたと書いている（『なぐさめ草』）。足近《あじか》川は古木曽川の分流もしくは別称であるが、それと別に「をよひ」と呼ばれる川があったことがわかる。また連歌師宗長は、大永六年（一五二六）に尾張の津島《つしま》を通過した時に、この地で「および・洲《す》俣《また》河」が落ち合うと書いている（『宗長手記』）。現木曽川沿いの大浦の北に北及《きたおよび》・南及《みなみおよび》の地名があるから、この地名に由来すると思われる及《および》川こそ現木曽川にあたる流路であり、室町中期にはすでに長良川や古木曽川と並ぶ大河となっていたと考えていいだろう。

以上より、天正十四年の洪水で木曽川の流れが一挙に変わったという説は否定されよう。一方で、及川を思わせる流路は鎌倉期の史料には一切現れないから、この時期にはまださほどの存在感を示すような流れではなかったのであろう。九世紀に古木曽川から分流を始めた川は、旧流路を維持しようとする人々の試みにかかわらず、少しずつ成長をつづけ、室町前期ごろには通過する旅人に認識されるような川に成長していたものとみられる。

濃尾傾動運動と木曽川

九世紀から十六世紀末までの木曽川の流路の変化をまとめると図7－5のようになる。長期的にみれば次のように指摘できよう。東美濃の山中を抜けてきた古木曽川は、たゆたうように蛇行しながら墨俣で長良川と合流し、岐阜・三重県境の養老《ようろう》山地に向かっていた。しかしそれは少しずつ変化し、現木曽川のように、各務原台地南縁あたりでやや南寄りに流れを変えたのち、岐阜市の真南付近から直線的に養老山地に向かって流れるようになった。

この変化はこの地域の地質学的な特徴に規定されている。濃尾地方は、西は養老山地の際の養老断層で沈下し、東は東三河高原で隆起するという地下構造の動きをもっている。濃尾傾動運動と呼ばれる現象で、八〇万～一〇〇万年前ごろに始まったと考えられている。現在でも養老断層では一年に〇・五ミリ、すなわち一〇〇年に五センチという速さで沈下しているという。現在は平安時代より五〇センチも低くなっていることになる（桑原徹 一九六八）。これだけの速さで傾動がすすんでいれば、当然、地表のあり方にも影響を与えないはずがない。濃尾平野の西部に輪中が広がっているのは、平野全体が西に傾いて沈み込みをつづけているからである。

養老断層で沈下をつづければ、当然、水をそこに引っ張る力は強くなる。水流は速くなり、蛇行する余裕を失うはずである。木曽川の長期的な流路変化はこの地下構造の動きに影響されたものではないだろうか。

なお、天正十三年、濃尾から越前・若狭にいたるまでの広い範囲が大きな地震に見舞われている。飛騨では山体崩壊によって帰雲《かえりくも》城が崩れて国人の内ケ《うちが》島《しま》氏が滅亡した。美濃の大垣《おおがき》城、近江の長浜《ながはま》城も崩壊し、大坂や堺《さかい》でも建物の倒壊があった。この地震の起震断層を養老断層とし、地震の影響で翌

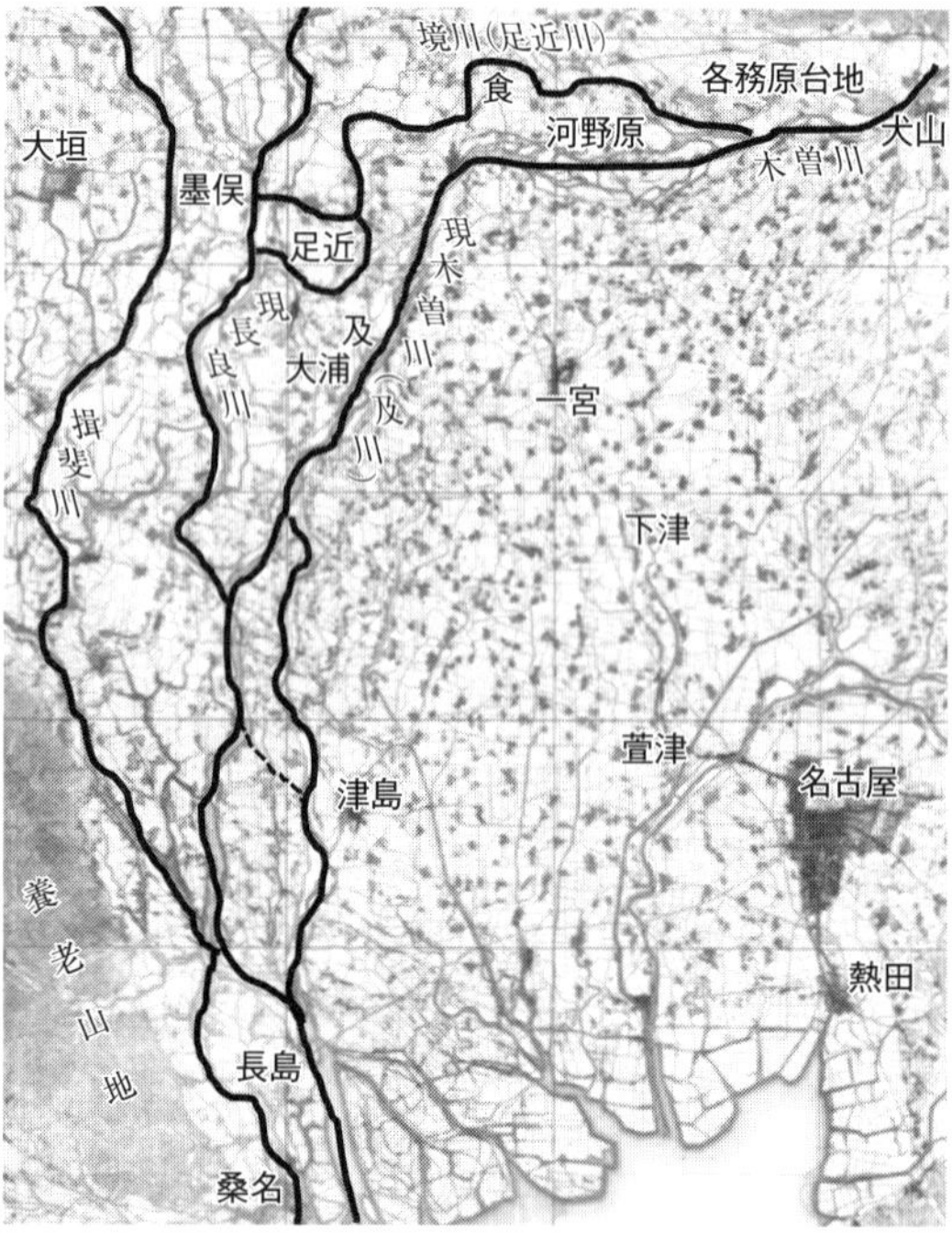

図 7-5　木曽川の変遷（今昔マップ〈谷謙二作成〉に加筆）

年の木曽川洪水と流路変更が起きたとする説も流布している。わかりやすい説明ではあるが、この地震の被害域は広く、起震断層については現在もいくつもの説が提出され、確定していない（北原糸子ほか 二〇一二）。また天正十四年洪水については近世後期以後の史料しかなく、謎が多い。洪水があったとしても、それ以前にすでに現木曽川の流路が大河として存在していたことは、前述のように確実である。天正十三年地震と木曽川の流路変化を直接結びつけるのは危険であり、むしろ地下構造の長期的な動きが作用したものと考えるべきであろう。

伊勢から尾張へ渡る

濃尾傾動運動は伊勢と尾張の通行のあり方にも影響を与えている。中世東海道の主たるルートは美濃廻りであるが、鎌倉期でも『海道記』のように伊勢廻りが使われた事例もある。また戦国期になると東海道は国家的幹道としては崩壊し、ルートは多様化する（榎原雅治 二〇一九）。伊勢廻りもしばしば用いられるようになる。こうした場合、木曽川の渡河は河口近くではなく、伊勢の桑名からいったん遡上して尾張の津島へ渡る方法がとられている。伊勢方面から尾張に入る玄関が津島なのである。

一見、遠回りにみえるが、これも濃尾傾動運動が関係していると思われる。木曽三川河口部は当然大量の土砂が堆積しやすく、広大な干潟が生まれる。しかし、傾動運動によってこの一帯は沈下もつづけている。前述したように、嘉保の東海地震では河口部の島が消失している。また天正十三年の大地震では津島付近で田畠の沈下が起きていたことが確認される。近世の聞書きであるが、河口の伊勢長島《ながしま》付近でもいくつかの中洲が沈んだとされる。不断の傾動運動に大地震による沈下も加わって、三

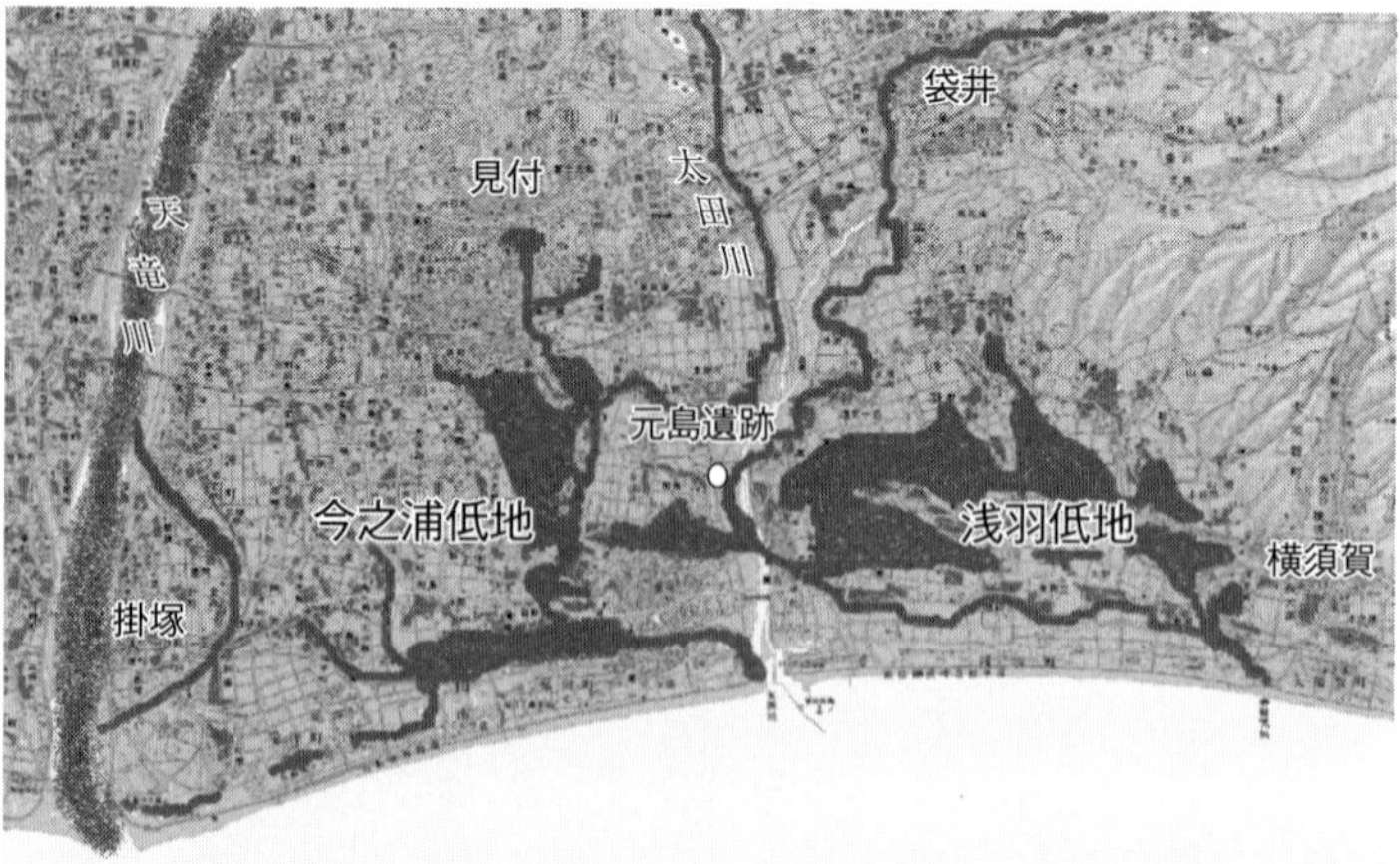

図7-6　戦国期の浅羽・今之浦低地の内水面

川河口部の堆積層は容易には安定した陸地とはならず、干潟のまま拡大をつづけていたと考えられる。そのため三川の河口部は浅瀬が多く、航行の難所なのである。一向一揆の籠った長島が難攻不落であったことや、近世東海道の桑名—熱田間が沖合の七里の渡しで結ばれていたことも、このことと関係している。容易に河口近くを横断することができず、沖に出るリスクも避けるのであれば、安全策は川の水脈にしたがって遡上しながら対岸に到達する方法である。潮の満潮にあわせれば遡上することは難しいことではないだろう。そうして選ばれた尾張の玄関が津島だったのではあるまいか。災害を引き起こす要因は、交通のあり方をも規定していたと考えられる。

内水面と東海道　大河とともに中世の東海道を特徴づける地形は内水面である。浜名湖はその最大のものであるが、近世以前には遠江中部の平野や富士南麓にも浅い内水面が広がっていた。遠江国府の見付《みつけ》は今之浦《いまのうら》とも呼ばれたが、『東関紀行』の作者はここで漁民の小舟に乗って浦の様子を見物し、「橋本の宿」すなわち浜名湖の風景に似ていると書き記している。この地域は、南海トラフ地震の津波による砂層のみつかった太田川の西岸にあたるが、現在でも標高は二メートル以下で今之浦低地と呼ばれている。鎌倉期には、この低地には浜名湖を彷彿とさせるような内水面が広がっていたものと考えられる。また東岸には標高一・五メートル以下の区域が広がり、浅羽《あさば》低地と呼ばれている。図7－6は永禄三年（一五六〇）と四年の二通の今川氏真《うじざね》判物（「海老江《えびえ》文書」）、近世初期の絵図および現在の標高データによって戦国末期の今之浦低地と浅羽低地の内水面域を推定したものである。今川氏真判物は、浅羽低地を流れる諸河川の河口が集中する横須賀湊を浚渫《しゅんせつ》することによって低地の排水をすすめ、新田を開発した海老江氏らに、それを安堵したものである。この開発内容は、浅羽低地の内水面を図7－6のように推定することによってはじめて理解できるものである。

　こうした地形はこの地域の交通のあり方にも影響を与えたはずである。太田川東岸の元島《もとしま》遺跡からは舟入とみられる港湾施設や木製の碇《いかり》などがみつかっている。注目されることに、大量に出土した十五世紀のものとみられる古瀬戸製品は、その出土の状態から移送途中の商品だったと考えられている（加藤理文　一九九九）。これらは元島遺跡が遠隔地交易の中継地点であったことを示している。遠江中部の地形を図7－6のように推定すれば、天竜川から横須賀にいたる海岸の沿岸砂州の内側には川やラグーンが連なっていたことになる。したがって中世の木造船は外洋に出ることなく、砂州に守られた内水面を航行できた可能性がある。元島遺跡の港湾施設はそうした内水面を利用した海上交易路のなかにおいて理解することができるのではないだろうか。
十五世紀に繁栄した元島遺跡では、明応七年地震のものと考えられる噴砂の痕もみつかっている。そして十六世紀になると出土物は急減するという。この遺跡に眠る港町は明応地震で壊滅的な被害を被った港町の一つだったのであろう。日常の光景のなかでは、安全な交易路を提供したラグーンも、巨大地震による津波の前には無力だったのであろう。平穏な日常は自然現象の爆発による災害と背中合わせの関係にあったといえるだろう。

〔参考文献〕

池谷仙之「浜名湖」『URBAN KUBOTA』三二、一九九三年
石橋克彦『南海トラフ巨大地震―歴史・科学・社会―』岩波書店、二〇一四年
伊藤裕偉「海岸線の変動と交通環境―伊勢湾沿岸部を事例に―」『環境の日本史三 中世の環境と開発・生業』吉川弘文館、二〇一三年
榎原雅治『中世の東海道をゆく』吉川弘文館、二〇一九年、初出は二〇〇九年
同『地図で考える中世―交通と社会―』吉川弘文館、二〇二一年
加藤理文『元島遺跡Ⅰ（遺物・考察編Ⅰ中世）』静岡県埋蔵文化財研究所、一九九九年
北原糸子・松浦律子・木村玲欧編『日本歴史災害事典』吉川弘文館、二〇一二年
桑原 徹「濃尾盆地と傾動地塊運動」『第四紀研究』七、一九六八年
寒川 旭『地震の日本史―大地は何を語るのか―』中央公論新社、二〇一一年

都司嘉宣「明応地震・津波の史料状況について」『月刊海洋科学』一二九、一九八〇年
藤原治・青島晃・北村晃寿・佐藤善輝・小野映介・谷川晃一郎・篠原和大「元島遺跡周辺（静岡県磐田市）でみられる四世紀から中世にかけての津波堆積物」『歴史地震』二八、二〇一三年
Fujiwara, O. et. al. (2020) Tsunami deposits refine great earthquake rupture extent and recurrence over the past 1300 years along the Nankai and Tokai fault segments of the Nankai Trough, Japan. Quaternary Sci. Rev., 227, 105999.doi.org/10.1016/j.quascirev.2019.105999
矢田俊文『中世の巨大地震』吉川弘文館、二〇〇九年
同　「一七〇七年宝永地震と大坂の被害数」『災害・復興と資料』二、二〇一三年
山田昭彦「広野河事件について」『岐阜県博物館調査研究報告』三五、二〇一四年

コラム5

三嶋暦
―室町期の意味―

奥村　徹也

中世も終わりに近い伊豆、豊臣秀吉《とよとみひでよし》の小田原北条《おだわらほうじょう》攻めのさいのこと、韮山《にらやま》城攻囲の陣にいた細《ほそ》川幽斎《かわゆうさい》のもとに一如院《いちにょいん》（幽斎の甥英甫《えいほ》永雄《えいゆう》か）から次の歌が届いた。

> 陣衆のこまかなふみはいづの国　みしまこよみとひらきてぞみる（『東国陣道記《とうごくじんみちのき》』・『群書類従《ぐんしょるいじゅう》』巻三三九）

韮山在陣衆《じんしゅう》から届くこまごまと認《したた》められた文を手にした時、伊豆国から届いたものなので、思わず「三嶋暦《みしまごよみ》か」と開き見た、という内容である。伊豆といえば三嶋暦という連想にもとづき詠まれたものである。また三嶋暦の細かな版文字という特徴も歌のなかに織り込まれている。伊豆国一宮三嶋社の暦師《こよみし》が製作する三嶋暦は、一部筆写の仮名暦も残るものの、おおむね摺版仮名暦のかたちで頒布された地方暦であり、中世に生まれた地方暦のなかで最も知られた暦であった。

実際、戦国期の京でつくられた摺版暦までが、三嶋摺暦と称されるまでになったのだから（桃裕行　一九七〇）。江戸後期であっても、歌人香川景樹《かがわかげき》の『中空日記《なかぞらのにき》』に、「三嶋暦とて、世に名高くものせるは……」とあるとおり、名の通った暦であった。

伊豆の一地方暦が、なぜ名高き暦として、後世まで語られるのだろうか。その理由は南北朝期から室町期にかけての状況が関わっているように思う。

現足利学校《あしかががっこう》遺《い》蹟《せき》図書館、いわゆる足利学校には、永享九年（一四三七）の摺版仮名暦の断簡《だんかん》が残る。『周易《しゅうえき》』写本の表紙の裏打ちとして再利用されたものだが、この暦断簡の冒頭には、地名と思しき三嶋の文字がある。これによりこの断簡は三嶋暦の一部とされる。中世にて、三嶋の文字のある暦はこの一例。ほかに南北朝期までさかのぼると、義堂周信《ぎどうしゅうしん》が残した『空華日用工夫《くうげにちようくぶう》略集《りゃくしゅう》』に三嶋暦の語がある（二巻末追抄、応安七年〈一三七四〉三月四日条）。

室町中期にいたるまで、三嶋暦の名が知られる史料はこの二件に過ぎない。ただ同期の残存暦のなかで、地名記載のある暦は異例で、〇〇暦と名を付せる例は三嶋暦以外にないという点が、その優位性を語る根拠となっている。その上、摺版仮名暦の創始、地方暦の創始を三嶋暦とする考えもある。だが、いかんせん類例が少ない。

おおよそ武家政権が関東に生まれる鎌倉時代を始点とする考えは共通していると思うが、展開も含め推測の域であり、結論がでたわけではない。例えば、金沢文庫《かなざわぶんこ》所蔵の鎌倉時代後期、正和六年（文保元、一三一七）の具註暦《ぐちゅうれき》断簡が、三嶋暦ではないかと提示されたことがある（桃裕行一九七〇）。これは現存最古の摺版暦であることが、のちの摺版仮名暦の三嶋暦につながるのでは、との推論によったもので、暦そのものには三嶋暦を示す証拠はない。宮内庁書陵部《くないちょうしょりょうぶ》所蔵『医《い》陰《いん》系図』所収の「賀茂《かも》氏系図」（詫間直樹・高田義人編著『陰陽道関係史料』汲古書院、二〇〇一

図　三嶋社（三嶋大社）東辺にある暦師館（河合家住宅）
戦国期以降の記録では，三嶋暦の製作は三嶋社に属す暦師，河合家が一手に行なっていた．現存する建物は，幕末に十里木関の関屋を移築したと伝える．

年）にある、賀茂兼宣《かねのぶ》が「関東」、子の在持《ありもち》が「三島」に在した記載が引かれることもあるが（山下克明　一九九三）、これも、子の三島移住の記事を暦との関わりで説明するならば、父の関東移住はどうなのかという疑問がでよう。鎌倉にこそ技術者と需要が集中する状況で、鎌倉でなくまず三島で暦製作という順序を推すには躊躇《ちゅうちょ》するところではある。鎌倉での製作の痕跡や、後世に鎌倉暦とすべき地方暦もみえないことは課題だが、三島での暦製作の前段階については、考慮の余地はあるだろう。

さて、鎌倉幕府の滅亡は、一政治拠点の崩壊のみならず、暦入手の拠点の一つが失われることにつながっただろう。南北朝期の兵乱とて、暦の安定的な入手に影響をおよぼしたであろう。例えば、寺社であれば法事・祭事日程を決める上で暦は必需品だ。とすれば、すでに暦の技術が移植されていた三島への関心は高まろうし、三嶋暦の名をあげる点で一歩先んじたと想像できる。暦製作地の分散化は、その先にあるといえないだろうか。

南北朝期以降、関東を統治した鎌倉府では、年中行事の内に、三嶋社最重儀の祭典である「四月と十一月の二の酉の大祭」への代参を位置づけた（『鎌倉年中行事』内閣文庫所蔵本）。当然、その期日は正確に把握されるべきもの。鎌倉府支配エリア内で地方暦が分立し、日にちに付す干支《かんし》にずれが生じ、それに則り行動した結果、厳修《げんしゅう》されるべき祭事に不参する、などという失態は許されない。上位・広域の権力であるほど、暦どうしの違いには敏感になっていたのではないだろうか。三嶋暦は、大切な三嶋社祭祀の日取りの根拠となるものであり、入手すべき暦として重視したはずである。

暦頒布をする者も、ひとたび得た頒布圏を守るべく、三嶋社の神威《しんい》を一層強調し、動いたことだろう。あくまでも推量の域をでないものの、こうした南北朝期から室町中期にいたる隠れた歴史が、「世に名高くものせる」暦として定着するための出発点となっているように思う。

〔参考文献〕
遠藤珠紀「天正一〇年閏月問題から見た中世末期の暦道」『新陰陽道叢書　第二巻中世』名著出版、二〇二一年
奥村徹也「中世三嶋暦で考える」『地方史研究』三二三、二〇〇六年
千々和到「暦と改元」『講座前近代の天皇第四巻　統治権的諸機能と天皇制』青木書店、一九九五年
広瀬秀雄『暦』近藤出版社、一九七八年

福島金治「中世後期における地方暦と在地社会」『新陰陽道叢書　第二巻中世』名著出版、二〇二一年
桃　裕行「大経師暦と三島暦」『古事類苑月報』三七、一九七〇年
山口啄実「鎌倉後期〜南北朝期の官人陰陽師—変革期の安倍氏と賀茂氏—」『新陰陽道叢書　第二巻中世』名著出版、二〇二一年
山下克明「暦・天文をめぐる諸相」『アジアのなかの日本史六　文化と技術』東京大学出版会、一九九三年
湯浅吉美「中世における具註暦の展開」『新陰陽道叢書　第二巻中世』名著出版、二〇二一年
渡邊敏夫『日本の暦』雄山閣出版、一九七六年

略年表

年号	西暦	事項
嘉慶 二	一三八八	九月、足利義満の富士山遊覧（駿河）。
明徳 元	一三九〇	閏三月、室町幕府が美濃で土岐康行を討伐（土岐康行の乱）。
三	一三九二	閏十月、南朝・後亀山天皇が北朝・後小松天皇に神器を渡す（南北朝合一）。
応永 二	一三九五	六月、足利義満が太政大臣を辞して出家。八月、今川了俊が九州探題を解任され、駿河へ下向。
四	一三九七	十一月、三嶋社が焼失（伊豆）。
五	一三九八	四月ごろ、後小松天皇が熱田社領を天皇家領とする（尾張）。
六	一三九九	十月、大内義弘が将軍足利義満にたいして挙兵（応永の乱）。土岐詮直が大内義弘に呼応して尾張へ乱入。
二十二	一四一五	十月、伊勢で北畠満雅が室町幕府にたいして挙兵するも降伏。
二十三	一四一六	十月、前関東管領上杉禅秀が鎌倉公方足利持氏を襲う（上杉禅秀の乱）。足利持氏は駿河へ逃避。
二十九	一四二二	三月、故足利義満の側妻南御所らが伊勢・熱田へ参詣（伊勢・尾張）。
正長 元	一四二八	正月、籤引きで青蓮院義円（足利義教）が六代将軍に就任。八月、北畠満雅が後南朝・小倉宮を擁して蜂起（伊勢）。九月、京都で土一揆が徳政を要求して蜂起（正長の土一揆）。
永享 二	一四三〇	七月、山田で神人・神役人の抗争が起こり外宮触穢（伊勢）。
四	一四三二	九月、足利義教の富士山遊覧（駿河）。
七	一四三五	正月、足利持氏による三河国人の勧誘が発覚。

年号	西暦	事項
永享 十	一四三八	八月、足利義教が足利持氏の討伐命令をだし（永享の乱）、東海諸国の軍勢が動員される。
十二	一四四〇	三月、足利安王丸・春王丸兄弟が下総国結城城で挙兵（結城合戦）、討伐のため東海諸国の軍勢が動員される。五月、大和国へ出兵中の伊勢守護世安土岐持頼・三河守護一色義貫が殺害される。
嘉吉 元	一四四一	五月、護送中の足利安王丸・春王丸が美濃国垂井で殺害される。六月、赤松満祐が足利義教を殺害（嘉吉の変）。九月ごろ、三河で土一揆が起こる。
宝徳 元	一四四九	四月、足利義政が八代将軍に就任。八月、木曽川・揖斐川が出水し諸所で破堤（美濃）。
三	一四五一	六月、室町幕府が駿河・遠江両国の関所に対して流通の妨げがないよう命令。
享徳 二	一四五三	五月、室町幕府が伊勢神宮造営段銭を諸国に賦課。
三	一四五四	十二月、鎌倉公方足利成氏が関東管領上杉憲忠を殺害（享徳の乱）。
康正 元	一四五五	正月、真清田社が焼失（尾張）。
長禄 二	一四五八	八月、足利政知が伊豆へ下着。
寛正 元	一四六〇	八月、室町幕府が東海道の諸関を撤廃。この年、炎旱・虫損・大風雨により飢饉・疫病の蔓延（寛正の大飢饉）。
三	一四六二	十二月、内宮の正遷宮（伊勢）。
六	一四六五	五月、額田郡内で牢人一揆が起こる（三河）。
応仁 元	一四六七	五月、山名宗全らが挙兵し、細川勝元らが応戦（応仁・文明の乱）。八月、足利義視が北畠氏を頼って伊勢へ下向。
文明 三	一四七一	正月、三嶋社で東常縁から宗祇への初度の古今伝授（伊豆）。
四	一四七二	九月、斎藤妙椿が美濃の軍勢を率いて近江六角氏に合力。
八	一四七六	二月、駿河守護今川義忠が遠江にて敗死。

九	一四七七	十一月、美濃守護土岐成頼が足利義視をともない美濃へ下向。
十八	一四八六	十二月、宇治と山田の抗争激化により外宮本殿が炎上（伊勢）。
長享 元	一四八七	九月、足利義尚が近江六角氏の征伐命令をだし（第一次六角氏征伐）、東海諸国の軍勢が動員される。
明応 元	一四九二	三月、足利義材が近江六角氏の征伐命令をだし（第二次六角氏征伐）、東海諸国の軍勢が動員される。
二	一四九三	四月、細川政元が足利義材を廃して天龍寺香厳院清晃（のち足利義澄）を擁立（明応二年の政変）。
七	一四九八	八月、大地震が発生し、日本列島の太平洋沿岸に甚大な被害が出る（明応の大地震）。浜名湖が太平洋とつながる（遠江）。
八	一四九九	この年、姉小路基綱が飛驒へ下向。
文亀 二	一五〇二	八月、箱根で没した宗祇を定輪寺に埋葬（駿河）。
永正 三	一五〇六	五月、美濃で一向一揆が起こる。十一月、今川氏親が三河今橋城を攻略。
十四	一五一七	八月、今川氏親が斯波義達を破り遠江から尾張へ強制送還。

執筆者紹介（生年／現職）―執筆順

杉山一弥（すぎやま・かずや）　→別掲
西島太郎（にしじま・たろう）　一九七〇年／追手門学院大学文学部教授
木下　聡（きのした・さとる）　一九七六年／東洋大学文学部教授
三好清超（みよし・せいちょう）　一九七七年／飛驒市教育委員会事務局課長補佐・学芸員
熊﨑　司（くまさき・つかさ）　一九七七年／津市教育委員会学芸員
岡野友彦（おかの・ともひこ）　一九六一年／皇學館大学文学部教授
山田雄司（やまだ・ゆうじ）　一九六七年／三重大学人文学部教授
髙橋菜月（たかはし・なつき）　一九九二年／富士宮市教育委員会学芸員
山本智子（やまもと・ともこ）　一九八八年／公益財団法人 瀬戸市文化振興財団埋蔵文化財センター
古田憲司（ふるた・けんじ）　一九四六年／美濃市史編纂委員
榎原雅治（えばら・まさはる）　一九五七年／公益財団法人 地震予知総合研究振興会副主席主任研究員
奥村徹也（おくむら・てつや）　一九六三年／三嶋大社宝物館学芸員

編者略歴

一九七三年、静岡県に生まれる
二〇〇一年、國學院大學大学院文学研究科日本史学専攻博士課程後期単位取得満期退学
現在、駒澤大学文学部准教授、博士（歴史学）

〔主要編著書〕

『室町幕府の東国政策』（思文閣出版、二〇一四年）
『図説 鎌倉府―構造・権力・合戦―』（編著、戎光祥出版、二〇一九年）

東海の中世史

東海の中世史3
室町幕府と東海の守護

二〇二四年（令和六）九月一日 第一刷発行

編　者　杉《すぎ》山《やま》一《かず》弥《や》
発行者　吉川道郎
発行所　株式会社 吉川弘文館
郵便番号一一三―〇〇三三
東京都文京区本郷七丁目二番八号
電話〇三―三八一三―九一五一〈代表〉
振替口座〇〇一〇〇―五―二四四番
https://www.yoshikawa-k.co.jp/
印刷＝株式会社 三秀舎
製本＝誠製本株式会社
装幀＝清水良洋

ISBN978-4-642-06893-2

東海の中世史

刊行のことば

「東海」、それは東の海、伊勢湾や太平洋をのぞみ、古代より行政区画として、道として、今もなお東と西をつなぐ重要地域として存在しています。同時に、壬申の乱、青野原合戦、関ヶ原合戦など、文字どおり天下分け目の戦いが繰り返されてきました。そうしたなかで、戦国時代に織田信長・羽柴（豊臣）秀吉・徳川家康といった天下人が登場したことはよく知られていることでしょう。では、なぜ東海から天下人が生み出されたのでしょうか。また、それ以前の時代にもこの三人に匹敵する人物は東海地域から現れていたのでしょうか。

　本シリーズは、東海という地域的な個性に注目しつつ、同時にそこが列島の東西のあいだという歴史的な特色を持つことにも留意しながら、中世史を描いていくことを目指すものです。そのさい、執筆者には、近年大幅に進展した中世史の研究成果を積極的に導入・紹介すること、そして、武家だけではなく、公家・寺社、宗教・荘園や陸海の交通・流通など、多種多様な角度から地域史を描くことをお願いしました。これにより、従来にない、新たな東海の中世史像に迫る試みとなっていたら、編者としてこれにまさる喜びはありません。

　なお、本シリーズが対象とする地域は三重・岐阜・愛知・静岡の各県、旧国名でいえば、伊勢・志摩・伊賀・美濃・飛驒・尾張・三河・遠江・駿河・伊豆といった国々となります。

〈企画編集委員〉

山田　邦明
水野　智之
谷口　雄太

東海の中世史

東北の中世史 全5巻

各2400円(税別)

近年、進展がめざましい東北史の研究成果を背景に、原始から中世までの通史を平易に描く〈東北〉二大シリーズ中世編。日本列島から東アジア規模にまで広がる世界に東北を位置づけ、新たな〝北〟の歴史像を提示する。

四六判

①平泉の光芒　柳原敏昭編

②鎌倉幕府と東北　七海雅人編

③室町幕府と東北の国人　白根靖大編

④伊達氏と戦国争乱　遠藤ゆり子編

⑤東北近世の胎動　高橋　充編

吉川弘文館